W0094211

WAHRE
WUNDER

*Die Geheimnisse hinter den schönsten
Natur- und Kulturschätzen unserer Erde*

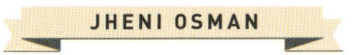

JHENI OSMAN

FREDERKING & THALER

WERKE DER NATUR

WERKE DES MENSCHEN

« Innenansicht der Hagia Sophia

DIE WELT STECKT VOLLER WUNDER!

Nichts ist so spannend, wie die Welt zu bereisen und die grandiosen Kulturzeugnisse und Naturwunder zu bestaunen, von denen oft eine geheimnisvolle Kraft ausgeht.

VON DAN CRUICKSHANK

Manche Orte leben auf Jahre in der Erinnerung fort, Orte, die einen anziehen, faszinieren, betören, die schon beim ersten Anblick einen Funken Erkenntnis auslösen und zu Wegmarken im Leben werden. Reisen hat nicht selten etwas von einer Wallfahrt, der Suche nach inspirierenden Erlebnissen, nach Erkenntnissen, die oft zu unerwarteten Verbindungen zwischen Menschen und Orten, früheren und heutigen Zivilisationen führen. Reisen fördert das Einfühlungsvermögen und die Toleranz gegenüber anderen Kulturen und Überzeugungen – ein wichtiges Gut in einer zunehmend rauen Welt. Jede Reise ist eine Bereicherung für die eigene Person.

Dieses Buch verfolgt ein einfaches Ziel: Es möchte informieren, anregen, zum Reisen ermuntern. Es liefert Interessierten die benötigten Informationen und möchte bei der Reiseplanung helfen, denn mit den wichtigsten Fakten im Kopf versteht man die besuchten Orte noch besser.

Natürlich stellt sich die Frage, was genau ein »Wunder« ist und was die Auswahlkriterien für dieses Buch waren. »Wunder« ist ein ungenauer Begriff, mit dem sich Dinge subjektiv benennen, nicht aber wissenschaftlich beschreiben lassen. Für mich ist ein Wunder etwas, das mit Größe, Schönheit oder Kühnheit verblüfftes Staunen auslöst.

Eine Auswahl von 50 »Wundern« ist immer subjektiv, ebenso ihre Beschreibungen und Erläuterungen – besonders bei geheimnisumwobenen Kulturzeugnissen wie Stonehenge, der Cheops-Pyramide oder den Nazca-Linien, deren Ursprung, Zweck und Baumethoden nicht bekannt oder umstritten sind.

Das Geheimnis um einige »Wunder« in diesem Buch erhöht ihre Faszination noch. Bei manchen hat man sich damit abgefunden, dass sie unergründlich bleiben werden. Große Naturwunder wie die *Aurora borealis* oder das Great Blue Hole lehren uns Demut als Zeugnis der Unermesslichkeit, der Schönheit und der Geheimnisse, die sich um die Schöpfung ranken und persönliche Belange klein wirken lassen.

Mit den von Menschenhand geschaffenen Wundern verhält es sich ein wenig anders. Auch sie flößen Respekt ein oder geben Rätsel auf, doch sind sie künstliche Schöpfungen, und ihre Entstehungsweise lässt sich durch Betrachtung und Forschen nachvollziehen – oder erschließt sich in magischen Momenten der Offenbarung. Die Beschäftigung mit den Rätseln, die viele antike Wunderwerke umgeben, hat für mich das Reisen in entlegene Teile der Welt zur Sucht gemacht: Nichts ist reizvoller, als sie hautnah zu erleben.

Fast alle von Menschenhand geschaffenen Wunder in diesem Buch habe ich selbst erkundet; vieles hat mich verwirrt und neugierig gemacht. Aber so muss es wohl sein – sosehr sich der Mensch bemüht, die Geheimnisse zu durchdringen, will er doch immer in Staunen versetzt werden.

Ich kann mich noch an meinen ersten Besuch der Cheops-Pyramide erinnern. Aus Büchern war sie mir vertraut, aber erst als ich auf ihr herumkletterte, wurde das Wunder für mich greifbar. Die Genauigkeit der Bauausführung ist verblüffend. Bei einer Fläche von 4,8 Hektar besteht die Pyramide aus rund 2,5 Millionen Kalksteinblöcken, und die Abweichungen bei der Vermessung sind minimal: Der Längenunterschied beträgt an den vier Seiten maximal 4,4 Zentimeter, die Höhendifferenz der Fundamentplatten von Ecke zu Ecke ganze 2,1 Zentimeter. Wie schafften es die Menschen in der Bronzezeit, derart kunstvoll und präzise zu bauen, und – fast noch interessanter – warum hielt man das für notwendig? In der Theorie wusste ich über den Pyramidenbau Bescheid, aber erst beim Besuch des riesigen Bauwerks wurde daraus eine unmittelbar fassbare Realität. Das ist der eigentliche Motor der Reiselust.

Eine ähnliche Offenbarung hatte ich auf der Osterinsel. Als ich die *Moai* in ihrer angestammten Umgebung sah – auf diesem hügeligen Fleckchen Erde, einsam inmitten des endlosen Ozeans gelegen –, begann ich die künstlerische Bedeutung dieser heiligen Skulpturen zu verstehen. Und erst die Beobachtung, dass die *Moai* urplötzlich umgestoßen und mutwillig entstellt worden sein mussten, machte mir klar, welche Katastrophe die Insel erfasst haben musste. Warum wurden die Götterstatuen aufgegeben und entweiht, und zwar offenbar von denen,

die sie geschaffen hatten? Mittlerweile sind viele *Moai* wieder aufgerichtet und fantastisch anzusehen – rätselhafte Symbole der Macht in atemberaubender Landschaft mit unvergleichlicher Aura.

Viele moderne Bauwunder entfalten erst durch die Umgebung ihre volle Wirkung. Der Burj Khalifa ist schon auf Bildern spektakulär; sieht man ihn dann live in der Skyline von Dubai aufragen, stockt einem vollends der Atem. Was macht das höchste Gebäude der Welt ausgerechnet hier? Die Frage klingt vielleicht naiv, doch um sie zu beantworten, muss man die Dynamik der modernen Welt und des Nahen Ostens erfasst haben. Als ich den Vertreter des Königshauses danach fragte, der sich den genialen Bauplan für den Turm ausgedacht hatte, antwortete er schlicht: »Warum nicht?«

Bei den von mir ausgewählten Wundern haben mich wahrscheinlich die überraschenden Parallelen, die über Epochen und Erdteile hinweg bestehen, am meisten beeindruckt. Eines der Beispiele für solche Verbindungen ist der Large Hadron Collider. Auch wenn ich noch nicht dort war, fasziniert mich diese riesenhafte wissenschaftliche Versuchsanordnung in einem 27 Kilometer langen Tunnelring tief unter der Erde bei Genf. Man versucht dort, verschiedene Theorien der Teilchen- und Hochenergiephysik zu belegen, Antworten auf elementare Fragen zur Beschaffenheit unserer Welt zu finden und dem Geheimnis der Entstehung unseres Universums auf die Spur zu kommen. Dabei kann einem nicht entgehen, welche frappierenden Gemeinsamkeiten es zwischen diesem technischen Wunder des 21. Jahrhunderts und den rätselhaften Wunderwerken der Antike gibt, etwa den Nazca-Linien. Wegen ihrer präzisen Anlage hat man darin häufig geheimnisvolle wissenschaftliche Instrumente gesehen.

Wer sich Antworten auf einige der spannendsten Fragen zu unserem Planeten erhofft, muss sich selbst auf Reisen begeben. Dieses Buch möchte dazu anregen – der Rest liegt beim Leser.

DIE WAHREN WUNDER DER ERDE

Häufig steht man als Reisender vor einem faszinierenden Naturphänomen oder einem imposanten Bauwerk und fragt sich staunend, wie dieses wohl entstanden sein mag.

VON JHENI OSMAN

Die Hinweistafel enthält oft nur ein paar Jahreszahlen, oder ein Guide leiert einen mit Fachbegriffen gespickten Sermon herunter, den er vorher auswendig gelernt hat.

Dieses Buch geht darüber hinaus und liefert uns naturkundliche bzw. technische Informationen zur Entstehung sogenannter Wunderwerke. Es ist schwierig, aus all den grandiosen Wundern der Erde die »Top 50« herauszudestillieren; meine persönliche Liste ist eine Mischung aus technischen Meisterleistungen, prachtvollen Bauwerken und Zeugen von Jahrmillionen alter Erdgeschichte.

Ein Beispiel ist der Burj Khalifa – mit 828 Metern der höchste Wolkenkratzer der Welt. Der Bau eines derart riesigen Gebäudes, das selbst starken Erdbeben standhält, stellte eine unglaubliche technische Leistung dar. Um in der Gluthitze Dubais ein erträgliches Raumklima zu schaffen, braucht es zudem täglich 10 000 Tonnen Eis. Das morgendliche Kondensationswasser, das sich dabei an den Scheiben bildet, reicht aus, um die Parkanlagen zu bewässern.

Vom Menschen zum »Baumeister Natur«: Der Titel des höchsten Naturwunders gebührt eigentlich dem Vulkan Mauna Kea auf Hawaii – über zehn Kilometer reicht er vom Meeresboden bis zum Gipfel und ist damit vom Fuß an gemessen höher als der Mount Everest. Trotzdem ist der Mount Everest von der Gipfelhöhe der höchste Berg der Erde – und jedes Jahr wächst er um vier Millimeter.

Doch nicht allein die Ausmaße zählen. Der Taj Mahal wird oft als eines der schönsten Bauwerke der Welt bezeichnet, dabei verdankt er seine Eleganz nicht zuletzt der klugen Anlage: Damit die Minarette vom Boden aus vollkommen gerade erscheinen, ließ sie der Architekt leicht nach außen geneigt bauen.

Zu guter Letzt stellt dieses Buch berühmte Wunder aus uralter Zeit vor – von den Osterinsel-Statuen und ihrer rätselhaften »Wanderung« bis zu den Geheimnissen von Stonehenge.

Der Mensch hat im Laufe der Geschichte ständig das Antlitz der Erde verändert und unglaubliche Bauwerke geschaffen. Die Natur hat ihrerseits zahlreiche Wunderwerke »kreiert« und verblüfft uns noch heute mit überwältigenden Phänomenen. Mancher Leser wird bei der Lektüre seine Favoriten vermissen. Entsprechende Vorschläge sind jederzeit willkommen. Doch nun zu meiner Auswahl der wahren Wunder der Welt …

Offizielle Einweihung des Burj Khalifa »

HENNA MALIK » GETTY IMAGES

NORD-
AMERIKA

Giant's Causeway ●
Stonehenge ●
Eiffelturm ●
Large Hadron Collider
Höhle von Rouffignac ●
Viadukt von Millau ●
Sagrada Família ●
Alhambra ●

● Yellowstone-Nationalpark

Mammutbäume ●

Death Valley ● ● Grand Canyon

NORDPAZIFIK

NORDATLANTIK

● Kīlauea

● Great Blue Hole

Moschee von Djenné ●

Panamakanal ●

● Mount Roraima

SÜD-
AMERIKA

Nazca-Linien ● ● Machu Picchu

● Salar de Uyuni

SÜDPAZIFIK

● Maracanã-Stadion
● Iguazú-Fälle

● Osterinsel

SÜDATLANTIK

Nordlichter

Baikalsee

EUROPA

Schiefer Turm von Pisa
Kolosseum
Akropolis
Hagia Sophia
Kappadokien
Chinesische Mauer
ASIEN

NAHER
OSTEN
Band-e Amir
Terrakottaarmee

Totes Meer
Petra
Transrapid Shanghai
Cheops-
Pyramide
Potala-Palast
Drei-Schluchten-Talsperre
Taj Mahal
Rongpu-
Gletscher
Burj Khalifa;
The Palm, Jumeirah

NORDPAZIFIK

Angkor Wat

Georgskirche

AFRIKA

Großer Afrikanischer Grabenbruch

Ngorongoro-Krater

INDISCHER
OZEAN

Great Barrier Reef

Lark Quarry

AUSTRALIEN

WERKE DER

NATUR

KAPITEL 1

NORDLICHTER

Grün leuchtende Lichtstreifen tanzen über den mit Sternen übersäten Himmel – das Nordlicht ist eine faszinierende Lichterscheinung, weltweit ohnegleichen.

E s ist kalt. Die Wimpern sind beinahe zusammengefroren, und aus den Fingern ist das Gefühl schon vor Stunden gewichen. Ob diese Nacht wohl jemals enden wird? Und falls man den Morgen noch erleben sollte, wird einem dann womöglich eine Zehe abgefroren sein?

Plötzlich erscheint am dunklen Himmel ein schwach leuchtender Fleck – mit bloßem Auge kaum zu erkennen. Der Nordlichtjäger blickt himmelwärts, die Teilnehmer der Gruppe raunen sich in gespannter Erwartung Dinge zu. Langsam wird der Fleck größer und nimmt eine grüne Färbung an, nach und nach verwandelt er sich in einen bewegten Lichtschleier. Wie Farbe, die auf dem Wasser verläuft, tanzt der ätherische Lichtschein über den Sternenhimmel und bildet dabei ständig andere Bänder, Streifen und Lichtbündel.

Die Mythologie der Inuit deutet die wie von Außerirdischen gemachten Lichterscheinungen als Signale aus dem Jenseits. Kein Feuerwerk, keine Ton- und Lichtschau kann sich mit diesem Wunder messen.

Doch genauso plötzlich, wie es begonnen hat, ist das unglaubliche Schauspiel auch wieder vorbei. Wer zu den wenigen gehört, die es erleben durften, kann sich glücklich schätzen. Tausende wandern jedes Jahr vergeblich kilometerweit in die Natur, auf der Suche nach einsamen Plätzen ohne Lichtverschmutzung, bei eisiger Kälte und in tiefschwarzer Nacht – und oft bleibt es nur bei fröstelnden Gliedern und Traumbildern im Kopf.

ANREISE

Nordlichter *(Aurora borealis)* sind in klaren dunklen Nächten von September bis März in nördlichen Erdregionen zu beobachten, etwa in Kanada, Alaska, Russland, Schottland und in Skandinavien. Allerdings erscheinen sie nicht auf Kommando, und es besteht keinerlei Gewähr, dass man überhaupt etwas sieht. Je weiter man nach Norden reist, desto größer sind die Chancen. Häufig entscheidet das Wetter oder die Umgebung darüber, ob man das faszinierende Himmelsphänomen zu sehen bekommt.

WEITERE LOHNENDE ZIELE

Das Polarmuseum von Tromsø dokumentiert in Ausstellungen die Anfänge der Polarforschung. Leuchtende Buntglasfenster gibt es in der Eismeerkathedrale zu bewundern, deren Dachkonstruktion an Gletscherspalten und Nordlichtschleier erinnert. Mit der Fjellheisen-Seilbahn gelangt man zum Storsteinen auf dem Berg Fløya. Von dort hat man eine herrliche Aussicht auf Tromsø und die umliegenden Inseln und Fjorde.

« Polarlichter über dem Sandvannet-See, Norwegen

Im Sonnenkern wird Wasserstoff bei bis zu 13,6 Millionen Grad Celsius durch Kernfusion zu Helium. In der äußersten Sonnenschicht herrscht immer noch eine Million Grad Celsius. Die Hitze lässt geladene Teilchen herumflitzen. Erreichen sie mehr als 400 Kilometer pro Sekunde, strömen sie als »Sonnenwind« in den Weltraum. Gäbe es keinen Schutzschild gegen diese Sonnenwinde, würde alles Leben auf der Erde »verbrutzelt«.

Das Magnetfeld der Erde entsteht tief im Inneren ihres Eisenkerns. Vermutlich wird von extrem heißen Kristallen im Zentrum des Erdkerns das geschmolzene Eisen in der umgebenden Schicht »bewegt«, wobei magnetische Kräfte entstehen. Das Magnetfeld umgibt den Planeten wie ein riesiger Schutzschild. Diese sogenannte Magnetosphäre lenkt die Sonnenwinde größtenteils ab.

An den Polen werden die geladenen Teilchen von Magnetfeldern angezogen. In der oberen Atmosphäre treffen die Teilchen auf Sauerstoff- und Stickstoff-Ionen und nehmen deren Energie auf. Wenn sich die »angeregten« Ionen wieder »abregen«, strahlen sie Licht aus. Stickstoff-Ionen erscheinen dabei rot, blau oder violett, während Sauerstoff-Ionen rot oder gelb leuchten. Polarlichter weisen abhängig von der Höhe unterschiedliche Farben auf, weil die relative Konzentration von Stickstoff und Sauerstoff je nach Höhe variiert. Ist gleichermaßen Sauerstoff und Stickstoff vorhanden, wird grünes Licht ausgestrahlt.

NORDLICHTER Wissenschaftlich betrachtet

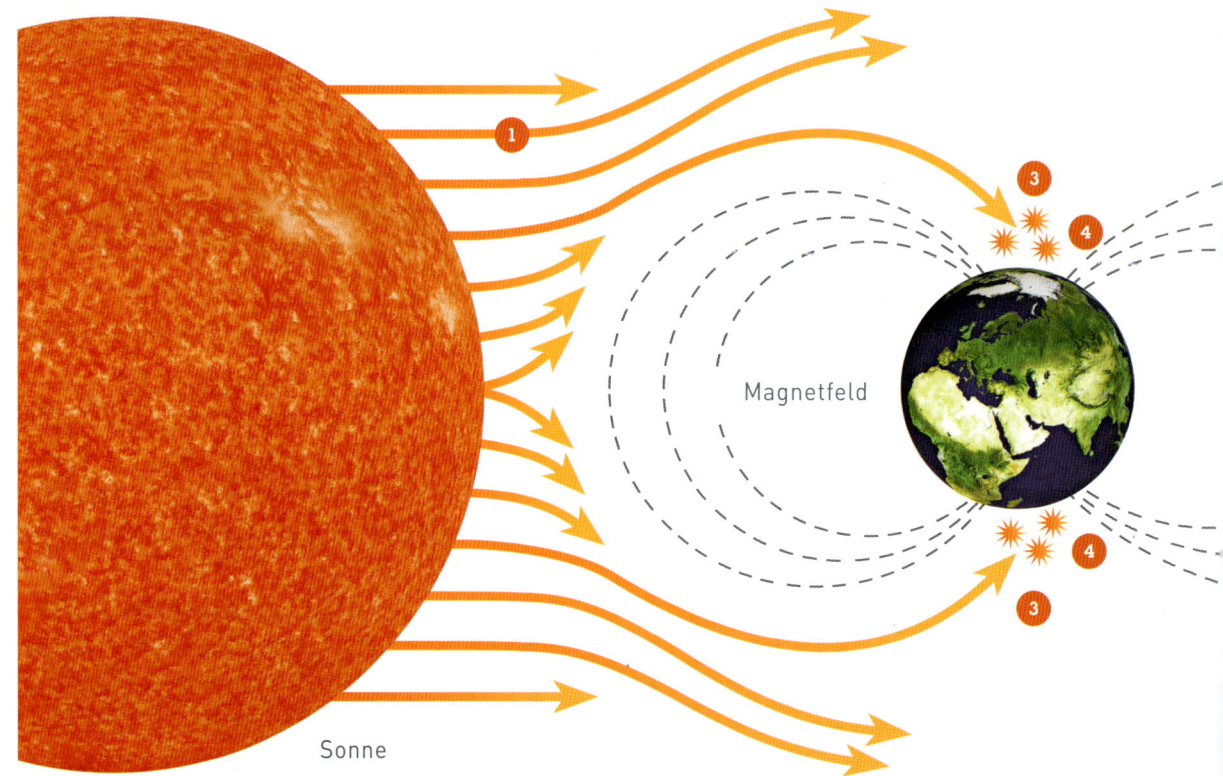

Magnetfeld

Sonne

⌃ Pyhä-Luosto-Nationalpark, Finnland

1 ›› *Geladene Teilchen* **2** ›› *Magnetosphäre der Erde*
3 ›› *Magnetfeldwirbel an den Polen* **4** ›› *Geladene Teilchen treffen
auf Atome in der Erdatmosphäre.*

Magnetfeld

ÜBRIGENS ...

✪ In der südlichen Hemisphäre wird dieses Himmelsphänomen als *Aurora australis bezeichnet.* Diese Südlichter sind von Australien und Neuseeland, vom südlichen Südamerika sowie von der Antarktis aus zu sehen. Sie lassen sich vor allem zwischen März und September beobachten.

✪ Nordlichter kommen auch auf anderen Planeten vor, beispielsweise auf dem Jupiter und dem Saturn, die beide wesentlich stärkere Magnetfelder als unsere Erde haben. Mit dem Hubble-Weltraumteleskop konnte man sie außerdem schon auf dem Uranus und dem Neptun ausmachen.

Satellitenaufnahme einer *Aurora australis* ››

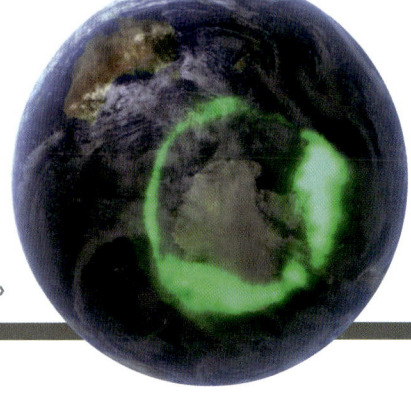

LARK QUARRY

Ein wildes Durcheinander von 95 Millionen Jahre alten Dinosaurierspuren bedeckt den Boden – bislang der einzige Fund zu einer Dinosaurier-Stampede auf der Erde.

Bei der Fahrt durch das karge Gelände mit seiner roten Erde, dem kümmerlichen Busch, den Steilabbrüchen und Tafelbergen sinnt man darüber nach, wie viel anders diese Landschaft im Dinosaurier-Zeitalter ausgesehen haben muss. Am Zielort parken bereits Autos vor zwei hangarartigen Gebäuden. Zusammen mit den anderen Führungsteilnehmern folgt man dem Guide auf eine Galerie.

⌃ Einstiges Dinosaurier-Revier: Lark Quarry

Über das Geländer gebeugt mustert man mit zusammengekniffenen Augen die Spuren auf dem harten Sandboden. Wüsste man es nicht besser, könnte man die Abdrücke für Vogelspuren halten. Natürlich nicht die großen. Die erinnern eher an Pfotenabdrücke eines riesigen Bären – allerdings haben sie nur drei Zehen. Man begreift, wie groß diese Dinosaurier gewesen sein müssen – beängstigend!

◄ ANREISE ►

Lark Quarry Dinosaur Trackways liegt etwa 110 Kilometer südwestlich von Winton (Bundesstaat Queensland), das von den Greyhound Australia-Bussen auf der Strecke Brisbane–Mount Isa angefahren wird. Daneben gibt es Busverbindungen zwischen Winton und Longreach mit Anschluss an die Züge der Fernbahnlinie Spirit of the Outback. In Winton und Umgebung bieten zahlreiche Unternehmen Touren nach Lark Quarry an.

◄ WEITERE LOHNENDE ZIELE ►

Wissenswertes zur Geschichte des Outbacks – vom Leben der Pioniere über Bergbau bis hin zu indigenen Kulturen – erfährt man in der Hard Times Mine in Mount Isa, fünf Autostunden nordwestlich von Winton entfernt. Spektakuläre Landschaften erwarten den Besucher weiter nordwestlich im Boodjamulla-Nationalpark mit seinem uralten Regenwald, Flüssen und Teichen sowie prähistorischen Felsenmalereien. An der Ostküste kann man das faszinierende Great Barrier Reef erkunden.

Vor 95 Millionen Jahren hatten sich etwa 150 kleine Dinosaurier an einem See zum Trinken eingefunden. Auf der Suche nach der nächsten Mahlzeit pirschte sich auch ein riesiger fleischfressender Theropode an die Wasserstelle heran und griff plötzlich an. Die von Panik erfassten Kleinsaurier rannten in alle Richtungen davon und hinterließen auf dem Schlammboden Fußabdrücke.

Schauplatz dieser dramatischen Szene war eine ausgedehnte Flussebene mit Sümpfen und Sandbetten, die von üppigem grünem Auwald eingefasst war. Bei einer Niederschlagsmenge von mehr als einem Meter pro Jahr trat der Fluss häufiger über seine Ufer. Unmittelbar nach der Stampede wurden die Spuren von Wasser überspült, bevor der Schlamm trocknen konnte. Über die Jahre lagerten sich Schichten von sandigen Sedimenten ab, bis sich hartes Gestein bildete.

Der Spurenfund

Entdeckt wurden die Fußabdrücke in den 1960er-Jahren von einem örtlichen Farmer, der sie für versteinerte Vogelspuren hielt. Wissenschaftler, die in den frühen 1970ern die Gegend aufsuchten, erkannten, dass sie es mit unzähligen Dinosaurierspuren zu tun hatten. Mit großer Sorgfalt erstellte man Latexabdrücke von vielen der 3 300 Fußspuren und vermaß sie im Labor auf Schrittweiten und -winkel.

Aus den Spuren ging hervor, dass bei der Stampede drei verschiedene Saurierarten beteiligt waren. Bei einer handelte es sich um eine fleischfressende Coelurosaurierart namens *Skartopus australis*, deren Vertreter ungefähr die Größe eines Huhns hatten. Die Wissenschaftler gehen davon aus, dass bestimmte Coelurosaurier direkte Vorfahren der heutigen Vögel sein könnten. Andere Fußabdrücke stammten von größeren pflanzenfressenden Ornithopoden der Spezies *Wintonopus latomorum*, die die Größe eines Emus erreichten.

Schließlich war da noch der räuberische neun Meter große Theropode. Der Bursche hatte drei lange Zehen, die mit scharfen Klauen ausgestattet waren. Wahrscheinlich handelte es sich um einen Einzeljäger, der bis zu 30 Stundenkilometer schnell laufen konnte.

⌃ Fußabdrücke bei Lark Quarry

LARK QUARRY Bleibende Spuren

Ein Tier tritt auf feuchten, nicht verfestigten Boden ...

und hinterlässt einen Fußabdruck, ...

der durch spätere Ablagerungen konserviert wird.

1 ›› *Skartopus australis*
2 ›› *Wintonopus latomorum*
3 ›› *Australovenator wintonensis*

WEITERE FUNDORTE VON DINOSAURIERSPUREN

Fußabdrücke von Dinosauriern hat man bislang an über 1 000 Orten auf allen Kontinenten mit Ausnahme der Antarktis gefunden.

PLAGNE, FRANKREICH

Einige der größten Dinosaurier-Fußabdrücke der Welt wurden in kalkhaltigen Sedimenten im französisch-schweizerischen Grenzgebiet gefunden. Sie stammen von pflanzenfressenden Sauropoden. Die Fußabdrücke sind etwa eineinhalb Meter breit; die Saurier müssen also über 25 Meter lang und 30 Tonnen schwer gewesen sein.

ROCKY HILL, USA

Der Dinosaur State Park in Rocky Hill (Bundesstaat Connecticut) zeigt Fußabdrücke, die hier vor 200 Millionen Jahren von Dinosauriern im Watt hinterlassen wurden, und erklärt ihre Entstehungsgeschichte.

PIONEER VALLEY, USA

Vor rund 190 Millionen Jahren war das Gebiet von Pioneer Valley im Bundesstaat Massachusetts eine subtropische Sumpflandschaft, die von fleischfressenden zweibeinigen Dinosauriern bewohnt wurde. Am Ufer des Connecticut River haben sich 134 Fußabdrücke erhalten, die alle in eine Richtung weisen. Man vermutet, dass manche Saurierarten in Rudeln umherwanderten.

ZHUCHENG, CHINA

Mehr als 3 000 Dinosaurier-Fußabdrücke von mindestens sechs verschiedenen Arten finden sich in der Umgebung von Zhucheng, das wegen dieser großen Zahl von Fossilienfunden häufig auch »Dinosaurierstadt« genannt wird. Die 100 Millionen Jahre alten Spuren weisen alle in dieselbe Richtung, was als ziemlich sicheres Zeichen dafür gedeutet werden kann, dass die Dinosaurier Rudel gebildet haben.

DER MOUNT RORAIMA

Hier liegt sie also, die vergessene Welt. Auf dem fernab der Zivilisation gelegenen riesigen Tafelberg haben sich aus »gestrandeten« Urzeitwesen Arten entwickelt, die weltweit einzigartig sind.

Wasserfälle, die sich über steile Felswände ergießen und einen dichten Sprühnebel bilden. Labyrinthe aus Felszinnen. Mit Kristallen übersäte Täler. Fleischfressende Schlauchpflanzen. Prachtvolle seltene Orchideen. Beim Blick von unten auf die steinerne »Burg« hatte man noch

⩓ Wolken über dem Mount Roraima

keine Ahnung, was einen auf dem Plateau, hoch über dem Amazonasdschungel, erwarten würde. Hier oben angekommen, kommt es einem nun vor, als habe man ein archaisches Land betreten. Eine vom Menschen noch gänzlich unberührte Welt. Nachdem man sein Nachtlager in einer Höhle aufgeschlagen hat, begleiten einen diese wie entrückt wirkenden, traumhaften Bilder in den Schlaf.

ANREISE

Wer den Mount Roraima erwandern möchte – ob allein oder in einer Gruppe –, kann dies nur mit einem einheimischen Führer tun. Außerdem ist auf dem Tepui (Tafelberg) immer nur eine begrenzte Anzahl von Personen zugelassen. Man gelangt dorthin im Rahmen einer anstrengenden sechstägigen Trekkingtour. Ausgangspunkt ist Santa Elena de Uairén (mit Bus und Flugzeug erreichbar).

WEITERE LOHNENDE ZIELE

Mit dem Salto Ángel kann man in Venezuela den höchsten freifallenden Wasserfall der Welt bestaunen, der vom Plateau des Auyan-Tepui in einer einzigen Stufe 807 Meter in die Tiefe stürzt. Der Bundesstaat Amazonas im wilden Süden des Landes bietet einige der unberührtesten Landstriche der Amazonasregion. Im Nordwesten lädt die herrliche Küstenstadt Coro zum Entspannen ein.

WALDF/NETO » GETTY IMAGES

Wassertümpel auf dem Tafelberg ⌃

Der Mount Roraima war vermutlich das Vorbild für den Schauplatz in Arthur Conan Doyles Roman *The Lost World* aus dem Jahr 1912. Darin wird von Urzeitwesen erzählt, die auf einem Plateau überlebt haben. Das ist gar nicht so weit hergeholt: Abgeschirmt durch scheinbar unüberwindbare 400 Meter hohe Klippen finden sich auf dem Plateau des Mount Roraima zahlreiche Arten, die nur hier existieren, und sich weitab vom Dschungel ganz individuell entwickeln konnten.

Der im Dreiländereck zwischen Guyana, Venezuela und Brasilien gelegene Mount Roraima gehört zur Sierra Pacaraima, einer Reihe von Tafelbergen, die hier *Tepui* genannt werden. Das Wort stammt aus der Sprache der Pemón, den indigenen Bewohnern der Gran Sabana, und bedeutet »Haus der Götter«. Jahrhundertelang wagten sich die Menschen nicht auf das Plateau, weil sie den Zorn der Götter fürchteten – und weil

immer wieder von absonderlichen Wesen wie den bösen Affenmenschen berichtet wurde.

Im Vergleich zu den nahen Anden mit ihren 25 Millionen Jahren sind die Tafelberge schon uralt. Vor mehr als zwei Milliarden Jahren setzte sich hier Sand am Meeresboden ab. Nach und nach wurde der Sandstein angehoben, bis er schließlich aus dem Wasser ragte. Teilweise wurde der Sandstein im Laufe der Zeit wieder abgetragen, bis vor etwa 70 Millionen Jahren die *Tepuis* zurückblieben. Der Unterbau des Mount Roraima besteht aus vulkanischem Gestein.

Der echte Jurassic Park

Im Jahr 1884 entdeckte ein Expeditionsteam um Sir Everard Im Thurn eine bewaldete Rampe und erklomm das Bergplateau.

Anstelle von Flugsauriern und Affenmenschen fanden die Forscher eine felsige, von kümmerlicher Vegetation bedeckte Landschaft vor, die mit Stellen sandigen Moorlands durchsetzt war – daneben zahlreiche Pflanzen und Tiere, die es nur auf dem Plateau gab.

Tatsächlich handelt es sich bei 35 Prozent aller Arten auf dem Mount Roraima um endemische Arten wie die Kröte *Oreophrynella quelchii*. 70 Prozent der auf den *Tepuis* lebenden Arten kommen nur dort vor. Manche Arten sind gewissermaßen lebende Fossilien – sie gleichen Pflanzen und Tieren, die anderswo auf der Welt ausgestorben sind. Über Millionen von Jahren hinweg hat sich das Leben auf den nebelverhangenen Bergplateaus vollkommen eigenständig entwickelt.

ÜBRIGENS ...

✪ Auf dem Plateau des Mount Roraima regnet es beinahe täglich. Aus dem Regenwasser speisen sich die sprudelnden Wasserfälle.

✪ Tafelberge nennt man auch Mesa, nach dem spanischen Wort für »Tisch«.

BERÜHMTE TAFELBERGE

NORD-
AMERIKA

● Island in the Sky

EUROPA

Atlantik

NAHER
OSTEN

ASIEN

Pazifik

Pazifik

Mount Kukenan ●
● Mount Roraima

SÜD-
AMERIKA

AFRIKA

Indischer
Ozean

Mount Conner ●

AUSTRALIEN

● Tafelberg

ISLAND IN THE SKY USA

SCOTT SMITH » CORBIS

TAFELBERG Südafrika

ALLAN BAXTER » GETTY IMAGES

MOUNT KUKENAN Venezuela

JSPARKSHATT » GETTY IMAGES

MOUNT CONNER Australien

G. R. 'DICK ROBERTS/NSIL » GETTY IMAGES

DER MOUNT EVEREST

Über einer der jüngsten Gebirgsketten der Erde erhebt sich ein mächtiger Riese – der höchste Berg der Welt. Wer seinen Gipfel besteigen will, muss zuerst die »Todeszone« überwinden.

Seit Tagen ist man auf dem Trekkingpfad unterwegs, um den großen Berg zu sehen. Beim Besteigen einer weiteren Passhöhe wähnt man den Augenblick schon gekommen. Aber es ist noch nicht so weit. Man wandert bis zum Abend und rastet dann. Ein weiterer Tag inmitten einer verblüffend schönen Landschaft – breite Täler, zerklüftete Berge, weidende Yaks, flatternde Gebetsfahnen.

Dann, nach vielen Tagen, taucht er endlich auf. Er ist wahrhaft kolossal, obwohl er doch so viele Kilometer weg ist. Mit der einsetzenden Abenddämmerung leuchtet der Gipfel orangefarben in der untergehenden Sonne. Sehr klein kommt man sich im Schatten dieses königlichen Berges vor, man spürt die Nähe von etwas wirklich Erhabenem.

◄ ANREISE ►

Der Mount Everest hat zwei Basislager. Um das nördliche Basislager auf 5 364 Metern Höhe in Tibet zu erreichen, ist man zunächst drei Tage von Lhasa nach Tingri unterwegs. Es folgt eine fünftägige Akklimatisierungstour zum Rongpu-Kloster (5 100 Meter), von wo aus man noch einen Tag zum Basislager geht. Der Weg zum südlichen Basislager (5 357 Meter) in Nepal beginnt mit einem 45-minütigen Flug von Kathmandu nach Lukla, gefolgt von einer zweitägigen Wanderung nach Namche Bazar (3 450 Meter), einer weiteren Tagestour zum Kloster Tengboche (3 867 Meter) und schließlich nochmal fünf bis sechs Tage Fußweg zum Basislager.

◄ WEITERE LOHNENDE ZIELE ►

Wer über Lhasa anreist, sollte einen Besuch im Potala-Palast, der geistigen Heimstatt des Dalai Lama, und seiner früheren Sommerresidenz, dem Norbulingka-Palast, einplanen. Auf der Barkhor-Straße kann man Tibets wichtigstes Heiligtum, den Jokhang-Tempel, umwandern. Wer Kathmandu als Ausgangspunkt gewählt hat, sollte den »Tempel der Affen« im Tempelkomplex Swayambhunath besichtigen. In unmittelbarer Nähe zu Kathmandu gibt es in Bodnath einen der größten buddhistischen Stupas zu besichtigen.

MOUNT EREST

ZAHLEN UND FAKTEN

✪ Den Nachnamen von George Everest spricht man richtig ['ivrist] aus. Mount Everest müsste also eigentlich auch so ausgesprochen werden.

✪ Edmund Hillary und der nepalesische Sherpa Tenzing Norgay erreichten am 29. Mai 1953 den Gipfel des Mount Everest und gelten als seine Erstbesteiger. George Mallory und Andrew Irvine hatten bereits 1924 einen Versuch unternommen. Beide verschwanden aber hoch oben am Nordostgrat, zuletzt wurden sie wenige Hundert Meter unterhalb des Gipfels gesehen. Ihre Leichen wurden nicht gefunden. Ob sie die wahren Erstbesteiger sind, bleibt daher bis heute ungeklärt.

✪ Die Monsunregen haben die Bewegung der Indischen Platte beschleunigt: Da der Regen das Gestein an der Ostflanke der Platte abträgt, verringert sich die Dicke der Kruste und letztlich ihre Masse – sie wird leichter.

✪ Im Laufe der nächsten zehn Millionen Jahre werden sich durch die Unterschiebung der Indischen Platte die Grenzen des heutigen Nepal aufeinander zubewegen, und das Landstück verschlucken.

✪ Das Hochland von Tibet erstreckt sich etwa 1000 Kilometer in nordsüdlicher Richtung und 2500 Kilometer in ostwestlicher Richtung und erreicht eine Höhe von 4500 Metern.

DIE GEBURT DES HIMALAYA

Vor 84 Millionen Jahren lag »Indien« noch viel weiter südlich und war durch das riesige Tethysmeer von Asien getrennt. Über die Jahrtausende driftete die Indische Platte jedes Jahr etwa 100 Millimeter nach Norden und stieß schließlich vor 55 Millionen Jahren auf die Asiatische Platte.

Belegt wird dies durch Sedimente aus dem Tethysmeer, in denen sich Abdrücke von Lebewesen finden und die heute Tausende Meter über dem Meeresspiegel liegen. Das Gestein wurde weit nach oben gedrückt, als sich die Indische Platte unter die Asiatische Platte schob. Eine große Erdmasse wurde dabei zusammengedrückt, aufgefaltet und angehoben.

Seit dem ersten Kontakt mit der Asiatischen Platte hat sich die Indische Platte weitere 2000 Kilometer nordwärts geschoben. Auch heute noch bewegt sie sich jährlich um fünf Millimeter weiter. Der Mount Everest wächst dabei jedes Jahr vier Millimeter in die Höhe und wandert 27 Millimeter in Richtung Nordosten.

Warum der Himalaya immer noch wächst

Wie schnell der Himalaya wächst, hängt von der Kraft und der Viskosität der tektonischen Platten ab. Wie zähflüssiger Honig, gegen den man mit einem Löffel drückt, wächst der Himalaya umso mehr in die Höhe und Breite, je schneller die Indische Platte vorwärtsstrebt.

Das »Fließvermögen« der kontinentalen Kruste rührt von einem bestimmten Gesteinsbestandteil her – dem Quarz. Bei niedrigen Temperaturen bricht er; zu beobachten ist das bei Erdbeben, wenn die Erdkruste aufbricht. Aber bei mehr als 350 Grad beginnt Quarz zu »fließen«. In Tiefen über zehn Kilometer ist das Krustengestein deshalb duktil, das heißt, es bricht bei niedrigen Temperaturen und lässt sich bei höheren formen.

Die »Todeszone«

Der Sauerstoffanteil in der Luft ist auf Meereshöhe und in höheren Lagen gleich, allerdings herrscht jeweils ein anderer Luftdruck. In großen Höhen ist er geringer, da die Luftmoleküle weiter zerstreut sind. Dementsprechend gibt es auch weniger Sauerstoffmoleküle.

Am Gipfel des Mount Everest beträgt der Atmosphärendruck etwa ein Drittel des Drucks auf Meereshöhe, es gibt also nur etwa ein Drittel so viel Sauerstoff. Je höher ein Bergsteiger klettert, desto weniger Sauerstoff wird von dem roten Blutfarbstoff Hämoglobin absorbiert; der Organismus leidet darunter. Übelkeit, Kopfschmerzen, Schwindelgefühle und Appetitlosigkeit sind die Folgen. In schweren Fällen kann es zu einer Schädigung des Gehirns oder zu einem Lungenödem kommen, da sich die Blutgefäße verengen und weniger Sauerstoff zur Verfügung steht.

Durch eine schrittweise Akklimatisierung gewährleisten Bergsteiger, dass der Körper die Höhen besser verkraftet. Der Organismus bildet dann mehr rote Blutkörperchen für den Sauerstofftransport. Oberhalb von 8000 Metern ist eine Akklimatisierung jedoch nicht möglich. In dieser »Todeszone« laufen Bergsteiger Gefahr, verhängnisvolle Fehler zu begehen, weil das Urteilsvermögen eingeschränkt ist.

Über 5000 Mal wurde der Everest bereits erfolgreich bestiegen, doch über 200 Alpinisten ließen an diesem Berg ihr Leben.

DIE VERMESSUNG DES EVEREST

Im Jahr 1802 begannen die Briten in Indien mit trigonometrischen Höhenmessungen. In den 1830er-Jahren waren sie an der nepalesischen Grenze angekommen, wurden aber aus politischen Gründen nicht ins Land eingelassen. Erst 1856 wurde der Berg erstmals vermessen – aus 160 Kilometern Entfernung – es ergaben sich 8840 Meter. Von der Royal Geographical Society, wo man den tibetischen Namen Chomolungma nicht kannte, wurde er 1865 nach dem früheren Surveyor General of India, Sir George Everest, in Mount Everest umbenannt. Mithilfe immer modernerer Messgeräte kam man schließlich auf 8848 Meter.

DIE ENTSTEHUNG DES HIMALAYA Baumeister Natur

1 Indische trifft auf Asiatische Platte …

2 und schiebt sich unter diese.

3 Dabei bildet sich ein Hochgebirge.

DER HIMALAYA

Im Querschnitt wird deutlich, wie sich die Berge beim Aufeinandertreffen der Platten auffalten.

ÜBRIGENS …

⊕ Auf den Gipfel des Mount Everest führen im Wesentlichen zwei Routen: die Nordroute von der tibetischen Seite her und die Südostroute von Nepal aus, die technisch einfacher und dementsprechend stärker frequentiert ist. Die meisten Besteigungsversuche werden im Mai unternommen, wenn es weniger stark windet.

DER GIANT'S CAUSEWAY

Glaubt man der Legende, so handelt es sich bei der felsigen Halbinsel an der nordirischen Küste um das Werk eines erzürnten Riesen. Die tatsächliche Entstehungsgeschichte der markanten Basaltsäulen ist dabei aber noch wundersamer.

D ie Sonne steht bereits tief am Horizont über der rauen See. Ein Wanderpfad führt zum Meer hinab. Linker Hand erstreckt sich die Küste, oberhalb des Weges ragen drohend die Klippen auf. Schon beim ersten Blick auf die Felsengebilde begreift man, warum die Menschen lange glaubten,

Der Giant's Causeway, County Antrim

der »Damm« könne nicht auf natürliche Weise entstanden sein. Mit ihrem beinahe genau sechseckigen Querschnitt wirken die Säulen wie von einem
Steinmetz aus dem Fels gehauen – oder wie gigantische versteinerte Honigwaben, die abwechselnd
zwischen den Wellen auf- und abtauchen.

◄ ANREISE ►

Der Giant's Causeway lässt sich gut über die Causeway Coastal Route erreichen. Die 193 Kilometer lange Küs-
tenstraße verläuft durch eindrucksvolle Landschaften zwischen Belfast und Derry. Radfahrer halten sich an die
Route 93 des britischen National Cycle Network; der Abschnitt zwischen Derry und Ballycastle ist bereits eröffnet.
Bahnreisende fahren auf der Strecke Belfast–Derry bis Coleraine oder Portrush und nehmen dann den Bus.

◄ WEITERE LOHNENDE ZIELE ►

Wer eine Ahnung von den Konflikten bekommen möchte, die Nordirland lange Zeit spalteten, sollte sich in Belfast
die Wandmalereien in der Falls Road sowie im Stadtteil Shankill ansehen und eine der Friedensmauern
zwischen den katholischen und protestantischen Wohnvierteln besichtigen. Das Museum of Free Derry zeichnet die Geschichte der Bürgerrechtsbewegung und die Ereignisse rund um den Bloody Sunday nach.

Sechseckige Basaltsäulen am Ufer ⌃

EIN URALTER ZWIST

Der Sage nach wurde das in die Irische See hineinragende Landstück von dem Krieger Finn McCool mit bloßen Händen geschaffen. Es heißt, Finn habe einen Disput mit dem schottischen Riesen Benandonner gehabt, bei dem sich beide heftig beschimpften. Wutentbrannt schleuderte Finn daraufhin Felsbrocken ins Wasser, um einen Damm zu errichten.

Tatsächlich entstanden die spektakulären sechseckigen Säulen vor ungefähr 50 Millionen Jahren infolge starker vulkanischer Aktivitäten im Erdinneren. Geschmolzenes Felsgestein wurde durch die darüberliegenden Kalkschichten an die Oberfläche gedrückt und lief in einem großen Lavasee zusammen. Aus den Lavarissen bildeten sich rund 40 000 vertikale Basaltsäulen.

ÜBRIGENS ...

⊕ Viele der markanten geologischen Formationen, mit denen die Halbinsel übersät ist, verweisen mit ihren Namen wie Giant's Boot, Giant's Harp oder Giant's Gate ebenfalls auf die Riesenlegende.

⊕ Im 16. Jahrhundert erlitt eine Galeone der Spanischen Armada vor dem Giant's Causeway Schiffbruch und versank mit einer kostbaren Goldladung und anderen Schätzen.

Aufgrund unbekannter geometrischer Kräfte in der Natur zerteilte sich die Lavamasse beim Erkalten in ein Muster ineinandergreifender Sechsecke, vom Prinzip her ähnlich der Wabenstruktur eines Bienenstocks.

Mathematik in der Natur

Über Millionen Jahre der Evolution haben die Bienen die optimale Form zum Bau aneinander angrenzender Wabenzellen gefunden. Die einzelnen Zellen einer Honigwabe bilden ebenmäßige Sechsecke. Fünfecke fügen sich nicht vollkommen passgenau aneinander. Gleichseitige Dreiecke und Quadrate schon, aber hier bräuchten die Bienen mehr Wachs. Die sechseckige Struktur stellt die effizienteste Form zum Bau einer großen Zahl von Spei-

cherzellen dar. In derselben Weise bricht die schrumpfende Lavamasse beim Abkühlen da auf, wo es am leichtesten geht.

Manche der Basaltsäulen sind bis zu 15 Meter hoch und haben einen Durchmesser von 50 Zentimetern. Die Größe der Säulen hat mit der Abkühlzeit zu tun – je langsamer die Lava erkaltete, desto größer fielen die Säulen aus. Einige haben am oberen Ende horizontale Bruchstellen, vergleichbar mit einem Kugelgelenk.

Mit dem Ansteigen und Absinken des Meeresspiegels über die Jahrtausende verschwanden die Basaltsäulen nach und nach. Als nach der letzten Eiszeit vor etwa 15 000 Jahren das Sedimentgestein langsam erodierte, kamen die eindrucksvollen Säulen wieder zum Vorschein.

Der Giant's Causeway, aus der Luft aufgenommen ⌃

BERÜHMTE BASALTSÄULEN

Svartifoss

Giant's Causeway
EUROPA

Devils Postpile
NORD-
AMERIKA

Jusangjeolli-Klippen
ASIEN

Pazifik

Atlantik

NAHER
OSTEN

Pazifik

AFRIKA

Indischer
Ozean

SÜD-
AMERIKA

AUSTRALIEN

Organ Pipes

SVARTIFOSS Island

PEERAKIT JIRACHETTHAKUN » GETTY IMAGES

ORGAN PIPES Australien

CAROL BUCHANAN » GETTY IMAGES

DEVILS POSTPILE USA

INGA SPENCE » GETTY IMAGES

JUSANGJEOLLI-KLIPPEN Südkorea

TOPIC PHOTO AGENCY » CORBIS

DER GROSSE AFRIKANISCHE GRABENBRUCH

Als riesiger Riss in der Erde erstreckt sich das größte Grabensystem der Welt über 6 000 Kilometer vom Roten Meer bis zum Malawisee. Die Furche säumen steile Klippen, die in Stufen 1,6 Kilometer bis zum Talboden abfallen.

Von der Klippe bei Chenek in den nordäthiopischen Sämen-Bergen blickt man ehrfürchtig hinunter auf die stufenweise abfallenden Felswände, die bis in die ausladenden Ebenen des Tals reichen – wie eine Treppe, die für einen Riesen aus dem Stein gehauen wurde. Man muss schon schwindelfrei sein, so wie die furchtlosen Blutbrustpaviane, die auf den zerklüfteten Felsen umherjagen. Die flinken Kameraden gehören zu den besten Kletterern der Erde. Da sitzen sie, mampfen Gras und recken die Brust mit dem dunkelroten Fleck dem letzten Schein der Abendsonne entgegen.

Als man früh am nächsten Morgen aus dem Zelt schlüpft, heizt sich die Luft schon auf. Mit geschultertem Rucksack zieht man in Richtung des Mount Bwahit (4 430 Meter) los. Oben am Gipfel dann das erhebende Gefühl, dass es hier nur noch einen höheren Berg gibt – man befindet sich beinahe auf dem Dach von Afrika.

Um auch das andere Extrem zu erleben, fährt man von der Stadt Debarq in östlicher Richtung in die Danakilsenke. Dieses riesige Becken, dessen tiefster Punkt 100 Meter unter dem Meeresspiegel liegt, ist einer der wärmsten Orte der Welt, mit Temperaturen bis zu 70 Grad Celsius. Bei sengender Hitze kann man das kräftige Zitronengelb in den Schwefelquellen von Dallol und den brodelnden Lavasee auf dem Vulkan Erta Ale bestaunen.

◄ ANREISE ►

Ausgangspunkt für Wandertouren in die Sämen-Berge ist die Stadt Debarq, die sich mit dem Bus von Gonder in dreieinhalb Stunden erreichen lässt. Dem geht eine strapaziöse zweitägige Busfahrt oder ein kurzer Inlandsflug von Äthiopiens Hauptstadt Addis Abeba voraus. Reiseveranstalter in Addis Abeba oder Gonder organisieren neben der Beförderung und Ausrüstung auch Park Ranger, die zum Schutz vor wilden Tieren Waffen tragen.

◄ WEITERE LOHNENDE ZIELE ►

Die meisten Äthiopien-Reisenden konzentrieren sich auf die Kulturschätze im Norden: In Gonder können Besucher durch königliche Schlösser wandeln. Spannende historische Zeugnisse erwarten sie in den unterirdischen Kirchen von Lalibela, während es in der Region Tigray großartige Felsenkirchen zu entdecken gibt.

PASCAL ROFGI » GETTY IMAGES

DIE ENTSTEHUNG EINES KOMPLEXEN GRABENSYSTEMS

Der Große Afrikanische Grabenbruch, das sogenannte Great Rift Valley, besteht aus dem Äthiopischen Graben sowie dem westlichen und östlichen Ast des Ostafrikanischen Grabens.

Der Äthiopische Graben

In Ostafrika streben die Nubische Platte und die Somalische Platte langsam voneinander weg. Gleichzeitig entfernen sie sich weiter von der nördlich liegenden Arabischen Platte. Über den genauen Grund dieses Rifting herrscht noch große Uneinigkeit. Einige Geologen vermuten als Ursache Kräfte, die von kollidierenden tektonischen Platten in anderen Erdregionen ausgehen. Aufgrund hoher Wärmeflusswerte könnten die Rifting-Prozesse auch von einem Hotspot herrühren.

Manche Geologen glauben, dass vor rund 35 Millionen Jahren durch extreme Hitze- und Druckverhältnisse tief im Erdinneren eine Magmablase zur Erdkruste hinaufgedrückt wurde, die dort ein Becken bildete und wie eine Brandblase anschwoll. Über diesem 1600 Kilometer großen Hotspot wurde die Erdkruste dünner und wölbte sich kuppelartig nach oben, wobei das Hochland im heutigen Nordost-Äthiopien und Eritrea entstand.

Mit dem Anwachsen der »Kuppel« wurde die Spannung schließlich zu stark für die spröde Erdkruste. Es bildeten sich drei große Risse, die in einem Winkel von 120 Grad von einem Mittelpunkt wegstreben. Die drei Äste dieser *triple junction* sind das Rote Meer, der Golf von Aden und der Graben, der durch Äthiopien verläuft.

⌃ Der Vulkan Dallol in der Danakil-Senke

In der Zwischenzeit trat durch kleinere Risse Lava aus und überflutete die Landschaft mit geschmolzenem Gestein. Als dieses schließlich aushärtete, bildeten sich die Flutbasalte, die sich heute an den Rändern des Äthiopischen Grabens finden lassen.

Das Tor zur Hölle

Teile der Erdkruste wurden durch den Rifting-Prozess so stark gedehnt, dass sie nach unten einbrachen und unter die Meereshöhe sanken. Als sich der Indische Ozean in die Talsohlen ergoss, bildeten sich der Golf von Aden und das Rote Meer; Teile der Afar-Region in Äthiopien wurden auch vom Meerwasser bedeckt.

Vor 30 000 Jahren entstand eine Kette von Vulkanen, die das Afar-Dreieck vom Indischen Ozean abschnitten. Mit der Zeit verdampfte wegen der geringen Regenmengen das gesamte Meerwasser. Das Salz blieb in einem riesigen Becken zurück, der Danakilsenke. Die ungeheure Hitze und die vulkanischen Aktivitäten haben der Landschaft den wenig schmeichelhaften Spitznamen »Tor zur Hölle« eingebracht. Seit 2 000 Jahren wird in der Afar-Wüste Salz abgebaut, das weiße Gold diente in Ostafrika als Zahlungsmittel.

ZAHLEN UND FAKTEN

✪ Entlang des Großen Afrikanischen Grabenbruchs rutschen große Gesteinsblöcke um etwa einen Millimeter pro Jahr nach unten und bilden so den Graben.

✪ Der afrikanische Kontinent verschiebt sich pro Jahr 20 Millimeter in Richtung Norden – ähnlich schnell wie Fingernägel wachsen.

✪ Die Somalische Platte entfernt sich von der Nubischen Platte mit einer Geschwindigkeit von drei bis sechs Millimetern pro Jahr.

✪ Das berühmte Fossil Lucy, das bei Hadar in der äthiopischen Afar-Region entdeckt wurde, ist nur einer von zahlreichen Hominidenfunden, die man im Gebiet des Großen Afrikanischen Grabenbruchs machte. Die Landschaft gilt als Wiege der Menschheit. Heute weiß man, dass sich hier feuchte und trockene Perioden häufiger abgewechselt haben, wodurch unsere Vorfahren sich stets anpassen und weiterentwickeln mussten.

Der Abbe-See in Dschibuti, an der Grenze zu Äthiopien ⌃

Auch im Roten Meer wären Bergbauaktivitäten denkbar. Unterseeische vulkanische Aktivitäten erzeugen einen Cocktail von Chemikalien, aus dem sich wertvolle Metallerze entwickeln, die entlang des mittelozeanischen Rückens in tiefen Becken heißen Salzwassers konzentriert vorliegen. Das Rote Meer könnte sich irgendwann durch das Hochland um die Afarsenke bahnen und den Äthiopischen Graben unter Wasser setzen. Dieses neue Meer wird sich allerdings erst in vielen Millionen Jahren bilden.

Der Ostafrikanische Graben

Afrikas größtes Binnengewässer, der Victoriasee, liegt zwischen dem westlichen und dem östlichen Ast des Ostafrikanischen Grabens. Vermutlich kam es zur Ausbildung der Äste, weil unter dem heutigen See uraltes metamorphes, hartes Gestein (Kraton) liegt, das die Verwerfungen nicht durchdringen konnten. Möglicherweise bedingt das Rifting an dieser Stelle ein Hotspot. Manche Geologen meinen sogar, dass sich der afrikanische Kontinent langsam über den Hotspot gen Norden verschoben haben könnte.

Der westliche Ast weist sehr tiefe Becken auf, die Afrikanischen Großen Seen. Der Tanganjikasee ist mit 1470 Metern der zweittiefste See der Erde. Vollkommen anders im östlichen Abschnitt: Hier ist der Natronsee in der Regenzeit nicht einmal drei Meter tief und während der restlichen Zeit komplett trocken; dann bleibt eine Salzpfanne zurück. Die vulkanischen Aktivitäten sind entlang des östlichen Astes stärker. Sie sind etwa für die Entstehung des majestätischen Kilimandscharo und des Mount Kenya verantwortlich – und schließlich für das Salz im Natronsee.

Durch die Hitze und den Druck im Erdinneren wird Dampf nach oben gedrückt. Beim Aufsteigen schließt der Dampf Chemikalien wie Natriumkarbonat ein, die in den Natronsee sickern. Kleine Organismen namens Spirulina (Cyanobakterien, die ein rotes Pigment aufweisen) gedeihen besonders in dem salzigen Wasser. Sie bescheren den Flamingos ein konstantes Nahrungsangebot und färben ihr Gefieder rosarot.

PLATTENTEKTONIK

Ohne die Ozeane könnte man sich die Erde als einen gigantischen Fußball mit ungleichmäßig großen Segmentstücken vorstellen. Diese Segmente oder tektonischen Platten werden auf der Erdoberfläche hin- und hergeschoben. Sie »schwimmen« dabei auf der zähflüssigen oberen Schicht des Erdmantels. Einige Wissenschaftler gehen davon aus, dass sie vor allem bei Subduktionsvorgängen an konvergierenden Plattengrenzen sowie durch Ozeanbodenspreizung an den mittelozeanischen Rücken bewegt werden – man spricht hier von *slab pull* und *ridge push*.

Prallen zwei Platten in einer Subduktionszone aufeinander, wird die dichtere Platte unter die andere gedrückt und zieht die übrige Platte mit sich. Gleichzeitig wird die Platte möglicherweise an der anderen Seite noch durch die Ozeanbodenspreizung angeschoben.

Natronsee, Tansania ≫

NIGEL PAVITT » GETTY IMAGES

DER AFRIKANISCHE GRABENBRUCH So ist er entstanden

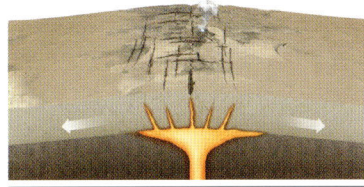

Hitze steigt nach oben.

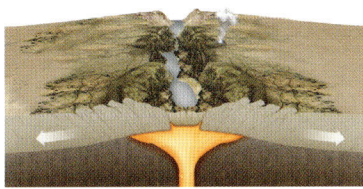

Die Erdkruste reißt.

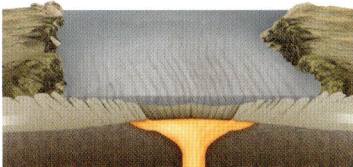

Die Senke füllt sich mit Wasser.

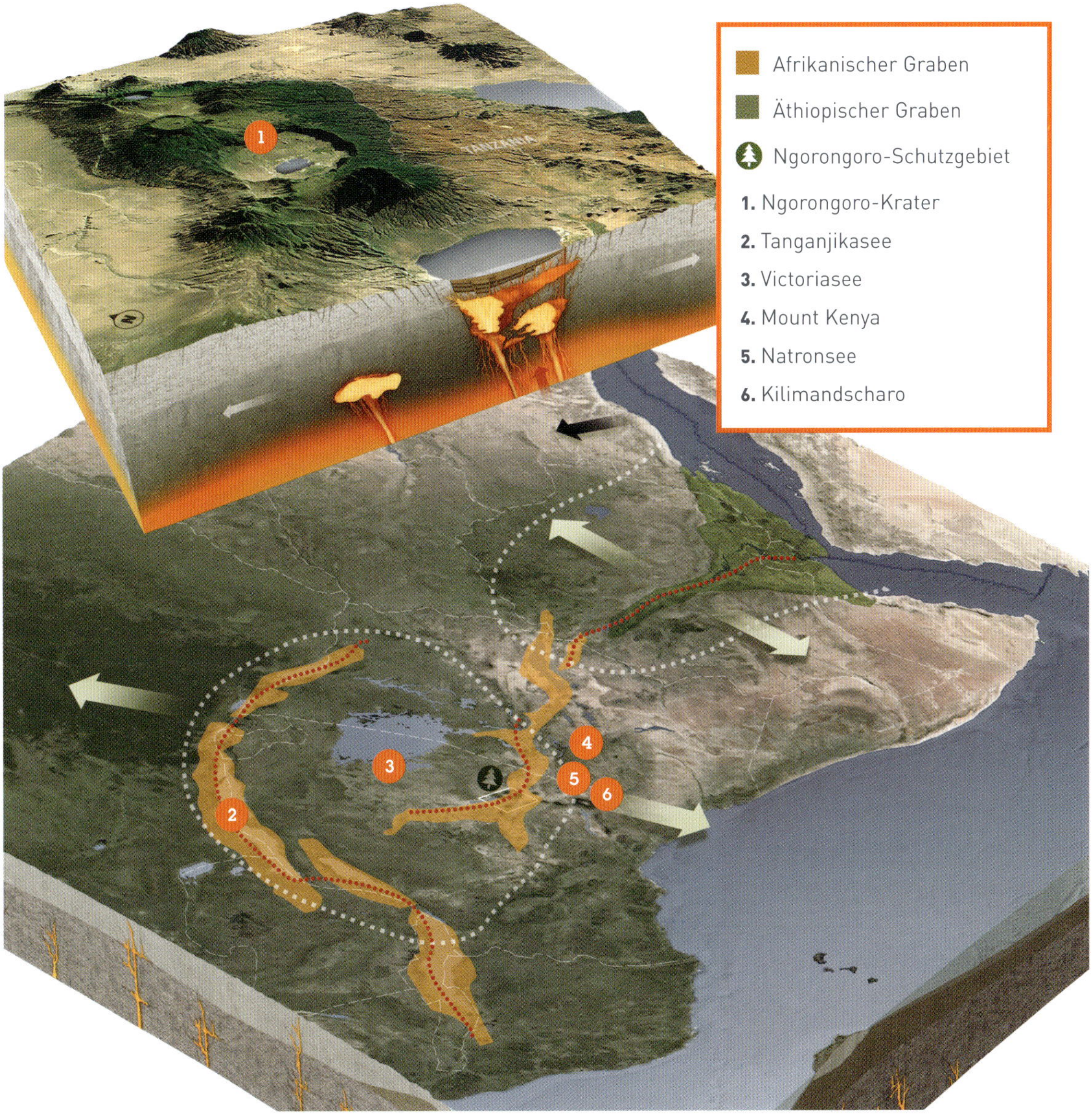

TANZANIA
Afrikanischer Graben
Äthiopischer Graben
Ngorongoro-Schutzgebiet
1. Ngorongoro-Krater
2. Tanganjikasee
3. Victoriasee
4. Mount Kenya
5. Natronsee
6. Kilimandscharo

DER BAIKALSEE

Der älteste und tiefste Süßwassersee unserer Erde trägt wegen der einzigartigen Tierwelt, die sich in seinen Tiefen verbirgt, auch den Spitznamen »Galapagos Russlands«.

D ie Schneefläche reicht bis weit in die Ferne, wo bewaldete Berghänge von weißen Kuppen gekrönt sind. Vorsichtig tut man einen Schritt vorwärts, dabei sinken die Stiefel im Schnee ein. Von unten ist ein dumpfes Ächzen zu vernehmen, das Eis knirscht. Ob es auch durchbrechen kann? Man möchte das lieber nicht ausprobieren – das Wasser unter dem Eis ist so kalt, dass man darin binnen einer Minute erfroren wäre. Ein Lastwagen nähert sich. Man macht sich schon darauf gefasst, dass die Eisdecke unter der Tonnenlast bricht. Aber sie hält.

Im Sommer, so hat man sich sagen lassen, ist das Wasser des Sees tiefblau und dabei kristallklar. Jetzt ist das riesige Schneefeld mit Autospuren und kleinen Löchern übersät. Bei einem Blick in eines der Löcher sieht man durch das glasklare Wasser die Kiesel am Seegrund in 30 Metern Tiefe. Ein Fisch huscht vorbei, und man holt die Angelleine hervor.

◄ ANREISE ►

Das Dorf Listwjanka am Südende des Sees ist bei Touristen am beliebtesten. Busse verkehren hierher täglich von Irkutsk aus (Fahrzeit: eineinviertel Stunden). Von Mitte Mai bis Ende September legen Tragflächenboote auf der Strecke zwischen Irkutsk und Bolshiye Koty (ein Stückchen weiter an der Westküste) täglich in Listwjanka an. Irkutsk verfügt über einen Flughafen mit Anbindung an die größten russischen Städte und liegt an der Transsibirischen Eisenbahn (Moskau–Wladiwostok–Peking). Die Züge auf der Baikal-Amur-Magistrale (BAM) halten in Sewerobaikalsk am Nordende des Sees.

◄ WEITERE LOHNENDE ZIELE ►

Beliebte Aktivitäten am Baikalsee sind Kajakfahren und Tauchen im Sommer sowie Schlittschuhlaufen, Hundeschlitten- und Motorradfahren im Winter. Man kann den See auch auf dem Great Baikal Trail umwandern oder mit der Baikalbahn zwischen Sljudjanka und Baikal abfahren. Im Tunka-Tal, westlich von der Südspitze des Sees, liegt der Kurort Arshan mit seinen Thermalquellen, deren leicht schwefelhaltiges Mineralwasser bei den verschiedensten Beschwerden helfen soll.

Die Insel Olchon im Baikalsee »

TIEFER SEE, HOHE BERGE

Im frostigen Südostsibirien liegt der Baikalsee. Mit 31 722 Quadratkilometern Wasserfläche und 1 637 Metern an seinem tiefsten Punkt ist er dem Volumen nach der größte See der Welt.

Der See entstand vor rund 25 Millionen Jahren entlang des tiefsten kontinentalen Grabenbruchs der Welt. Am Baikal-Graben driften die Amurplatte und die Eurasische Platte mit einer Geschwindigkeit von vier Millimetern im Jahr auseinander. Durch vulkanische Aktivitäten in der Tiefe des Sees sind Thermalquellen entstanden.

Der Baikalsee speist sich aus mehr als 300 Flüssen und Bächen und ist eines der klarsten Gewässer der Erde. Für die Sauberkeit des Wassers sorgen kleine Krustentiere, die sich von Algen und Bakterien ernähren, die sonst schnell das Wasser trüben würden. Trotz der harten Bedingungen birgt der See eine immense Artenvielfalt. Zahlreiche Organisationen kämpfen deshalb vor Ort für den Schutz der Natur, die durch die zunehmende Erschließung und Umweltverschmutzung bedroht wird.

Aufgrund seines Alters und der isolierten Lage beheimatet der See viele Arten, die nirgendwo sonst auf der Welt vorkommen. Bei mehr als 80 Prozent der Tiere handelt es sich um endemische Arten. In einem Fall – der Baikalrobbe – weiß man bis heute nicht, wie sie in das Binnengewässer kam.

Den See bevölkern rund 60 000 Baikalrobben, die als einzige Robbenart ausschließlich im Süßwasser leben. Es ist ein Rätsel, wie die Art in den Baikalsee gelangte, der Hunderte Kilometer von den Meeren entfernt liegt. Möglicherweise wanderten die Robben in prähistorischen Zeiten über einen Fluss von der Arktis hierher.

DIE GRÖSSTEN SEEN DER KONTINENTE

Victoriasee
Afrika

Oberer See
Nordamerika

Titicacasee
Südamerika

BAIKALSEE

Lake Eyre
Australien

Ladogasee
Europa

0 — 200 km
0 — 100 Meilen

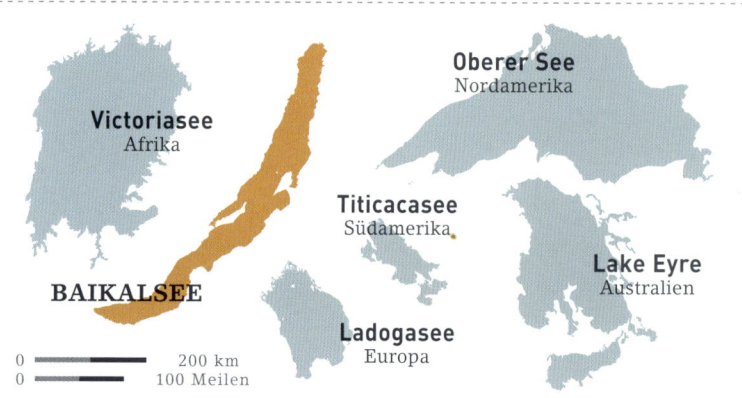

⌃ Im Winter friert der Baikalsee zu.

ZAHLEN UND FAKTEN

✪ Der Baikalsee enthält annähernd 20 Prozent des nicht in Eis gebundenen Süßwassers der Erde.

✪ Mit 1 637 Metern ist der Baikalsee der tiefste See der Erde. Unter dem Wasser befindet sich noch eine sechs Kilometer mächtige Sedimentschicht, der See liegt also auf dem tiefsten kontinentalen Grabenbruch der Welt.

✪ 1990 tauchte ein Forschungs-U-Boot vom Typ Pisces bis zur tiefsten Stelle des Sees und stellte damit den Süßwasser-Tieftauch-Weltrekord auf.

✪ Fünf Monate im Jahr ist der Baikalsee mit einer meterdicken Eisschicht überzogen.

DER GRAND CANYON

Schichten aus rotem, orangem und braunem Gestein bilden im Colorado-Plateau eine gigantische klaffende Wunde. Die enorme Ausdehnung und die intensiven Farben machen den Grand Canyon zu einer der imposantesten Schluchten der Welt.

D ie letzten Schritte geht es bei sengender Hitze zu Fuß bis an den Südrand des Grand Canyon: Natürlich hat man diese Landschaft schon auf Bildern gesehen, dennoch macht einen der erste Anblick sprachlos. Endlos weit zieht sich das Plateau in etlichen Schattierungen – von Ziegelrot bis Dunkelbraun.

Mit voll beladenem Rucksack macht man sich auf den 15 Kilometer langen Bright Angel Trail hinab in den Canyon. Die Aussicht ist fantastisch, aber die Wanderung schweißtreibend; schon bald hat man sich in den Wanderschuhen Blasen gelaufen.

Als nach der langen Tagestour der Bright Angel Campground in Sicht kommt, herrscht Erleichterung. Die Luft kühlt sich merklich ab, und die Nacht senkt sich über die Wüste. Ein Meteor zieht eine helle Spur über den Sternenhimmel. In der Ferne knurrt hungrig ein Kojote, als man in den Schlafsack schlüpft.

Am nächsten Morgen wird einem rasch warm bei dem Aufstieg zurück zum Canyonrand.

Auf der Weiterfahrt in westlicher Richtung über Peach Springs und entlang der berüchtigten Diamond Bar Road erreicht man Grand Canyon West. Dort befindet sich der Skywalk – eine hufeisenförmige Plattform, die über den Klippenrand in die Luft ragt. Mit pochendem Herzen steht man an der äußersten Stelle des Hufeisens und blickt durch den gläsernen Fußboden auf das blaugrüne Band des Colorado.

ANREISE

Knapp fünf Millionen Menschen besuchen jedes Jahr den Grand Canyon im Bundesstaat Arizona. Die meisten Gäste fliegen nach Las Vegas und fahren dann mit dem Auto (5 Std.) zum Grand Canyon South Rim, der ganzjährig zugänglich ist. Der Abschnitt am Nordrand, 50 Kilometer südlich des Jacob Lake auf dem Highway 67, ist von Mai bis Mitte Oktober geöffnet. Den Skywalk in Grand Canyon West kann man nur mit einem Kombiticket besichtigen.

WEITERE LOHNENDE ZIELE

Auch der Nachbarstaat Utah hat Großartiges zu bieten. Dazu gehören die Hoodoos im Bryce-Canyon-Nationalpark mit seinen eigenwilligen Felsformationen. Der Zion-Nationalpark beeindruckt mit seiner Artenvielfalt und Geschichte, bereits vor 8 000 Jahren lebten hier Menschen. Eine besondere Attraktion sind die hoch aufragenden Sandstein-Spitzkuppen im Monument Valley Navajo Tribal Park, die in unzähligen Wildwestfilmen verewigt wurden.

Der »Aufstieg« des Colorado-Plateaus

Der Colorado, der sich am Boden des Grand Canyon entlangwindet, ist kein reißender Strom. Doch in Jahrtausenden hat sein Wasser vieles weggeschwemmt, was mehr über die Entstehung des Canyons verraten könnte. Erst in letzter Zeit entschlüsseln die Geologen dieses Rätsel langsam.

Vor knapp zwei Milliarden Jahren stieß eine große Landmasse auf das, was damals der nordamerikanische Kontinent war. Prallen zwei tektonische Platten in einer Subduktionszone aufeinander, wird normalerweise die dichtere Platte unter die andere geschoben. Die Kruste der viel kleineren Landmasse hatte aber einen so starken Auftrieb, dass sie nicht abtauchte. Stattdessen wurde das Gestein durch den starken Druck in metamorphen Gneis und Schiefer verwandelt, zu sehen etwa in der schwarz schimmernden Vishnu-Gruppe am Boden der Inneren Schlucht.

Nach und nach erodierte der alte Fels und ließ eine relativ flache Landschaft zurück. Doch vor etwa 850 Millionen Jahren bildeten sich als Folge tektonischer Prozesse riesige Becken, in denen sich das Sedimentgestein der Grand Canyon Supergroup ablagerte. Diese Gesteinsmassen falteten sich zu einer Bergkette.

⌃ Der Skywalk, 1 220 Meter über dem Grand Canyon

DER BAU DES SKYWALK Tiefe Einblicke

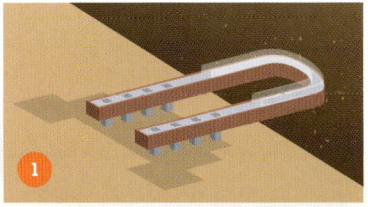

Im Felsen verankerte Fundamente …

lassen die U-förmige Plattform …

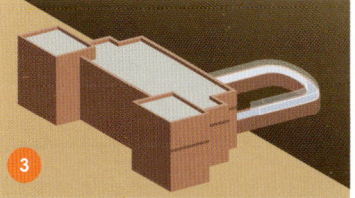

21 Meter über den Abgrund ragen.

ÜBRIGENS …

✪ Das Empire State Building würde dreieinhalbmal in den Grand Canyon passen.

✪ In den Valles Marineris, einem Grabenbruchsystem auf dem Mars, wäre der Grand Canyon nur ein kleines Seitental.

Zu jener Zeit war die Landschaft ein Teil des Kontinentalsockels. Im Lauf der nächsten 300 Millionen Jahre stieg und sank der Meeresspiegel immer wieder; mit ihm rückte die Küste mal näher, mal zog sie sich zurück. Dabei kam es abwechselnd zu Abtragungen und Ablagerungen zahlreicher Schichten von Sand-, Kalk- und Schieferstein. Damit scheint sich die Entstehungsgeschichte nun langsam zu offenbaren.

In einer Subduktionszone nimmt die dichtere Platte beim »Eintauchen« Felsgestein und Wasser in tiefere Schichten mit, wo aufgrund der Hitze die Kruste und der obere Mantel (die Lithosphäre) schmelzen und Magma entsteht. Als sich vor rund 70 Millionen Jahren an der Westküste

Amerikas zwei kleine tektonische Platten unter die Nordamerikanische Platte schoben, hatten sie einen flacheren Eintauchwinkel. Die Geologen nehmen an, dass sich dadurch das Magma statt in Küstennähe weiter im Landesinneren bildete und so das Colorado-Plateau 3000 Meter in die Höhe gestemmt wurde. Damit ließe sich erklären, warum das Colorado-Plateau so hoch liegt, nicht aber, wie der Colorado den Grand Canyon ausgeschürft hat.

Der Grand Canyon wird gegraben

Neueren Forschungen nach könnte es in dem Gebiet des heutigen Grand Canyon früher noch einen anderen Canyon gegeben haben. Die Wissenschaftler vertre-

ten die Ansicht, dass vor 70 Millionen Jahren Wasser von einer Bergkette im Westen in den jetzigen California River abgelaufen sein muss. Dieser höhlte einen Teil des Canyons aus, während der östliche Abschnitt vor rund 55 Millionen Jahren von einem anderen Fluss gegraben wurde. Der Colorado suchte sich dann Millionen Jahre später diese bestehenden Canyons als Bett.

Mit Sicherheit kann man sagen, dass der heutige Canyon gerade einmal sechs Millionen Jahre alt ist. Am oberen Ende des Lake Mead fanden sich in der Mündung Ablagerungen, die auf ein Alter von sechs Millionen Jahren datiert werden konnten. Zu jener Zeit also nahm der Fluss seine jetzige Route.

⌃ Rafting auf dem Colorado

DER GRAND CANYON Altersbestimmung des Gesteins

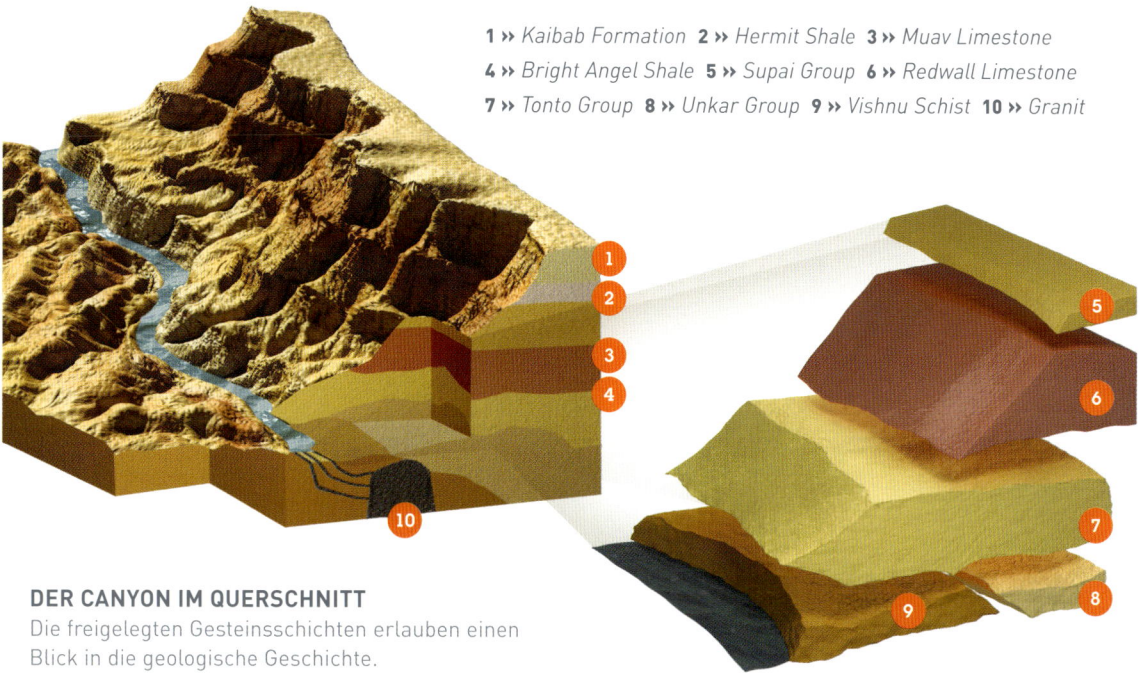

1 ›› *Kaibab Formation* 2 ›› *Hermit Shale* 3 ›› *Muav Limestone*
4 ›› *Bright Angel Shale* 5 ›› *Supai Group* 6 ›› *Redwall Limestone*
7 ›› *Tonto Group* 8 ›› *Unkar Group* 9 ›› *Vishnu Schist* 10 ›› *Granit*

DER CANYON IM QUERSCHNITT
Die freigelegten Gesteinsschichten erlauben einen
Blick in die geologische Geschichte.

›› Für die roten und orangen Gesteinsschichten ist
Eisen verantwortlich. Ist reichlich Sauerstoff vorhan-
den, liegt es als Eisen(III) vor. Eine rote Färbung wei-
sen nur die Felsschichten auf, die durch einzellige
Blaualgen entstanden sind. Diese Lebewesen nehmen
Sauerstoff auf und geben ihn an die Atmosphäre ab.

›› Blaualgen waren es auch, die aus Sedimentpar-
tikeln kugelförmige Gebilde gebaut haben. Diese
Stromatolithen finden sich im ältesten Sedimentgestein des Canyons, das sich vor 850 bis 1 200 Millionen Jahren gebildet hat.

›› Oberhalb dieser uralten Sedimentgesteine ver-
lieren sich die Spuren von rund 300 Millionen Jahren Erdgeschichte. Das Gestein, das sich in dieser
Phase des Präkambriums abgelagert hat, ist weg,
als einzige »Zeugen« dieses Zeitabschnitts bleiben
sogenannte Diskordanzen – und die Frage, was die
Steine erodieren ließ.

›› Die nächste Schicht bildet der Tapeats Sandstone
mit Fossilien der bekanntesten Vertreter des Pa-
läozoikums, den Trilobiten. Diese gepanzerten
Tierchen, die den heute noch existierenden Pfeil-
schwanzkrebsen ähnelten und bis zu 70 Zentimeter
groß wurden, warfen ihr Außenskelett ab, um wachsen zu können. Manche Arten waren so gut angepasst, dass sie Millionen Jahre überlebten. Sie
verschwanden erst mit dem Massenaussterben
im Perm, das 96 Prozent aller marinen Tierarten
den Garaus bereitete.

›› Weiter oben in der Temple Butte-Formation finden sich im Kalkgestein eingeschlossene Fossilien
von Süßwasserfischen, während der Coconino
Sandstone unzählige Spuren von Amphibien und
Reptilien aufweist. Den oberen Rand des Grand
Canyon bildet schließlich die Kaibab-Formation,
eine Kalksteinschicht mit Fossilien von Weichtieren, Korallen und Haifischzähnen.

DER NGORONGORO-KRATER

Mit einer Fläche von 260 Quadratkilometern ist das riesige Becken die größte wasserfreie Caldera der Welt: eine Oase für Wildtiere und das Vieh der Massai.

D ie Spannung steigt, während das Geländefahrzeug die Steigungen von der Tiefebene des Großen Afrikanischen Grabenbruchs erklimmt und sich durch Haarnadelkurven schlängelt. Man durchfährt einen dichten Wald und erreicht schließlich den Kraterrand. Die ockerfarbenen Ebenen sind durchbrochen vom Grün der Baumgruppen und einem silbern schimmernden See.

Auf dem Weg hinab zum Kraterboden geht es vorbei an Herden von Zebras, anmutigen Antilopen,

⌃ Zebras beim Trinken am Kratersee

kräftigen Büffeln und einem schwerfälligen Elefanten, der wie zur Warnung langsam mit den Ohren wedelt. Lieber sicheren Abstand halten! Kurz darauf nähert sich das Geländefahrzeug einer Gruppe von Löwen, die sich von den Fremdlingen nicht stören lassen. Ein kurzer desinteressierter Blick nur, schon wenden sie sich wieder der gestern erlegten Beute zu. Am See angekommen beobachtet man die rosafarbenen Flamingos, wie sie mit den Schnäbeln das Wasser durchkämmen.

◄ ANREISE ►

Vom Kilimanjaro International Airport in Nord-Tansania geht es weiter mit dem Charterflugzeug, Mietauto oder Taxi, oder man nimmt den kostenlosen Pendelbus nach Arusha (55 km westlich). Von hier sind es zwei Autostunden zum Lodoare Gate, dem Zugang zum Naturschutzgebiet Ngorongoro, das nur mit Allradfahrzeugen befahren werden kann. Die Zufahrt ist möglich zwischen 7 und 16 Uhr. Bis 18 Uhr müssen alle Fahrzeuge das Gebiet verlassen haben.

◄ WEITERE LOHNENDE ZIELE ►

Im Naturschutzgebiet lohnt sich ein Besuch der Olduvai-Schlucht, wo wichtige Funde von Homo habilis, einem der ältesten Vorfahren des Menschen, gemacht wurden. Flamingos kann man am Natronsee am Fuß des aktiven Vulkans Ol Doinyo Lengai beobachten. Im Osten Tansanias gibt es den Gipfel des Kilimandscharo zu erklimmen – mit 5 895 Metern der höchste Berg Afrikas.

Wolken über dem Ngorongoro-Krater ⌃

KRATERBILDUNG

Die Caldera hätte auch ein gewaltiger Vulkanberg von der Größe des Kilimandscharo werden können. Stattdessen explodierte vor etwa drei Millionen Jahren ein Vulkan…

Die Caldera entstand, nachdem konzentrische Risse in der Erdkruste bis zu einer Magmakammer tief im Erdinneren gedrungen waren. Der Druck nahm stetig zu, bis sich der Vulkan selbst in die Luft sprengte und die Kegelspitze zu einem gewaltigen, 19 Kilometer breiten und 610 Meter tiefen Krater zusammensank.

Der faszinierende Krater befindet sich im Naturschutzgebiet Ngorongoro. Zusammen mit den Kratern Olmoti und Empakaai bildet der Ngorongoro einen Teil des Großen Afrikanischen Grabenbruchs.

PAUL JOYNSON-HICKS » GETTY IMAGES

Paradies für wilde Tiere

Die Ebenen in der Caldera und die Regenwälder an ihren Rändern beheimaten beinahe alle charakteristischen Tierarten der afrikanischen Savanne: Elefanten, Flusspferde, Leoparden, Spitzmaulnashörner und die dichteste bekannte Löwenpopulation, zudem 500 Vogelarten, darunter die prachtvollen Flamingos am Magadisee. Immer im Dezember treffen Tausende Gnus, Zebras und Gazellen ein, die ein halbes Jahr später gen Norden weiterziehen.

DER TIERBESTAND IM KRATERGEBIET

| 26 | 62 | 3 000 | 3 000 | 4 000 | 4 000 | 7 000 |

Quelle: Ngorongoro Conservation Area Authority

TIERVÖLKER-WANDERUNG

Jedes Jahr im Dezember treffen Tausende Gnus und Zebras aus dem Süden ein. Die bestehenden Populationen (siehe oben) wachsen dann bei den Gnus von 7 000 auf über 1,7 Millionen, bei den Zebras von 4 000 auf über 260 000 Tiere an. Dazu kommt eine halbe Million Gazellen. Ganzjährig leben hier außerdem Spitzmaulnashörner, Löwen, Gazellen, Antilopen und Büffel.

ÜBRIGENS ...

✿ Zusammen mit den wilden Tieren leben in der Gegend halb-nomadische Massai, die ihr Vieh im Naturschutzgebiet weiden lassen dürfen.

✿ Ol Doinyo Lengai ist ein aktiver Vulkan, der zuletzt im Jahr 2007 ausbrach. Er liegt im Ngorongoro-Hochland und ist nach dem Kili-mandscharo und dem Meru die dritthöchste Erhebung Tansanias. Die Eingeborenen nennen ihn »Gottesberg«.

DAS TOTE MEER

Als tiefstgelegene Stelle der Erde und mit einem rund achtmal höheren Salzgehalt als jeder Ozean zieht der Binnensee seit jeher Besucher an, die seinen Schlamm zu Heilzwecken nutzen und sich wie Korken auf der Wasseroberfläche treiben lassen.

T rotz Klimaanlage ist es unerträglich heiß. Der Bus folgt der kurvenreichen Straße durch eine schroffe Berglandschaft ohne Pflanzenbewuchs. Langsam wird klar, warum es Totes Meer heißt – in einer derart kargen Gegend scheint kein Leben möglich zu sein. Nach einer Biegung schließlich eine tiefblaue Fläche, die in der Mittagssonne wie eine Oase schimmert.

Die Sonne brennt gnadenlos auf das von flachen Bergen eingefasste Becken. Eilig läuft man ans

⌃ Uferlandschaft am Toten Meer

RUSLAN DASHINSKY / © GETTY IMAGES

Ufer und planscht erst mit den Füßen in dem weichen Wasser; es brennt leicht, als das Salz eine Blase erwischt. In Badekleidung watet man – mit einem Buch in der Hand – weiter in den See. Wie eine Boje schaukelt man auf dem Wasser und wendet sich der Lektüre zu.

◄ ANREISE ►

Von der israelischen Seite kann man Tagesausflüge zum Toten Meer von Jerusalem, Eilat oder Tel Aviv aus unternehmen. Die Hauptorte am See sind die Oasen En Gedi und En Bokek. Von Jordanien her erreicht man das Tote Meer am besten auf der Straßenverbindung von Amman; andere Ausgangspunkte sind Madaba und Karak. Mit Minibussen und Taxis kommt man zwar auch ans Tote Meer, einfacher ist aber die Anfahrt im Rahmen einer organisierten Tour.

◄ WEITERE LOHNENDE ZIELE ►

Auf der jordanischen Seite erreicht man zwei Autostunden weiter südlich die 2000 Jahre alte, aus dem roten Sandstein gemeißelte Felsenstadt Petra und die faszinierenden Landschaften des Wadi Rum, die durch Lawrence von Arabien Berühmtheit erlangten. Auf der israelischen Seite lohnt ein Besuch der antiken Festung Masada, die auf einem isolierten Felsplateau mit Blick zum Toten Meer liegt.

Im Toten Meer geht niemand unter. ⌃

NICHT GANZ TOT

Mit 417 Metern unter dem Meeresspiegel ist das Tote Meer die tiefstgelegene Stelle der Erde. Flüsse führen auf ihrem Weg über Erde und Gestein Mineralien mit sich, die sie im Toten Meer abladen. Da in dem abflussfreien See mehr Wasser verdunstet als nachfließt, sammeln sich Salz und andere Mineralien an. Mit einem Salzgehalt von 33,7 Prozent – rund achtmal mehr als in den Ozeanen – ist das Tote Meer eines der salzigsten Gewässer der Welt. Dank des hohen Mineraliengehalts helfen sein Wasser und Schlamm auch sehr gut bei Hautkrankheiten.

Trotz seiner heilenden Eigenschaften nannte man den Salzsee Totes Meer, weil man annahm, in seinen Tiefen könne kein Leben existieren. Aber das Leben ist erfinderisch. Am Boden des Sees gibt es zehn Meter tiefe Krater, die Süßwasser aus unterirdischen Quellen ausstoßen. Hier leben Bakterien.

Das gesamte Gebiet um das Tote Meer ist tektonisch aktiv. Über 1 000 Kilometer erstreckt sich von der Türkei bis hinab zum Roten Meer die »Totes-Meer-Transformstörung«. Die beiden Becken bildeten sich durch Bewegungen der Afrikanischen und der Arabischen Platte.

ZAHLEN UND FAKTEN

✪ Mehr als 800 000 Menschen besuchen jedes Jahr das Tote Meer. Das Wasser weist eine höhere Dichte auf als der Körper eines Menschen.

✪ Das Tote Meer unterteilt sich in zwei Abschnitte, die jeweils um die 16 Kilometer breit sind. Der nördliche Teil hat eine Länge von ungefähr 64, der südliche von etwa 16 Kilometern. Die Gesamtfläche beträgt 1 010 Quadratkilometer.

✪ Die Industrie zapft aus dem südlichen Teil des Toten Meeres Wasser ab; aus dem Jordan werden große Mengen zur Bewässerung und als Brauchwasser entnommen. Der Wasserspiegel des Toten Meeres ist in den letzten Jahrzehnten um gut 20 Meter gesunken.

⌃ Der Schlamm ist reich an Mineralien.

DAS TOTE MEER So ist es entstanden

1. Die Platten bewegen sich beide in nördlicher Richtung, aber mit unterschiedlichen Geschwindigkeiten. Dadurch entsteht an der Verwerfungslinie der Transformstörung Spannung.

2. Vor vielen Millionen Jahren wurde die Spannung zu stark, und das Krustengestein wurde entlang der Verwerfungslinie langsam auseinandergerissen.

3. Das Gestein wurde in zwei Abschnitten so stark gedehnt, dass diese nach unten sanken und dabei die Pull-apart-Becken bildeten, in denen das Tote Meer heute liegt.

MEERESHÖHE

TOTES MEER

1900

2004

2040

Durch die Entnahme von Wasser aus dem Jordan schrumpft das Tote Meer immer schneller. Jedes Jahr fällt der Wasserspiegel um etwa einen Meter; bis zum Jahr 2040 wird sich das Tote Meer deutlich verkleinert haben.

Luftaufnahme von Salzwasserbecken im Toten Meer ⌃

DER YELLOWSTONE-NATIONALPARK

Grizzlybären, Bisons und Wölfe streifen durch die wilde Zauberlandschaft mit ihren Bergwäldern, sprudelnden Wasserfällen und saftigen Ebenen. Die heißen Quellen und Geysire, die in den Tälern vor sich hin stieben, sind vulkanischen Ursprungs.

Missgelaunt über die frühe Aufstehzeit legt man die Thermowäsche an und trottet hinaus in das nächtliche Dunkel. Fröstelnd wartet man und hofft, dass sich die grauen Räuber ebenfalls einfinden. Die Morgensonne taucht den Horizont in ein fahles Gelb, da wird die Stille von einem einsamen Wolfsgesang durchbrochen. Ein zweites Tier stimmt ein, ein drittes, bis schließlich das ganze Rudel heult.

Nach etwa einer Stunde tauchen schließlich in der Ferne zwei Tiere auf. Durch das Spektiv des Guides folgt man einem Wolf, wie er in den Fluss springt, über die Sumpfwiesen hüpft und sich dort schließlich über die Reste eines erlegten Elches hermacht. Abseits von den Touristenhorden wird einem bewusst, dass diese unglaubliche Landschaft noch viel mehr zu bieten hat.

◄ ANREISE ►

Der Flughafen in West Yellowstone im Bundesstaat Montana ist normalerweise von Juni bis September geöffnet. Die nächstgelegenen Flughäfen befinden sich in Cody (83 km östlich), Jackson (90 km südlich), Bozeman (105 km nördlich) und Idaho Falls (172 km südwestlich). Oft kommt es jedoch günstiger, nach Salt Lake City (628 km südlich im Bundesstaat Utah) oder Denver (906 km südlich in Colorado) zu fliegen und von dort mit dem Mietauto weiterzufahren. Den Sommer über bestehen Busverbindungen von Jackson und Cody, ganzjährig verkehren Busse nach West Yellowstone und Gardiner von Bozeman aus.

◄ WEITERE LOHNENDE ZIELE ►

45 Autominuten südlich gibt es den noch nicht so überlaufenen Grand-Teton-Nationalpark mit seinen schroffen Berggipfeln und glasklaren Seen zu entdecken. Acht Autostunden in östlicher Richtung liegen die Black Hills von South Dakota mit den staunenswerten Felsporträts von Mount Rushmore und dem nahe gelegenen Crazy Horse Memorial. 14 Stunden dauert die Fahrt südwärts nach Arizona zu dem monumentalen Grand Canyon. Ebenfalls besuchen sollte man den Bryce-Canyon-Nationalpark mit den bizarren »Hoodoos«.

YELLOWSTONE-NATIONALPARK

ZAHLEN UND FAKTEN

✪ Yellowstone wurde 1872 gegründet und war damit der erste Nationalpark der Welt. Mittlerweile zählt man hier mehr als drei Millionen Menschen pro Jahr.

✪ Die Warmwasserquellen dienten immer wieder als Wunschbrunnen. Nun verstopfen Münzen teilweise die kleineren Sprühlöcher.

✪ Das Schwimmen in den Warmwasserquellen ist verboten, weil ganz unvermittelt siedend heißes Wasser hochsprudeln kann. Es kam schon vor, dass sich Besucher schwere Verbrennungen zuzogen oder hineinfielen und starben.

✪ Jedes Jahr werden in Yellowstone bis zu 3000 Erdbeben gezählt.

✪ In Bodennähe kann die Temperatur im Park so weit ansteigen, dass das Baumharz zu sieden beginnt. Dann riecht es nach Ahornsirup.

✪ Bei den verheerenden Waldbränden des Jahres 1988 brannte beinahe ein Drittel der Nationalparkfläche ab.

✪ Im Yellowstone-Park befindet sich einer der größten versteinerten Wälder unseres Planeten. Bei Vulkanausbrüchen wurden die Bäume komplett von Asche zugedeckt, und das Holz verwandelte sich über Millionen von Jahren in Mineralien.

✪ Die Ureinwohner Nordamerikas besiedeln das Yellowstone-Gebiet bereits seit mindestens 11000 Jahren.

DER BEDROHLICHE SUPERVULKAN

Bei einer durchschnittlichen Höhe von 2 400 Metern über dem Meeresspiegel nimmt der Yellowstone-Nationalpark eine Fläche von 8 992 Quadratkilometern ein. Der Park liegt in der Caldera eines der größten Supervulkane Amerikas, der wohl immer noch aktiv ist. Davon zeugen auch mehr als 300 Geysire und 10 000 heiße Quellen.

Im Laufe der letzten zwei Millionen Jahre kam es zu mehreren heftigen Ausbrüchen des Supervulkans. Dabei wurden enorme Mengen von Asche ausgestoßen, die große Teile Nordamerikas bedeckten. Vermutlich führten diese Ereignisse zum Aussterben bestimmter Tier- und Pflanzenarten und beeinflussten das globale Wettergeschehen.

Die Caldera entstand dadurch, dass sich Risse in der Erdkruste bis zu der darunterliegenden Magmakammer fortsetzten. Dabei entwich der Druck, sodass der Vulkan ausbrach und sein Kegel zu einem riesigen Krater zusammenfiel. In den letzten Jahren verhielt sich der Supervulkan eher unauffällig: Seit den ersten Beobachtungen durch Wissenschaftler vor mehr als drei Jahrzehnten blieb seine vulkanische Aktivität relativ konstant. Stünde wirklich ein katastrophenartiger Ausbruch bevor, würde sich dies über etliche Tage durch stärkere Erdbeben und plötzliche Verformungen des Untergrunds im Park ankündigen.

OLD FAITHFUL

Schmelzwasser bahnt sich seinen Weg durch die Risse im porösen Felsengestein von Yellowstone. Trifft es auf heißes salzhaltiges Wasser, das von der Magmakammer des Vulkans erwärmt wurde, sinkt das kalte Wasser nach unten, während das heiße Wasser an die Oberfläche steigt, durch Spalten in ein Quellbecken sprudelt oder aus einem der Geysire emporschießt.

Steamboat heißt der größte aktive Geysir der Welt, der seine Wasserfontäne bis zu 90 Meter in die Höhe sprüht. Old Faithful (»der alte Getreue«) hat seinen Namen daher, dass er im Schnitt 17 Mal pro Tag einen 95 Grad Celsius heißen Wasserstrahl gut 30 Meter hoch in die Luft spritzt. Nach zwei Stunden geht es von vorne los.

YELLOWSTONE Entstehung der Caldera

Magma steigt zur Erdkruste auf.

Der Druck sprengt die Erde auf.

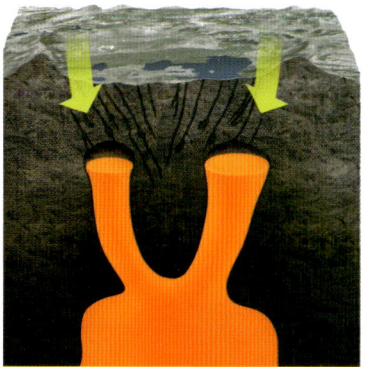

Die Magmakammer sackt ein.

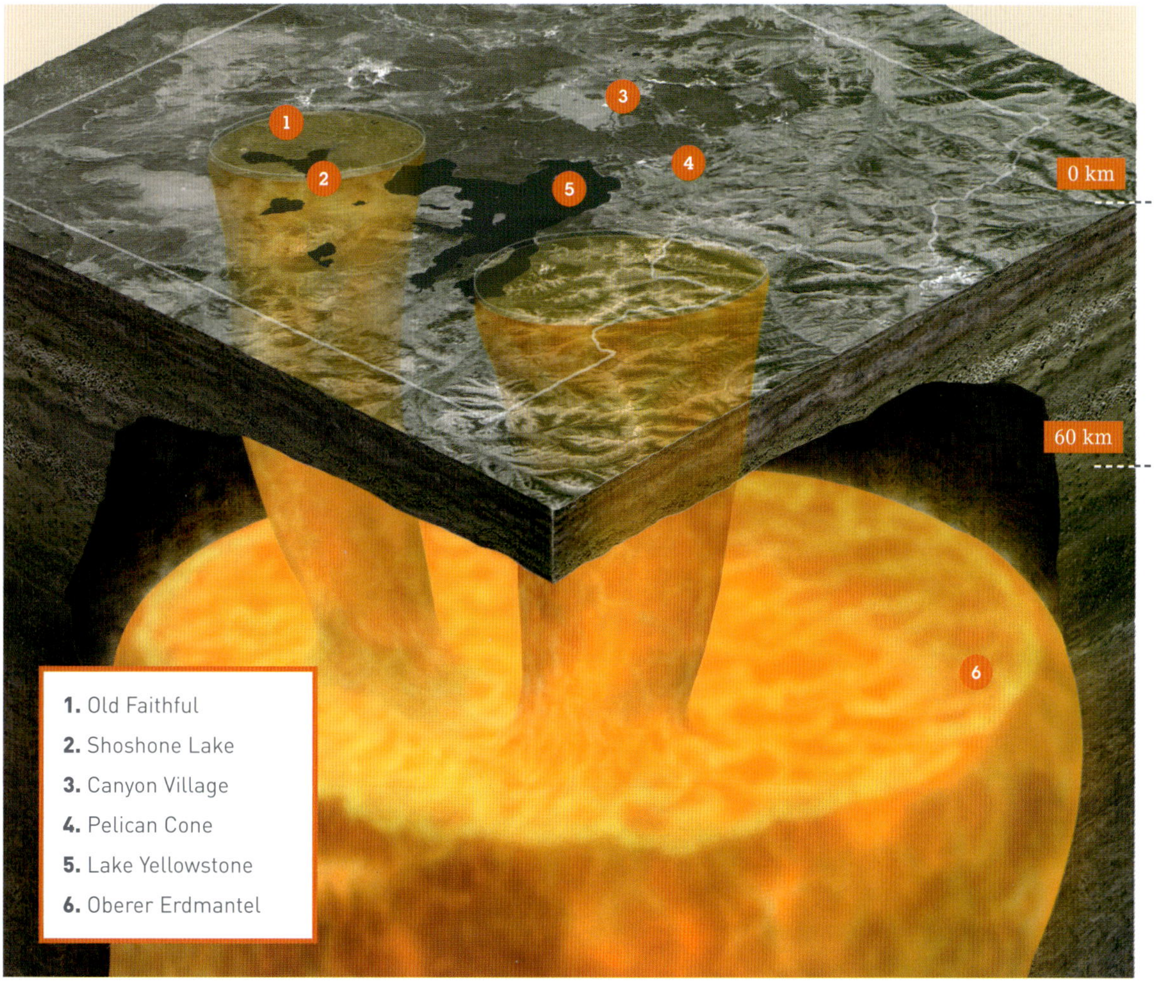

0 km

60 km

1. Old Faithful
2. Shoshone Lake
3. Canyon Village
4. Pelican Cone
5. Lake Yellowstone
6. Oberer Erdmantel

DER KĪLAUEA

Der aktivste Vulkan der Welt spuckt seit über drei Jahrzehnten fortwährend Lava und lässt dabei innerhalb kürzester Zeit neues Land entstehen.

Auf der Fahrt die Chain of Craters Road entlang versperrt plötzlich eine Masse frischer schwarzer Lava die Straße. Ab hier kann man das Meer nur noch zu Fuß erreichen. Dem aufsteigenden Dampf folgend umgeht man vorsichtig die noch flüssigen Lavablöcke und die gefährlich zischenden Spalten.

Am Wasser flimmert ein breiter Streifen alter schwarzer Lava im schwächer werdenden Sonnenlicht. Melasseartige, leuchtend orange Zungen

⌃ Dampf steigt aus dem Vulkankrater auf.

lassen Rauchfahnen aufsteigen, als sie auf die donnernden Wellen treffen. Schwarze Brocken tauchen in der Dünung auf und ab. Während sich die Sonne dem Horizont entgegensenkt, fangen orangefarbene Pfuhle zu brodeln an. Zeit zur Umkehr!

ANREISE

Vom Hilo International Airport auf Big Island fährt man die Hawaii Belt Road gen Süden zum Crater Rim Drive. Auf dem Wanderweg über den Kīlauea Iki-Krater ist es oft sehr voll. Am besten parkt man beim Aussichtspunkt Kīlauea Iki Overlook und läuft von dort den Crater Rim Trail zur Thurston Lava Tube und zurück. Um ans Meer zu gelangen, geht man bis ans Ende der Chain of Craters Road und legt das letzte Stück zu Fuß zurück.

WEITERE LOHNENDE ZIELE

Der Vulkan Mauna Kea ist Hawaiis höchster Berg und ein fabelhafter Ort, um lange Sonnenuntergänge zu genießen oder den Sternenhimmel zu betrachten. Beim Wandern im Vulkan-Nationalpark Hawaii kann man heiße Lava, schneebedeckte Gipfel und dunkle Regenwälder erkunden. Lavaflüsse gibt es im Waimea Canyon auf der Insel Kauai zu bewundern.

Ein Magmastrom ergießt sich ins Meer. ⌃

Seit dem 3. Januar 1983 dauert die aktuelle Eruption bereits an; damit ist der Kīlauea der aktivste Vulkan der Erde. Der Name bedeutet »viel spucken« und nimmt Bezug auf die riesigen Lavamengen, die sich hinab zum Meer wälzen und dabei an der südöstlichen Küste ein Lavadelta entstehen lassen.

Der Kīlauea ist einer von fünf Vulkanen auf Hawaii (Big Island) – die anderen vier heißen Mauna Loa, Mauna Kea, Hualalai und Kohala. Rein nach Volumen ist der ebenfalls noch aktive Mauna Loa der größte Vulkan der Welt. Der Mauna Kea ist der höchste Berg Hawaiis und, wenn man vom Meeresboden aus misst, mit über zehn Kilometern sogar höher als der Mount Everest.

Big Island gehört zu einem Archipel von Inseln und unterseeischen Bergen. Die Kette begann sich vor 80 Millionen Jahren über einem riesigen Hotspot zu bilden. Dieser durchstieß die Kruste, während die Pazifische Platte in nordwestlicher Richtung über ihn hinwegdriftete, und ließ eine Kette von Vulkanen entstehen.

Auf Kauai, der nördlichsten Insel, hat das älteste freiliegende Vulkangestein ein Alter von rund fünfeinhalb Millionen Jahren, während es auf der südöstlichsten Insel Hawaii nicht einmal 700 000 Jahre alt ist. Dabei bilden sich ständig neue Inseln.

Tief im Meer wächst 35 Kilometer südlich der Insel Hawaii ein neuer Vulkan heran. Mehr als 3 000 Meter hoch ist der Loihi schon. An die Oberfläche dürfte er irgendwann in den nächsten 100 000 Jahren kommen.

JÜNGERE VULKANE

» PARÍCUTIN, MEXIKO Im Februar 1943 brachen in einem Maisfeld nahe dem mexikanischen Dorf Parícutin plötzlich Asche und Gestein aus einer Erdspalte hervor. Innerhalb einer Woche hatte sich an dieser Stelle ein riesiger Kegel gebildet, und die nahe gelegenen Ortschaften wurden unter seinem »Auswurf« begraben. Im Laufe des folgenden Jahrzehnts entstand daraus ein 442 Meter hoher Kegel.

» SURTSEY, ISLAND Die Vulkaninsel vor der Südküste Islands entwickelte sich in 130 Metern Tiefe aus einer Spalte am Meeresboden, die zum Mittelatlantischen Rücken gehört. 1963 durchstieß der Vulkan die Wasseroberfläche.

ZAHLEN UND FAKTEN

✪ Der Kīlauea stößt pro Tag bis zu 500 000 Kubikmeter Lava aus – aus all diesem Material könnte man eine 32 Kilometer lange Straße bauen. Der größte Teil davon fließt über Lavaröhren ins Meer, die sich unter der erkalteten Oberfläche älterer Lavaströme bilden.

✪ Vor etwa 90 Jahren senkte sich der Lavasee des Kīlauea 200 Meter ab, wodurch Grundwasser einströmen konnte. Beim Kontakt mit der glühend heißen Lava verdampfte das Wasser, und durch den Druck wurde Gestein 800 Meter weit weggesprengt. Die Eruptionen hielten 18 Tage lang an.

✪ Die Lava des Kīlauea kann bis zu 1 200 Grad Celsius heiß werden. Die von ihm ausgestoßenen Gase, Asche und Vulkanglas werden nach der Vulkangöttin Pele als »Peles Tränen« bezeichnet.

⌃ Kauai, eine der Hauptinseln von Hawaii

DER KĪLAUEA Wie ein Vulkan neues Land schafft

1. Hotspot
2. Erdkruste
3. Neues Land
4. Caldera eines
toten Vulkans

KATASTROPHALE KRÄFTE

Nachdem sie von ihrem Hotspot »weggerutscht« sind, werden die hawaiischen Vulkane nicht mehr durch neue, aus dem Erdmantel austretende Lava am Wachsen gehalten. Im Laufe der Zeit wird altes Vulkangestein durch die Kräfte der Erosion abgetragen, während das Wasser die Erde an dünnen, instabilen Stellen aufbricht und Risse entstehen lässt.

Vor rund zwei Millionen Jahren löste sich von der Nordostküste der Insel Oahu ein 750 Quadratkilometer großes Landstück und rutschte ins Meer. Als Folge wälzte sich ein gewaltiger Tsunami über den Ozean.

Das gleiche Schicksal ereilte die Insel Molokai vor eineinhalb Millionen Jahren; dabei blieb ein 300 Meter hoher Steilabbruch zurück – die höchsten Meeresklippen der Welt.

An der Südflanke des Kīlauea befindet sich ein riesiges Landstück namens Hilina Slump, was wörtlich etwa »Hilina-Rutsch« bedeutet: 1975 rutschte ein 60 Kilometer breiter Abschnitt ins Meer und löste dabei einen 14 Meter hohen Tsunami aus. Würde der Hilina Slump mit seiner gesamten Masse plötzlich auf einmal wegbrechen, könnte das den gesamten Pazifikgürtel verwüsten.

DIE IGUAZÚ-FÄLLE

Tosend und stiebend stürzen über 5 000 Kubikmeter Wasser pro Sekunde die Klippen herab und lassen dabei eine 100 Meter hohe Nebelwolke entstehen. Spektakulär!

Immer lauter wird das Rauschen. Der Pfad weitet sich zu einer Lichtung, eine kleine Aussichtsplattform drückt sich an den Klippenrand. Vom Geländer aus erblickt man Kaskaden von Wasser, die prasselnd in ein Nebelbecken stürzen. Unten an der Anlegestelle ergattert man eine Rettungsweste und zwängt sich zu den anderen Touristen ins Motorschlauchboot. Als das Boot auf die vom Wasser umtosten Klippen zusaust, beginnt man zu verstehen, warum dieser Abschnitt Teufelsschlund genannt wird. Ringsum ergießen sich Wasserfälle donnernd in einen Nebelkessel. Aufgeregt klammert man sich am Sitz fest, als das Boot eine riesige Kaskade anpeilt. Man ist noch nicht einmal unter dem Wasserfall, trotzdem herrscht ein ohrenbetäubendes Getöse, während einen der Sprühnebel abduscht. Das Boot tanzt auf den schäumenden Wellen und nimmt erneut Kurs auf den Wasserfall – für ein zweites Vollbad.

ANREISE

Die Wasserfälle liegen im Grenzgebiet von Brasilien und Argentinien, wobei Argentinien den größeren Teil für sich beanspruchen kann. Die Fälle sind von beiden Seiten sehenswert – von Brasilien aus hat man einen herrlichen Ausblick, auf der argentinischen Seite kommt man näher heran. Die wichtigsten Städte in der Umgebung sind Foz do Iguaçu (Brasilien) und Puerto Iguazú (Argentinien). Mit dem Flugzeug gelangt man von São Paulo, Rio de Janeiro und Buenos Aires dorthin. Vom Busbahnhof in Iguazú verkehren Busse zu verschiedenen Zielen innerhalb Argentiniens.

WEITERE LOHNENDE ZIELE

Im argentinischen Iguazú-Nationalpark gibt es eine faszinierende subtropische Regenwaldlandschaft zu entdecken, die rund 500 Vogelarten und etwa 80 Säugetierarten beheimatet, darunter Nasenbären und verschiedene Affen. Auf der brasilianischen Seite lohnt ein Abstecher nach Osten: Der Serra Verde Express bietet spektakuläre Eisenbahnfahrten durch die Berge der Serra do Mar zwischen Curitiba und Paranaguá. In nördlicher Richtung im Pantanal kann man bei einer Flussschifffahrt eines der größten Feuchtgebiete der Welt erkunden.

ANDRÉ SEALE » GETTY IMAGES

Regenbogen über den Iguazú-Fällen »

GROSSES WASSER

Die Iguazú-Wasserfälle erstrecken sich über drei Kilometer an der argentinisch-brasilianischen Grenze und gehören zu den breitesten Wasserfällen der Erde. In der Guaraní-Sprache heißen sie Iguassu, »großes Wasser«. Bei Wasserhöchststand ergießen sich mindestens 5 000 Kubikmeter Wasser pro Sekunde über die Kanten der insgesamt 275 Fälle.

Einer Legende der Guaraní zufolge entstanden die Wasserfälle, weil ein Krieger namens Caroba den Zorn eines Waldgottes erregt hatte. Caroba war mit dem Mädchen Naipur, das der Gott für sich auserwählt hatte, in einem Kanu den Fluss hinab geflohen. Der erzürnte Gott riss einen Graben in das Flussbett, woraufhin sich eine Kette steil abfallender Wasserfälle bildete, über die Naipur in die Tiefe stürzte und zu einem Felsen erstarrte. Die wissenschaftliche Version klingt hingegen ziemlich nüchtern: Vor rund 175 Millionen Jahren begann der Superkontinent Pangäa auseinanderzubrechen; während der Kreidezeit wurden dabei Südamerika und Afrika voneinander getrennt. Vor etwa 120 Millionen Jahren trat bei vulkanischen Eruptionen Basaltlava durch Risse in der Erdkruste. Über dieses harte Basaltgestein fließt der Iguazú heute, wobei tiefe Becken ausgehöhlt werden, wenn er mit seiner ungeheuren Kraft auf das weichere Gestein unterhalb der Klippen prallt.

DIE KRAFT DES WASSERS 1 » Wasser prallt auf weiches Gestein. Dabei wird ein Becken ausgehöhlt. 2 » Da das harte Gestein am Klippenrand wenig elastisch ist, bricht es irgendwann ein und stürzt in das Wasserfallbecken. Dadurch wird die Erosion beschleunigt. 3 » So zieht sich der Wasserfall immer weiter flussaufwärts zurück – allerdings nur drei Millimeter pro Jahr.

SALTO ANGEL Venezuela

JANE SWEENEY » GETTY IMAGES

KAIETEUR-FÄLLE Guyana

RICHARD MCMANUS » GETTY IMAGES

GROSSE WASSERFÄLLE UNSERER ERDE

NORD-AMERIKA · **Niagara-Fälle** · EUROPA · Pazifik · Atlantik · NAHER OSTEN · ASIEN · Pazifik · **Salto Angel** · **Kaieteur-Fälle** · AFRIKA · SÜD-AMERIKA · Inidscher Ozean · **Iguazú-Fälle** · **Victoria-Fälle** · AUSTRALIEN

» **VICTORIA-FÄLLE** Der schottische Entdecker David Livingstone benannte die Wasserfälle am Sambesi-Fluss nach der damaligen britischen Königin Victoria. In der Sprache der Einheimischen heißen sie Mosi-oa-Tunya, »donnernder Rauch«. Hier im Grenzgebiet von Simbabwe und Sambia erzeugt er mit einer Fallhöhe von 108 Metern einen Sprühnebel, der 20 Kilometer weit zu sehen ist.

» **NIAGARA-FÄLLE** Eigentlich handelt es sich hierbei um eine Gruppe von drei Wasserfällen an der Grenze zwischen Kanada und den USA: die Horseshoe Falls, die American Falls und die Bridal Veil Falls.

» **KAIETEUR-FÄLLE** Weit abgeschieden liegen diese Wasserfälle im üppigen Regenwald Guyanas. Sie sind zwar nicht die berühmtesten, gehören aber zu den höchsten: 226 Meter stürzt der Potaro von dem Sand-steinplateau in die Tiefe.

» **SALTO ANGEL** Der höchste freifallende Wasserfall der Welt ergießt sich in einer Stufe 807 Meter talwärts – und insgesamt 979 Meter. Der venezolanische Wasserfall ist so hoch, dass in der Trockenzeit das Wasser noch in der Luft verdunstet. Sein indigener Name Kerepakupai Merú bedeutet »Sprung des tiefsten Ortes«.

NIAGARA-FÄLLE Kanada/USA

VICTORIA-FÄLLE Simbabwe

HANS-PETER MERTEN » GETTY IMAGES

KELLY CHENG TRAVEL PHOTOGRAPHY » GETTY IMAGES

DAS GREAT BLUE HOLE

Mit 300 Metern Durchmesser und einer Tiefe von 125 Metern ist das kreisrunde Riff ein Paradies für Taucher, die im kristallklaren Wasser eine farbenprächtige Unterwasserwelt und verborgene Naturschätze entdecken können.

A us der Luft erinnert das Great Blue Hole an ein Auge – eine große, dunkle Pupille, umgeben von einer türkisfarbenen Iris, die Lider bildet das Riff. Vom Wasser aus lässt sich die kreisrunde Form nur noch erahnen.Ein Schwarm gelber Zwergkaiserfische bevölkert das Riff. Ein Papageifisch knabbert an Korallen. Langsam sinkt man tiefer hinab, dem Luftblasenschwall der anderen Taucher hinterher. Die Fauna und Flora fällt überraschend spärlich aus hier unten. Vielleicht zeigt sich ja doch eine Meeresschildkröte oder ein Hai. Dabei gibt es hier in 40 Metern Tiefe noch viel spektakulärere Dinge zu entdecken: Stalaktiten!

Stalaktiten! Wie Schwerter hängen die bis zu zehn Meter langen Kalkzapfen an den oberen Rändern der Höhlenöffnungen. Vorsichtig schwimmt man näher heran; schließlich kann ein einziger unachtsamer Flossenschlag das Werk von Äonen zerstören. 150 000 Jahre brauchten die Stalaktiten, um so groß zu werden.

ANREISE

Belize City erreicht man mit dem Flugzeug, auf dem Landweg von Guatemala oder Mexiko oder mit dem Schiff von Guatemala oder Honduras aus. Die Inseln und Riffe vor Belize kann man im Rahmen von Touren oder Schnorchel- und Tauchausflügen mit dem Boot erkunden. Es können auch Boote gechartert werden.

WEITERE LOHNENDE ZIELE

Von Orange Walk Town führen Flusstouren in den Dschungel und zu den Ruinen von Lamanai. Der dortige High Temple war zum Zeitpunkt seiner Errichtung um 100 v. Chr. das größte Bauwerk der Mayakultur. Im Cockscomb Basin Wildlife Sanctuary, dem ersten Jaguar-Schutzgebiet der Welt, kann man den scheuen Großkatzen nachspüren. Dort leben auch alle möglichen Wildtiere, darunter Krokodile, Leguane, Nasenbären, Affen und unzählige Vogelarten. Eine atemberaubende Vielfalt an Meereslebewesen erlebt man bei einer Kajakfahrt am Glover's Reef mit den weißen Korallensandstränden der Cayes (Sandinseln) in der inneren Lagune.

Das Great Blue Hole liegt in der Mitte des Lighthouse Reef, eines kleinen Atolls 70 Kilometer vor der Küste von Belize gelegen. Jacques Cousteau zählte das Unterwasserdorado zu den zehn schönsten Tauchplätzen der Welt. Im Jahr 1971 steuerte er es zur Vermessung mit seinem Forschungsschiff »Calypso« an.

Als die Doline vor Tausenden von Jahren entstand, lag sie noch nicht unter Wasser. Darauf weisen die Stalaktiten in den Unterwasserhöhlen hin: Die verschiedenen Schichten vom Schaft bis zur Spitze können gelesen werden wie eine Klima-Zeitleiste. Vor mehr als 150 000 Jahren, als der Meeresspiegel noch deutlich niedriger war, bildeten sich unterirdische Höhlen. Mit dem Ansteigen der Ozeane wurden diese dann allmählich unter Wasser gesetzt.

Blue Holes auf den Bahamas

Von allen Ländern der Erde sind rund um die Bahamas die meisten Blue Holes zu finden. Und der Inselstaat hat auch die tiefste unterseeische Doline vorzuweisen: 202 Meter in die Tiefe reicht Dean's Blue Hole bei Long Island.

Auch an Land gibt es – so beispielsweise auf den Abaco-Inseln – zahlreiche Unterwasserhöhlen. Da die Gezeiten dort weniger stark wirken, bildet sich durch Regenwasser oberhalb des dichteren Salzwassers eine Süßwasserschicht, die den Sauerstoff aus der Atmosphäre abhält. In der tieferen anoxischen Schicht gedeihen Bakterien, die das Wasser durch Stoffwechselvorgänge auf bis zu 40 Grad Celsius erwärmen.

CENOTES AUF YUCATÁN

Die Halbinsel Yucatán im Südosten von Mexiko ist gespickt mit sogenannten Cenotes, vor allem rund um den Rand des 180 Kilometer breiten Chicxulub-Kraters. Dieser rührt vermutlich von einem Meteoriteneinschlag her, der auch für das Massenaussterben der Dinosaurier verantwortlich war. Die Cenotes – von dem Maya-Wort d'zonot, »wassergefüllte Höhle« – sind ein charakteristisches geologisches Phänomen Yucatáns.

Gebildet haben sie sich durch die Erosionswirkung des Regenwassers, das sich durch den porösen Kalkstein gefressen hat. Schätzungsweise 3 000 dieser Kalksteinlöcher sprenkeln die Landschaft der Halbinsel. Die Bewohner Yucatáns holen schon seit langer Zeit ihr Trinkwasser aus diesen natürlichen Zisternen, Touristen nutzen sie bevorzugt zum Schwimmen und Schnorcheln in ihrem kristallklaren Wasser.

Taucher im Great Blue Hole

DAS GREAT BLUE HOLE Steter Tropfen höhlt den Stein

Erosion des Untergrunds

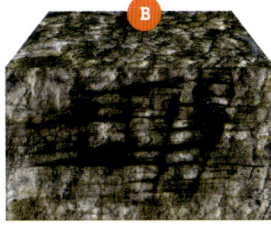
Bildung einer Höhle

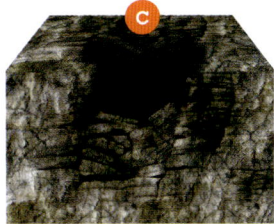
Einsturz der Höhle

Überflutung der Doline

A » EROSION DES UNTERGRUNDS
An Land wusch das Wasser den weichen Untergrund aus.

B » HÖHLENBILDUNG
Die Erosion schuf im Laufe der Zeit einen Hohlraum.

C » EINSTURZ DER HÖHLE
Da der stützende Untergrund fehlte, brach das Dach der Höhle ein, und die oberen Erdschichten rutschten in den Hohlraum.

D » ÜBERFLUTUNG DER DOLINE
Mit dem Anstieg des Meeresspiegels über Jahrtausende hinweg lief die Doline mit Wasser voll.

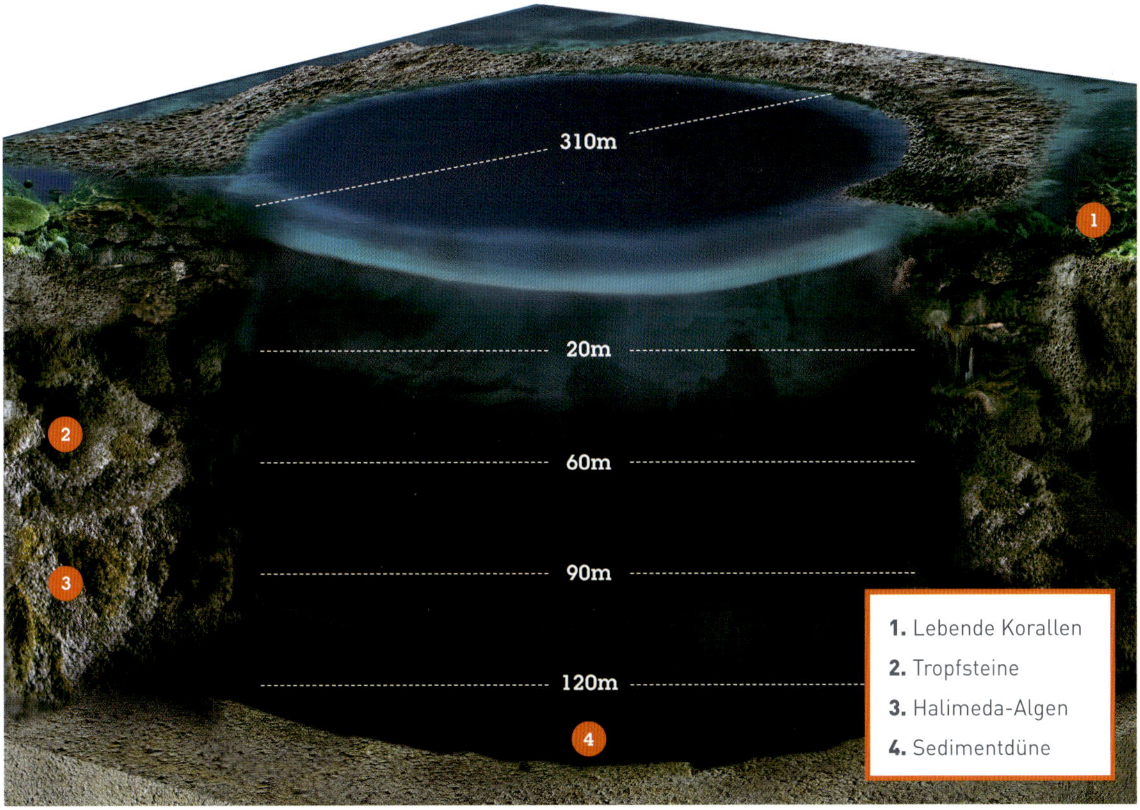

310m

20m

60m

90m

120m

1. Lebende Korallen
2. Tropfsteine
3. Halimeda-Algen
4. Sedimentdüne

DER RONGPU-GLETSCHER

Am Fuß des Mount Everest erstreckt sich eine riesige Gletscherlandschaft.

V om Klirren der Karabiner und Fauchen der Gaskocher geweckt, öffnet man den Zeltreißverschluss und stellt sich tapfer der hereinströmenden kalten Luft. In der Ferne ragt hoch der Mount Everest auf.

Nachdem man sich an einem Becher Buttertee verbrannt hat, zwingt man einige Löffel Getreideflocken mit Trockenmilch hinunter – der Appetit ist in diesen Höhen gleich null. Nach dem Aufbruch vom Lager quert man die flache Schwemmebene

⌃ Rongpu-Gletscher, Nordwand des Mount Everest

am Fuß des Rongpu-Gletschers und watet dabei durch Eisbäche. Ein Stück weiter läuft man auf einer riesigen Moräne aus Kies und Geröllbrocken, vorbei an vereinzelten blaugrünen Teichen. Irgendwann wird der Pfad steiler. Langsam geht es weiter, um eine Felsnase herum. Auf einmal bietet sich dem Auge ein unglaubliches Bild: eine Armada weißer Segel, die das Tal hinabtreibt.

Als man die ersten Schritte auf dem Gletscher tut, ertönt ein schnalzendes Krachen. Doch der Bergführer beruhigt die Gruppe – auf diesem Eis bricht keiner ein!

ANREISE

Der Östliche Rongpu-Gletscher liegt an der Nordseite des Mount Everest. Um das nördliche Basislager auf 5 364 Metern Höhe in Tibet zu erreichen, ist man zunächst drei Tage von Lhasa nach Tingri unterwegs, danach fünf Tage zum Rongpu-Kloster (5 100 Meter), von wo aus man noch einen Tag zum Basislager geht.

WEITERE LOHNENDE ZIELE

In Lhasa lohnt ein Besuch im faszinierenden Potala-Palast und im Norbulingka-Palast. Auf dem Weg zum nördlichen Basislager macht man halt am Rongpu-Kloster, dem höchstgelegenen Kloster der Welt, mit spektakulärem Ausblick auf die Nordwand des Mount Everest.

EIN FLUSS AUS EIS

Gletscher bilden sich immer auf dieselbe Art und Weise: Haben sich über viele Jahre mehrere Schichten von Schnee aufeinandergelegt, wird der Schnee in den tieferen Schichten durch das Gewicht dieser Schichten zusammengepresst und verdichtet sich dadurch zu Eis. Bei entsprechend starkem Druck wird das Eis in ungefähr 50 Metern Tiefe der Eissäule »plastisch«. Es beginnt zu fließen und bewegt sich als große Eismasse – als Gletscher – langsam talwärts.

Der Mount Everest bildet das Nährgebiet für den Östlichen Rongpu-Gletscher und den Hauptgletscher, der auf den Westlichen Rongpu-Gletscher trifft.

Die eindrucksvollsten unter den zahllosen interessanten Gletscherphänomenen sind wohl die faszinierenden Eisnadeln des Östlichen Rongpu-Gletschers, die mindestens mannshoch werden und sogar eine Höhe von bis zu 30 Metern erreichen können.

Gebündelte Sonnenstrahlen lassen den Schnee an den tieferen Stellen des Gletscherfeldes

verdunsten. Bei diesem Vorgang, der als Sublimation bezeichnet wird, bilden sich im Schnee Mulden. Mit der Zeit werden die Mulden immer tiefer, wobei zwischen ihnen jeweils kleine Hügel stehen bleiben. An den Spitzen dieser Hügel herrscht eine starke Windströmung. Der Taupunkt, an dem Wasserdampf zu Flüssigkeit kondensiert, liegt hier so weit unter dem Gefrierpunkt, dass die Spitzen nicht schmelzen. In den Vertiefungen fängt sich derweil die Sonne, die Wärme wird in den Wänden der wachsenden Eis-

nadel eingeschlossen, wo kein Wind hinkommt.

In den Vertiefungen ist es bis zu zehn Grad wärmer als an den Spitzen, sodass die Eisnadeln am Fuß schmelzen und weiter nach unten wachsen.

ÜBRIGENS ...

✪ Das Eis des Östlichen Rongpu-Gletschers ist durchschnittlich 190 Meter dick. An einigen Stellen erreicht es eine Dicke von 320 Metern. Aufgrund der Erderwärmung ziehen sich sämtliche Gletscher in der Region immer weiter zurück.

WISSENSWERTES ZUM YAK

Haus-Yaks werden im Everest-Gebiet oft als Lastenträger eingesetzt. Dank ihrer großen Lungen und Herzen sind sie gut an Höhenlagen bis 6 000 Meter angepasst. Wildyaks sind deutlich größer als ihre domestizierten Verwandten; Stiere bringen es auf bis zu zwei Meter Schulterhöhe. Gemeinsam ist ihnen das zottige Fell, das sie vor Kälte und Verletzungen schützt. Die weiblichen Tiere heißen Bri.

Last-Yaks auf dem Rongpu-Gletscher ☒

DER RONGPU-GLETSCHER Straße aus Eis

1 ›› *Kleinere Seitenarme aus Eis fließen die Bergflanken hinab und münden in den Hauptgletscher.*
2 ›› *Wie ein Fließband führt der Gletscher große Geröllmengen mit sich und lädt diese im Rongpu-Tal ab.*
3 ›› *Forschungen zufolge zieht sich der Rongpu-Gletscher immer stärker zurück.*

DER SALAR DE UYUNI

Auf 10 000 Quadratkilometern erstreckt sich eine kahle, flache Landschaft.
Die größte Salzpfanne der Welt ist eine der unwirtlichsten Gegenden, die es gibt.

E s ist bereits weit nach Mitternacht. Alle sind völlig durchgefroren und von der stundenlangen Fahrt über holprige Straßen müde. Es heißt, die Landschaft von Salar würde beim Betrachter Halluzinationen hervorrufen. Schon kurz nach dem Einschlafen schleichen sich Bilder einer fremdartigen Landschaft in die Träume.

Am folgenden Morgen begreift man, was es mit alldem auf sich hat: Da liegt gespenstisch anmutend die weiß schimmernde Salzwüste – wie endlose Schneefelder. Man besteigt einen Jeep und fährt meilenweit über die kahle Fläche, scheinbar ziellos. Das Weiß dehnt sich nach allen Richtungen aus, nur ganz in der Ferne weicht es den nebelverhangenen Anden. Die Berge wirken sonderbar klein, sodass der Ort noch bizarrer erscheint.

Plötzlich taucht vor dem Auge eine Insel aus zerklüfteten Felsen und riesigen Kakteen auf; ein einsam umherstehendes Lama vervollständigt das Bild. Die nächste Station ist ein Haus aus Salz, das wie eine Marmorstatue anmutet. Schließlich erreicht man eine Holzhütte, wo zwei Frauen vor gewaltigen Salzhaufen kauern und Salz in Säckchen abfüllen – küchenfertig!

ANREISE

Den Salar de Uyuni im Südwesten Boliviens besucht man zumeist im Rahmen einer organisierten Tour von Uyuni aus. Todo Turismo bietet den besten Busservice an und benötigt für die Strecke Uyuni–Sucre zehn Stunden. Zahlreiche Busunternehmen fahren allabendlich von Uyuni nach Oruro, mit Anschluss nach La Paz. Uyuni verfügt auch über einen modernen Bahnhof mit Zugverbindungen nach Oruro, Tupiza und Villazón. Das Ticket sollte man einige Tage im Voraus kaufen oder über ein Reisebüro buchen.

WEITERE LOHNENDE ZIELE

Drei Kilometer außerhalb von Uyuni kann man einen alten Eisenbahnfriedhof besichtigen. Einst wurden hier Bodenschätze auf dem Weg in die Hafenstädte am Pazifik umverteilt. Weitere Highlights sind der Nationalpark Torotoro, wo es Saurierspuren zu entdecken gibt, oder die Ruinenstätte El Fuerte aus der Vorinkazeit. Absolut sehenswert sind auch die prächtigen Kolonialkirchen in Sucre und Potosí.

EIN SEE STIRBT

Der Salar de Uyuni liegt auf dem Altiplano, einem Hochplateau auf 3650 Metern Höhe in den Anden. Es gibt die unterschiedlichsten Theorien, wie diese flache Ebene inmitten der zerklüfteten Berge wohl entstanden sein könnte.

Die Erklärungen reichen von Schwachstellen in der Erdkruste bis hin zur Ausdünnung der Lithosphäre unter der Erdkruste, wodurch der Altiplano quasi ins Schwimmen geriet, während sich ringsum Berge bildeten.

Wissenschaftlich erwiesen ist, dass der Altiplano einst von zahlreichen großen Seen bedeckt war, zu deren Überbleibseln auch der Titicacasee gehört – die höchstgelegene Wasserstraße der Welt. Im Jungpleistozän, vor etwa 30 000 bis 42 000 Jahren, erstreckte sich einer dieser Riesenseen, der Minchin-See, über eine Fläche von 43 000 Quadratkilometern. In einem feuchten Klima wäre der See immer wieder durch Regen aufgefüllt worden. Da er aber abgeschottet in einer Wüstenregion lag, verdunstete das Wasser allmählich und zwei Salzwüsten, der Salar de Coipasa und der Salar de Uyuni, blieben zurück.

Ein Mineralienschatz

Unter der Salzwüste befindet sich mit Natrium-, Magnesium- und Lithiumchlorid gesättigte Lauge. Lithium ist ein wichtiger Bestandteil von Batterien. Sollte das Elektroauto einmal zum Durchbruch kommen, könnte Bolivien zur Goldgrube werden.

ÜBRIGENS ...

✪ Die Topografie des Salar de Uyuni ist an jeder Stelle nahezu gleich; die Unterschiede bewegen sich im Bereich von maximal einem Meter im Durchschnitt.

✪ In der Regenzeit läuft der Titicacasee über und ergießt sich in den Poopó-See. Dieser wiederum tritt über die Ufer und überflutet den Salar de Coipasa und den Salar de Uyuni. Die beiden Salzwüsten wirken dann wie ein Spiegel.

✪ Der Salar de Uyuni ist mit seiner Weite und dem klaren Himmel perfekt, um Satelliten-Höhenmesser zu kalibrieren.

✪ Wie »Inseln« ragen hier und da aus dem Salzfeld Überbleibsel alter Vulkane hervor.

✪ Jedes Jahr im November kommt Leben in die Weite: Dann finden sich hier drei Spezies des rosaroten Kubaflamingos ein und brüten.

✪ *Salar* ist das spanische Wort für »Salz«, und *Uyuni*, ein Wort aus der Sprache der Aymara, bedeutet so viel wie »Pferch«.

Isla de los Pescadores

ISLA INCAHUASI
Attraktion mit riesigen Kakteen und einem Besucherzentrum

DER SALAR DE UYUNI So ist der Salzsee entstanden

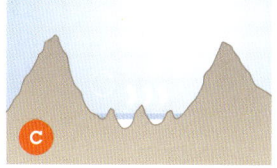

A » An Land wäscht das Wasser mit der Zeit den weichen felsigen Untergrund aus und sorgt dabei für die Zersetzung von Mineralien und Gestein wie Gips, Kalk und anderem Karbonatgestein.

B » Sonne und Wind lassen das Wasser verdampfen. Es bildet sich eine Bodenschicht aus Salz.

C » Das Gelände wird vom Regenwasser überflutet.

D » Das Wasser auf dem Plateau verdampft unter der Kraft der Sonne wieder, wobei sich weiteres Salz ansammelt. Auf diese Weise ist über Jahrmillionen hinweg eine riesige Salzwüste entstanden.

SALAR DE UYUNI – PANORAMA
Der Salzsee erstreckt sich über ein Gebiet von 10 000 Quadratkilometern.

Coipasa-Salzsee

10-20cm

6m

Isla Incahuasi

Tunupa (Vulkan)

SALAR DE UYUNI
3 653 m

Colchani

Uyuni

1. Risse
2. Kristallisation
3. Lauge steigt auf.
4. Kontrahiertes Salz
5. (Salz-)Wasser
6. Sedimente

DAS DEATH VALLEY

Am heißesten Ort der Erde lassen sich zwei der kuriosesten Phänomene auf unserem Planeten beobachten: wandernde Felsen und singende Dünen.

V or dem Auge erhebt sich ein farbloser Sandberg über dem Talboden. Sengend heiße Luft wallt einem entgegen, als man aus dem klimatisierten Auto steigt. Es ist vielleicht nicht sehr klug, die schützende Kühle zu verlassen, aber je wärmer es ist, desto eher tritt das seltsame Phänomen auf, das man zu erleben hofft.

Beim Erklimmen der Sanddüne meint man bei jedem Schritt vorwärts genauso weit zurückzurutschen. Irgendwann ist man aber doch oben angekommen und schnappt mit Schweißperlen auf der Stirn nach Luft. Aber jetzt beginnt das Vergnügen: Im Sand sitzend gleitet man die Düne hinab; dabei geraten die Sandkörner in Bewegung.

Auf einmal ist es zu hören – wie das ferne Brummen eines Flugzeugs. Aber am klaren Himmel ist kein Flugzeug zu sehen; das tiefe Summen kommt aus der Sanddüne, von der eine Sandlawine den Hang hinabrieselt. Treffenderweise nennt sich das Gebiet der »singenden Dünen« Eureka Valley.

ANREISE

Death Valley liegt in der Mojave-Wüste in Ostkalifornien. Hierher verkehren keine öffentlichen Verkehrsmittel, allerdings gibt es von Las Vegas aus Mietbusfahrten. Von den Zufahrtsstraßen zum Tal hat man überall spektakuläre Aussichten. Zum Besucherzentrum Furnace Creek sind es etwa drei Autostunden von Baker und dreieinhalb Stunden von Las Vegas. Die singenden Dünen findet man im Eureka Valley im Nordwesten des Death Valley.

WEITERE LOHNENDE ZIELE

Nordwestlich vom Death Valley liegt der Yosemite-Nationalpark mit seinen atemberaubenden Wasserfällen, tiefen Tälern und grünen Wiesen – ein Paradies für Camper. Aber Vorsicht: Bären! Eines der größten Naturwunder der Erde, den Grand Canyon, kann man acht Autostunden östlich in Arizona bestaunen. Ebenfalls besuchen sollte man den Bryce-Canyon-Nationalpark mit so bizarren geologischen Formationen wie den »Hoodoos«.

DEATH VALLEY

ZAHLEN UND FAKTEN

✪ Während des Pleistozäns existierte hier eine Reihe von Binnenmeeren, die zusammen als Lake Manly bezeichnet werden. Mit der Erwärmung des Klimas blieben die Salztonebenen von Badwater zurück.

✪ Trotz der extremen Hitze gibt es im Death Valley jede Menge Leben. Manche der Tiere müssen nie trinken, etwa die Kängururatte, die Wasser aus Samenkörnern gewinnt, oder die Seitenwinder-Klapperschlange, die Flüssigkeit ebenfalls mit der Nahrung aufnimmt.

✪ Fast jedes Jahr im Frühling erblühen urplötzlich Wildblumen, deren Samen oft erst nach Jahrzehnten aufgehen.

✪ Die höchste Bodentemperatur im Death Valley wurde am 15. Juli 1972 gemessen: Sie lag bei 94 Grad Celsius.

✪ In den Jahren 1929 und 1953 fiel im Death Valley überhaupt kein Regen. 1997 verzeichnete man dagegen 150 Millimeter – und dies war das bisher feuchteste Jahr.

Mit durchschnittlichen Sommertemperaturen von 47 Grad Celsius dürfte das Death Valley wohl der heißeste Ort der Erde sein. Als höchste Temperatur wurden hier 56,7 Grad gemessen – nur in der Wüste Lut im Iran kann es noch heißer werden: nämlich bis zu 70 Grad!

Das 250 Kilometer lange Becken des Death Valley bildete sich durch eine »Abschiebung«: In einem Bereich mit gedehnter Erdkruste rutscht ein Gesteinspaket entlang einer Verwerfungslinie ab. Im Death Valley ist das Gelände Dutzende Meter unter Normalnull abgesunken – daher auch die extreme Hitze.

Treffen Sonnenstrahlen auf den Talgrund, strahlt Wärme nach oben ab. Die Luft erwärmt sich und steigt auf, wird jedoch von den darüberliegenden Luftschichten eingeschlossen, da in Lagen unter Normalnull der Atmosphärendruck höher ist.

Im Death Valley wird dieser Effekt verstärkt, weil die warme Luft entlang steiler Bergketten nach oben steigt. Dort kühlt sie sich leicht ab und sinkt wieder ins Tal ab, wo sie erneut erwärmt wird. Dieser Kreislauf lässt die Bodentemperatur weiter ansteigen; es entstehen heiße Luftströme, die das Gelände ausdörren und verwüsten lassen.

Das Death Valley ist auch deshalb so trocken, weil es im Regenschatten liegt: Die Feuchtigkeit vom Pazifik geht über den vier Bergketten nieder, die zwischen dem Ozean und dem Tal liegen.

Wandernde Felsen

Das Phänomen der wandernden Felsen auf der Racetrack Playa im Nordwesten des Death Valley gibt den Wissenschaftlern seit Jahrzehnten Rätsel auf. Steine unterschiedlichster Größen – vom Kiesel bis zu großen Brocken mit dem Gewicht eines Menschen – bewegen sich offenbar ganz von selbst über die Lehmebene und hinterlassen dabei lange, nicht sehr tiefe Spuren auf dem ausgedörrten Boden. Bisher hat jedoch niemand den Vorgang beobachten können.

Die wahrscheinlichste Erklärung ist, dass die Steine im Winter von starken Windböen über die von einer dünnen Eisschicht bedeckte Lehmebene geweht werden. Unklar ist nur, warum Steine von derselben Größe zunächst nebeneinander wandern, plötzlich aber unterschiedliche Richtungen einschlagen, oder warum manchmal ein Stein stehen bleibt, während der andere weiter wandert oder einer allein wieder zurückwandert.

Singende Dünen

Die Eureka-Sanddünen machen buchstäblich Musik. Das Phänomen tritt zutage, wenn dünne Sandschichten eine Dünenflanke hinabrutschen. Die dabei erzeugten Schallwellen schwingen mit derselben Frequenz und ergeben einen Dauerton. Dafür müssen die Bedingungen aber stimmen: Nur wenn es trocken und heiß ist, bilden sich Schichten lockerer Sandkörner, die über eine Schicht festen Sand rutschen, von der die Geräusche reflektiert werden. Singende Dünen gibt es von Namibia bis Kasachstan in vielen Wüstengegenden der Welt. Die Art der Geräusche hängt von der Sandkorngröße und Windgeschwindigkeit ab. Der kilometerweit hörbare Ton schwingt meist zwischen zwei Oktaven um das eingestrichene C.

DEM TAL DES TODES ENTRONNEN

1849, zur Zeit des kalifornischen Goldrausches, suchten einige Pioniere eine Abkürzung zu den Goldfeldern im Westen, mit der die Durchquerung der Sierra Nevada im Winter wegfallen würde. Nachdem sie sich einen Monat durch die Wüste von Nevada gekämpft hatten, landeten sie in diesem Tal und rasteten dort an einer Wasserstelle. Da sie die Panamint-Berge mit ihren Planwagen nicht überwinden konnten, verbrannten sie sie, schlachteten die Zugtiere und gingen zu Fuß weiter durch die Schlucht, die heute Emigrant Canyon heißt. Einer von ihnen soll dabei ausgerufen haben: »Goodbye, Death Valley« – der Name war geboren.

« Zabriskie Point, Death Valley

DAS DEATH VALLEY Der heißeste Ort der Erde

1. Eureka-Dünen

2. Racetrack Playa

3. Zabriskie Point

GESTEINSSCHICHTEN

4. Miozängranit

5. Altpaläozoikum

6. Proterozoikum

7. Pliozän/Quartär (ältere Sedimente)

8. Pliozän/Quartär (Schwemmfächersedimente)

9. Miozän/Pliozän

Siehe links

Vorgänge bei »Abschiebung«

BAND-E AMIR

Versteckt inmitten des kargen Koh-e-Baba-Gebirges liegen die sechs Seen von
Band-e Amir. Mit ihrem saphirblauen Wasser gleichen sie strahlenden Juwelen,
die von einer himmlischen Macht in die Berglandschaft gebettet wurden.

S eit Stunden geht es auf der staubigen
Holperpiste durch die trostlose Landschaft,
der Bus zwängt sich abwechselnd durch enge
Felsschluchten, erklimmt hohe Pässe und taucht
in tiefe Talmulden ein.

Auf einmal erblickt das Auge rechter Hand in der
Ferne eine Fläche von intensivem Lapislazuli:
Band-e Zulfiqar, der größte See der Region. Als
die Straße vom Plateau wieder bergab führt, ver-
schwindet der See aus dem Blickfeld. Wie ein

Der See Band-e Panir

Spiegel liegt nun der Band-e Haibat vor einem. Das tiefblaue Wasser und die mit spärlich bewachsenen weißen Uferdämmen bilden einen scharfen Kontrast zu den creme- und rosafarbenen Bergen.

In der Talsohle entsteigen die Passagiere dem Bus. Erhaben liegt der See da, von Klippen eingefasst. An Bord eines Tretboots nähert man sich langsam den imposanten Klippen.

ANREISE

Im Winter sind die in Mittelafghanistan gelegenen Band-e-Amir-Seen kaum zugänglich. In den übrigen Jahreszeiten verkehren von Bamiyan Minibusse (hier dauert die Fahrt drei Stunden) sowie jeden Freitagmorgen ein großer Bus, der dreieinhalb Stunden braucht. In Bamiyan kann man auch Fahrzeuge mieten.

WEITERE LOHNENDE ZIELE

Am See Band-e Haibat erhebt sich ein kleines Heiligtum namens Qadamjoy Shah-e Aulia. Erbaut wurde es in den 1920er-Jahren über einer alten Grabstätte. Die Türen sind mit unzähligen kleinen Vorhängeschlössern behängt, die als Weihegaben dargebracht wurden, oft verbunden mit Gebeten um Erfüllung in der Liebe und Fruchtbarkeit. Das Bamiyan-Tal, dessen bedeutendste Wahrzeichen – zwei riesige Buddha-Statuen – dem religiösen Fanatismus der Taliban zum Opfer fielen, zählt zum Welterbe der UNESCO.

Die Seen von Band-e Amir sind von Bergen gesäumt.

FLUSSBÄNDIGER UND DRACHENTÖTER

Der Legende nach wurden die Seen von Ali – dem Schwiegersohn des Propheten Mohammed – erschaffen. Erzählt wird, ein tyrannischer König habe einen Mann einsperren lassen, weil er die geforderte Steuer nicht aufbringen konnte. Als der Mann Hilfe bei Ali suchte, ersann dieser einen Plan.

Der Mann sollte dem König im Gegenzug für seine Freilassung Ali als Sklaven versprechen und von ihm sagen, er könne jede erdenkliche Aufgabe ausführen.

Der König trug Ali also auf, eigenhändig einen über die Ufer getretenen Fluss einzudämmen.

Um das Wasser zu stauen, schleuderte Ali Felsen in den Fluss. Daraus entstand Band-e Haibat. Mit einem Schwertstreich hieb er eine Bergspitze ab und schuf so Band-e Zulfiqar. Sein Pferdeknecht dämmte das Wasser um Band-e Kambar ein, während die Sklaven des Königs aus Dankbarkeit gegenüber Ali Band-e Ghulaman schufen. Zur Krönung seines Werkes erschlug Ali einen Drachen, der die Gegend lange tyrannisiert hatte. Der König war von diesen Wundertaten so angetan, dass er den muslimischen Glauben annahm.

So entstanden die natürlichen Stauseen wirklich

Durch seine Lage auf der Eurasischen Platte nahe der angrenzenden Arabischen und Indischen Platte ist Afghanistan regelmäßig von seismischen Aktivitäten betroffen. Vermutlich sind die Band-e-Amir-Seen entstanden, als durch ein Erdbeben ein Erdrutsch ausgelöst wurde und das fließende Wasser aufgestaut wurde.

Ihre auffällige Farbe verdanken die Seen dem Umstand, dass die Gegend reich an Mineralien ist, insbesondere an Kalziumkarbonat, das aus unterirdischen Spalten austritt. Vor etwa 10 000 Jahren sammelte sich langsam immer mehr Kalziumkarbonat an und bildete Felsfassaden aus Travertingestein durch Freisetzung von Kohlendioxid.

ÜBRIGENS …

✪ Band-e Amir bedeutet »Stausee des Befehlshabers«.

✪ Dem Wasser der Band-e-Amir-Seen wird eine starke Heilwirkung zugeschrieben, weswegen viele zu Trinkkuren hierher pilgern.

✪ Aufgrund der Höhenlage können die Temperaturen im Gebiet der Seen auf minus 20 Grad sinken.

✪ 2009 wurde Band-e Amir zum ersten Nationalpark Afghanistans erklärt.

KALKSTRUKTUREN AUS MINERALQUELLEN

PAMUKKALE, TÜRKEI Nördlich der türkischen Provinzhauptstadt Denizli liegen die berühmten Sinterterrassen, -becken und Tropfsteine von Pamukkale. Die »Baumwollburg«, so die Bedeutung des Namens, schmiegt sich wie eine weiße Gletscherzunge an den Bergrücken oberhalb des Ortes. Entstanden ist sie dadurch, dass warmes kalkhaltiges Wasser über die Felskanten rann und sich zu Travertin verfestigt hat. Schon 1988 setzte die UNESCO die Attraktion auf die Liste des Weltkulturerbes. Etwa 2 000 Jahre vor Christus hatten die Könige von Pergamon hier ein Heilbad gegründet, als sie die gesundheitsfördernde Wirkung des Thermalwassers erkannten.

MONO LAKE, USA Der See im Bezirk Mono County (Kalifornien) birgt faszinierende Kalksteingebilde. Da der See keinen Abfluss zum Meer hat, sammelt sich dort mit der Zeit Salz. Aus Unterwasserquellen gelangt kalkhaltiges Wasser in den See und mischt sich mit Karbonat. Rund um die Quellöffnungen haben sich mit der Zeit bis zu neun Meter hohe Tuffsteinsäulen geformt.

⌃ Die karge Landschaft von Band-e Amir

DIE FARBIGSTEN SEEN DER ERDE

Peyto Lake

NORD-
AMERIKA

Pazifik

Atlantik

EUROPA

Band-e Amir

NAHER
OSTEN

AFRIKA

ASIEN

Fünf-Blumen-See

Yamdrok-See

Pazifik

Indischer
Ozean

SÜD-
AMERIKA

AUSTRALIEN

Perito Moreno

PEYTO LAKE USA

KLAUS LANG » GETTY IMAGES

YAMDROK-SEE Tibet

DUSHIZAI » GETTY IMAGES

PERITO MORENO Argentinien

CHRISTOPHER GROENHOUT » GETTY IMAGES

FÜNF-BLUMEN-SEE China

FOTOSEARCH » GETTY IMAGES

DAS GREAT BARRIER REEF

Noch aus dem Weltraum ist dieses kolossale Naturwunder zu erkennen, das sich auf einer Länge von 2 000 Kilometern vor der Küste von Queensland erstreckt. Geschaffen wurde es im Verlauf mehrerer Naturkatastrophen von den kleinsten Lebewesen der Welt.

Die Rotorblätter des Helikopters drehen jetzt auf Hochtouren. Gleich nach dem Start in Whitehaven Beach nimmt der Pilot Kurs aufs Meer. Nach kurzer Zeit zeigt sich unten ein Flickenteppich aus kräftigen Blautönen, durchsetzt von azurblauen Stellen. Ein bisschen erinnert das an das Muster der Kontinente und Ozeane auf einem Globus. Eine Korallenbank hat die Form eines Herzens.

Selbst wer schon in exotischen Gewässern getaucht hat, kann sich nur schwer vorstellen, was für eine geballte Ladung an Sinneseindrücken ihn hier erwartet. Mit dem Eintauchen in die Wellen glaubt man, sogleich von intensiven Glücksgefühlen überwältigt zu werden. Ein riesenhafter Napoleon-Lippfisch, gut einen Meter lang, schwimmt seelenruhig vorbei. Farbenprächtige Papageifische knabbern an Korallenästen. Clownfische lugen hinter Anemonen hervor. Mit anmutigen Bewegungen schwebt eine Meeresschildkröte vorüber. Die Unterwasserwelt hier ist sagenhaft bunt und vielfältig.

◄ ANREISE ►

Von Sydney oder Brisbane geht es mit dem Flugzeug oder Auto nach Cairns, von wo aus die meisten Besucher ihren Tagesausflug zum Riff starten. Eine Autostunde weiter nördlich liegt der gemütliche Strandort Port Douglas. Hier kann man Schnorchel- und Tauchausflüge zu den Außenriffen unternehmen. Boote für mehrtägige Tauchsafaris legen vor allem von Townsville ab, vier Autostunden südlich von Cairns. Dort befindet sich das Wrack des 1911 gesunkenen Dampfschiffes »Yongala«.

◄ WEITERE LOHNENDE ZIELE ►

Segeln, Schnorcheln und Tauchen satt kann man auf den idyllischen Whitsunday Islands oder auf der paradiesischen Sandinsel Fraser Island mit ihrem tropischen Regenwald und den zahlreichen Süßwasserseen. Der Boodjamulla-Nationalpark lockt mit seinem Urwald und Teichen mit kristallklarem Wasser sowie prähistorischen Felsenmalereien.

Das Great Barrier Reef ist ungefähr so groß wie Deutschland. Erschaffen wurde das riesige Gebilde mit etwa 3000 Riffen und 1000 Inseln von winzig kleinen Lebewesen – Korallenpolypen.

Mächtige Strömungen treiben die kleinen Polypen an die Ostküste Australiens. Die wenigen glücklichen Exemplare, die die gefahrvolle Fahrt überstehen und einen sicheren Ort zum Festsetzen finden, reifen zu tentakelbewehrten Tieren heran und bauen um sich herum Schutzwände aus Kalk. Bei der Fortpflanzung verwachsen die Elternpolypen mit ihren Nachkommen zu Kolonien und ganzen Riffen. Die Ostküste von Queensland bietet einen perfekten Nährboden für die Entstehung der größten von Lebewesen geschaffenen Struktur auf unserem Planeten.

Unschlagbarer Standortvorteil

Korallenpolypen gedeihen am besten in warmen tropischen Gewässern, wo sie eine perfekte Symbiose mit mikroskopisch kleinen Algen entwickelt haben, die im Schutze der Polypen leben. Auf dem Kontinentalsockel vor der Küste Queenslands herrscht für die Algen genau die richtige Wassertiefe, um das Sonnenlicht optimal zu absorbieren. In Verbindung mit Kohlendioxid produzieren sie dabei Zucker, der den Polypen als Nährstoff dient. Da der Sockel mancherorts über 150 Kilometer breit ist, finden die Korallen dort reichlich Lebensraum.

Tauchern flößt die starke Strömung des Ostaustralstroms tiefen Respekt ein. Der schnell fließende, reißende Strom ist aber auch von elementarer Bedeutung für die Gesundheit des Riffs. 30 Millionen Tonnen Wasser spült die Strömung jede Sekunde durch das Riff und transportiert dabei nicht nur tote Korallen ab, sondern auch Sand und Schlick. So wird die Strömung zu einem kostbaren Lebensquell.

Umweltbedrohungen

Weil nährstoffreiche Düngemittel von Äckern und Wiesen immer wieder ins Meer durchsickern, haben sich die Korallen fressenden Seesternpopulationen explosionsartig vermehrt. In den letzten Jahren gab es verschiedene Naturschutzmaßnahmen. Eine weitere Gefahr ist der zunehmende Kohlendioxidgehalt, der auch für die Erderwärmung verantwortlich ist. Etwa ein Drittel des CO_2 wird von den Ozeanen aufgenommen, wobei der Säuregehalt des Meerwassers steigt und sich die Mineralien zersetzen, die den Grundstoff für die Korallenskelette bilden.

Cape York
PAPUA-NEUGUINEA

GREAT
BARRIER
REEF

Korallen-
meer

Port Douglas
Cairns

Townsville
Boodjamulla-Nationalpark
Whitsunday Islands

Mackay

QUEENSLAND
AUSTRALIEN

Rockhampton

Fraser Island

DIE ENTSTEHUNG DES RIFFS

Anhaltspunkte, wann und wie das Great Barrier Reef entstanden ist, liefern uns die Gipfel der Great Dividing Range. Diese Gebirgskette erstreckt sich über 3 500 Kilometer von der Nordostspitze Queenslands bis an den südlichsten Abschnitt der australischen Ostküste. Einst war dies eine Kette aktiver Vulkane, geschürt von einem riesigen Hotspot im Erdmantel, der die darüberliegende Kruste gewissermaßen Brandblasen werfen ließ, während die australische Kontinentalplatte über Millionen von Jahren in Richtung Nordosten driftete. So erreichte sie vor etwa 18 Millionen Jahren ihre heutige tropische Lage, die beste Bedingungen für die Entstehung eines Riffs bietet.

VERHEERENDE EISZEITEN

Über die Jahrtausende hinweg war das Great Barrier Reef jedoch einer Reihe von klimatischen Veränderungen ausgesetzt. Während der Eiszeiten, als große Mengen Wasser in den polaren Eiskappen eingeschlossen waren, sanken die Meeresspiegel teilweise um mehr als 100 Meter, wodurch die empfindlichen Korallengebilde an die Luft gelangten und austrockneten. Im Verlauf von jeder dieser Eiszeiten starb das Korallenriff ab und immer, wenn das Meer wieder anstieg, entstand auf dem Korallenskelett Schicht für Schicht neues Leben. Ohne solche »Störungen« können die empfindlichen, faszinierenden Korallengebilde mehr als 1 000 Jahre alt werden.

ÜBRIGENS ...

✪ 240 Vogelarten, 4 000 Spezies von Weichtieren und 1 500 Fischarten bevölkern das Great Barrier Reef und seine Inseln, das nicht zuletzt wegen dieser besonders reichen Biodiversität seit 1981 zum Weltnaturerbe der UNESCO gehört.

⌃ Hardy Reef, Great Barrier Reef

MAMMUTBÄUME

Über 100 Meter ragen die Redwoods in den Himmel, ihre Stämme haben die Breite einer Autostraße. Dabei können es die höchsten Bäume der Erde auf ein Alter von mehreren Tausend Jahren bringen.

Über die Lichtung von Crescent Meadow blickt man zu dem nebelverhangenen Nadelwald in der Ferne, der einige der größten Bäume der Welt birgt.

Der Wanderweg führt hinein in den Giant Forest, der seinen Namen (»Riesenwald«) zu Recht trägt. Die Luft ist erfüllt vom Duft der Nadelbäume. Aus dem Boden schießen mächtige orangebraune Stämme in die Höhe, unten das knollige Gewirr der Wurzeln, die Rinde grob strukturiert, fast wie gemalt! Ein bisschen kommt man sich vor wie ein Hobbit in einem Riesenreich, während man

tiefer in den Wald vordringt. Die Stämme werden breiter, die Bäume recken sich immer höher hinauf. Es lehrt Demut, am Fuß dieser natürlichen Türme zu stehen, die so viele Jahrhunderte alt sind. Hier steht der »President«, angeblich der drittgrößte Baum der Welt. Nicht weit entfernt erhebt sich stolz, aber von Narben gezeichnet der »Chief Sequoyah«. Der Nacken ist schon ganz steif vom Aufblicken, da erreicht man den gewaltigen »General Sherman«. Vom Volumen her ist er das größte Lebewesen unserer Erde, sein Gewicht wird auf 2 000 Tonnen geschätzt.

ANREISE

Aus Sorge um die Unversehrtheit der Pflanzenriesen werden die Standorte mancher der höchsten Bäume der Welt geheim gehalten, aber »General Sherman«, vermutlich der größte Baum der Erde, darf bewundert werden. Mit dem Auto fährt man auf dem Highway 99 nach Visalia und dann weiter auf dem Highway 198 zum Eingang des Nationalparks. Man kann auch den Sequoia Shuttle von Visalia zum Giant Forest Museum nehmen, dem Ausgangspunkt für Parkbesuche. Von Ende Mai bis Anfang September fährt der Shuttlebus fünfmal am Tag. Ganzjährig bieten Ranger Führungen an.

WEITERE LOHNENDE ZIELE

Im Giant Forest Museum erfährt man Wissenswertes zur Ökologie, zu Brandzyklen sowie zur Geschichte der Mammutbäume. Weitere Superlative erwarten den Besucher im Ancient Bristlecone Pine Forest in den kalifornischen White Mountains, rund 100 Kilometer vom Giant Forest entfernt. Hier befinden sich die ältesten Bäume der Welt – darunter der Methuselah, dessen Alter auf 4 700 Jahre geschätzt wird. Für den 116 Kilometer langen High Sierra Trail, der am Giant Forest beginnt und die Sierra Nevada in westöstlicher Richtung durchzieht, sollte man acht Tage einplanen.

MAMMUTBÄUME

ZAHLEN UND FAKTEN

✪ Bäume können jeweils nur bis zu einer begrenzten Höhe wachsen. Der in den Blättern gebildete Zucker wird durch ein Netz von Röhrchen – das sogenannte Phloem – transportiert. In den Stielen, Ästen und im Stamm bildet das Phloem aber eine Engstelle. Bei 100 Metern Höhe wäre es Energieverschwendung, Zucker zu erzeugen, weil dieser gar nicht mehr zu den Wurzeln gelangt.

✪ Der Küstenmammutbaum ist der höchste Baum der Welt. An Masse wird er jedoch vom Riesenmammutbaum übertroffen. Letzterer wird ein Drittel älter als der Küstenmammutbaum.

✪ Der Forstwissenschaftler Michael W. Taylor war an der Entdeckung der drei höchsten Bäume der Welt beteiligt: »Hyperion« (115,6 Meter), »Helios« (114,5 Meter) und »Icarus« (113,1 Meter).

✪ Der »Chandelier Tree« im kalifornischen Leggett hat am Fuß eine 1,83 Meter breite und 2,06 Meter hohe Aushöhlung, die wie ein Tunnel mit dem Auto durchfahren werden kann.

HOCH HINAUS!

Mit ihrer alles überragenden Größe durchstoßen die Mammutbäume das Blätterdach wie natürliche Wolkenkratzer. Die Redwoods bedeckten einst weite Teile der nördlichen Halbkugel. Heute wachsen sie nur noch in China, an zwei Stellen in Kalifornien und in einem kleinen Wäldchen in Oregon.

Riesenmammutbäume (*Sequoiadendron giganteum*) wie der weltberühmte General Sherman befinden sich in hohen Lagen an den Westhängen der Sierra Nevada und kommen besonders häufig in den Nationalparks Sequoia, Yosemite und Kings Canyon vor. Küstenmammutbäume (*Sequoia sempervirens*), die über 2 000 Jahre alt werden können, wachsen entlang der Pazifikküste zwischen dem kalifornischen Big Sur und dem Süden Oregons. Dort gedeihen sie gut aufgrund des häufigen Nebels.

Der höchste Baum der Welt

Ein Küstenmammutbaum namens »Hyperion« ist der höchste bekannte lebende Baum der Erde. Mit stattlichen 115,6 Metern ist er 20 Meter höher als der Big Ben. Sein Alter wird auf 700 bis 800 Jahre geschätzt. »Hyperion« wurde im August 2006 entdeckt, sein Standort wird jedoch geheim gehalten – aus Sorge, das empfindliche Wurzelwerk und Ökosystem des Baums könnte leiden, wenn Horden von Besuchern mit schweren Schuhen die Erde festtreten.

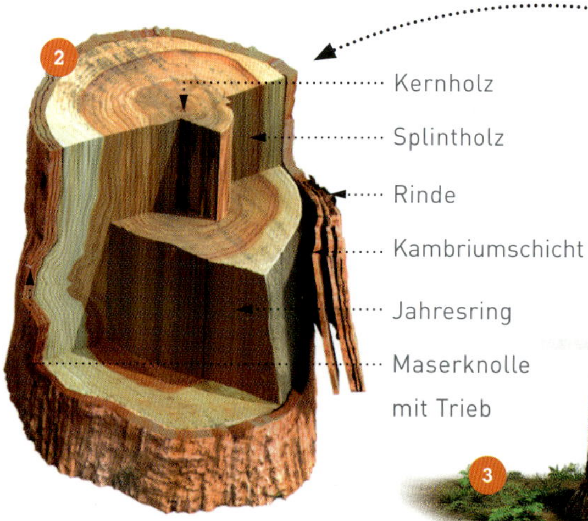

.... Kernholz

.... Splintholz

...· Rinde

...· Kambriumschicht

...· Jahresring

...· Maserknolle mit Trieb

☆ Der »General Sherman«

GENERAL SHERMAN

HEATH KORVOLA » GETTY IMAGES

- 104 -

HYPERION Der höchste Baum der Erde

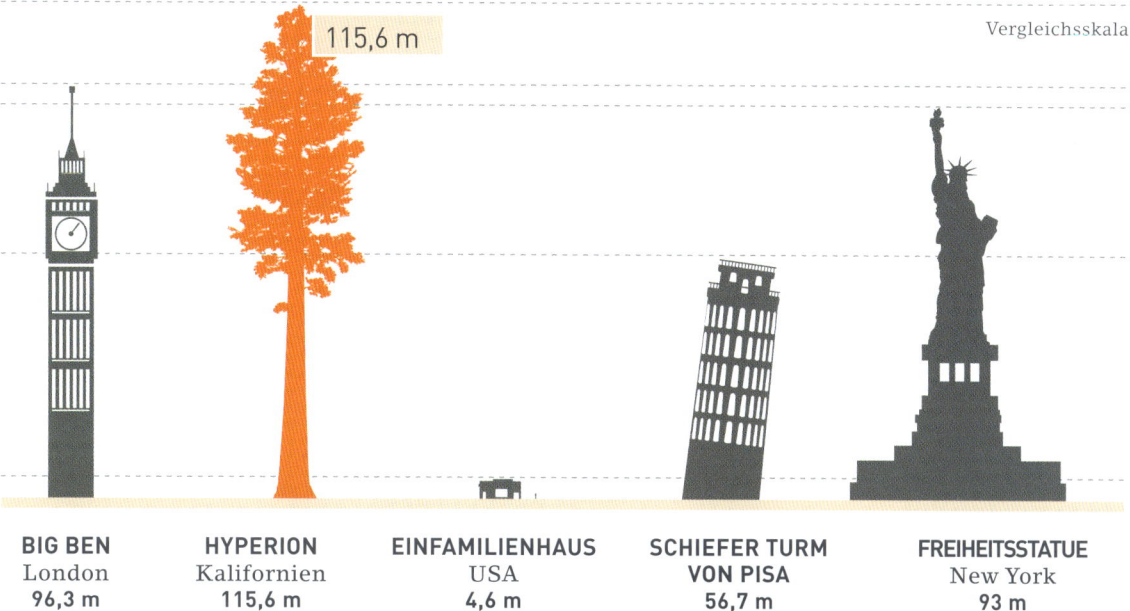

Vergleichsskala

115,6 m

BIG BEN
London
96,3 m

HYPERION
Kalifornien
115,6 m

EINFAMILIENHAUS
USA
4,6 m

**SCHIEFER TURM
VON PISA**
56,7 m

FREIHEITSSTATUE
New York
93 m

KÜSTENMAMMUTBÄUME IM DETAIL

1 » BLATTWERK

Die Nadelblätter der Haupttriebe und Zapfen tragenden Triebe sind schuppenförmig, während die Nebentriebe nadelförmige Blätter haben. Wenn man dem Boden näher kommt, sind unten die Nadeln flach und lang, weiter oben fallen sie kleiner und schuppenförmig aus, damit sie weniger Wasser durch Transpiration abgeben.

2 » STAMM

Bei günstigen Bedingungen kann der Stamm pro Jahr 25 Millimeter im Durchmesser zulegen. Die Rinde älterer Bäume ist grau, blättert sie ab, kommt eine orangebraune, weiche, faserige Innenrinde zum Vorschein. Dank ihres hohen Feuchtigkeitsgehalts bietet die Baumrinde einen natürlichen Feuerschutz. Daneben enthält sie reichlich Tannine und ist dadurch resistenter gegenüber Krankheiten und Insekten.

3 » WURZELN

Das tief in den Boden reichende ausgedehnte Wurzelwerk kann enorme Mengen an Wasser aufnehmen.

Bislang ist noch nicht bekannt, wie hoch ein Küstenmammutbaum maximal werden kann, bevor die »biologische Wasserpumpe« in seinem Inneren ihren Dienst versagt.

4 » FORTPFLANZUNG

Küstenmammutbäume sind einhäusig, das bedeutet, ein Baum bildet gleichermaßen männliche (Pollen bildende) und weibliche (Samen tragende) Zapfen, allerdings an verschiedenen Zweigen. Die Pollen werden im Winter oder Frühjahr verstreut. Befruchtete Zapfen haben bis zu 24 Samen, werden im Herbst reif und trocknen anschließend aus und werfen ihre Samen im Winter ab. Küstenmammutbäume erlangen ihre Geschlechtsreife mit etwa zehn Jahren. Als einzige Nadelbäume der Welt können sie sich vermehren, indem sie an den Wurzeln und Stümpfen eines Elternbaums neue Triebe bilden und dabei das bestehende Wurzelsystem nutzen. Auch abgebrochene Wipfel können am Boden als »Klon« weiterwachsen.

Lebensgroß: Die Terrakotta-Armee in Xian, China

WERKE DES
MENSCHEN

KAPITEL 2

DIE HÖHLE VON ROUFFIGNAC

Über 250 prähistorische Kunstwerke bedecken die Wände dieses riesigen Höhlensystems in der Dordogne. Zu ihnen gelangt der Besucher mit einer elektrischen Bahn, die ihn zwei Kilometer ins Höhleninnere und 13 000 Jahre in die Vergangenheit befördert...

G eräuschvoll rattert die Bahn auf den Schienen dahin. Die Besucher lassen den sonnenhellen Tag hinter sich und tauchen tief in die feuchtkalte unterirdische Welt ein. Der Guide zeigt auf Kratzspuren an der Wand – sie stammen von Bären, die heute glücklicherweise nicht mehr in den Höhlen leben. Tiefer im Höhleninneren erblickt man Gravuren und Zeichnungen von einem Nashorn, von Pferden und einer Gruppe von Mammuts. Sehr eindrucksvoll! Das sind keine kindlichen Tierzeichnungen, sondern meisterhaft ausgeführte Kunstwerke.

Nach zwei Kilometern ist Endstation, die Besucher marschieren fröstelnd los. Hätte man doch nur ein paar Schichten mehr angezogen! – Ringsum Dunkelheit. Mit gedämpfter Stimme erläutert der Guide, was die Höhlen so einzigartig macht.

Endlich dürfen die Besucher die Stirnlampen anmachen. Die Decke ist mit Tieren vielerlei Gestalt und Größe verziert: Mammuts, Bisons, Steinböcke, Pferde, ein Nashorn – manche aufwendig gemalt. Der Name *Le Grand Plafond* (»die große Decke«) verspricht wirklich nicht zu viel.

◄ ANREISE ►

Es wird jeden Tag nur eine beschränkte Zahl von Besuchern zugelassen. Da die Eintrittskarten nur an der Höhle verkauft werden, sollte man rechtzeitig da sein. Die Höhlen liegen versteckt in einem Waldgebiet, 15 Kilometer nördlich von Les Eyzies-de-Tayac-Sireuil im Vézère-Tal in der Dordogne. Es verkehren nur wenige Züge und noch weniger Busse in der Gegend. Zu den zahlreichen berühmten Höhlen der Region gibt es kaum öffentliche Verkehrsmittel. Wie überall auf dem Land in Frankreich reist es sich hier mit dem Auto deutlich unkomplizierter. Der Flughafen Bergerac ist dabei ein guter Ausgangspunkt.

◄ WEITERE LOHNENDE ZIELE ►

Am besten erkundet man die Landschaft der Dordogne mit dem Fahrrad oder Auto. Auf einem der vielen Märkte kann man lokale landwirtschaftliche Erzeugnisse probieren oder sich an zwei klassischen französischen Delikatessen gütlich tun – Foie gras (Stopfleber) und schwarze Trüffel. Sehenswert die vielen Burgen, die sich oberhalb der Flüsse Dordogne und Vézère erheben und an die blutigen Schlachten im Hundertjährigen Krieg erinnern. Einen Besuch lohnt auch Schloss Puymartin mit seinen hübschen Türmen und der spukenden »Weißen Dame«.

DIE MAMMUTHÖHLE

Nachdem zunächst hundert Darstellungen von Mammuts gefunden wurden, nannte man die Höhle von Rouffignac in der Dordogne auch »Höhle der hundert Mammuts«. Mittlerweile sind es jedoch schon mehr als 150 Funde.

Die übrigen Gravuren und Malereien an den Höhlenwänden zeigen Symbole, Menschenfiguren und andere Tiere wie Steinböcke, Bären, Bisons, Pferde und sogar Wollnashörner. Einige der abstrakten Zeichen stammen vermutlich von kleinen Kindern – so etwa die *finger flutings*, bei denen der »Künstler« einfach mit den Kuppen dreier Finger über die Wand fuhr. Die meisten Darstellungen zeugen allerdings von großem handwerklichem Können, wurden für die roten, ockerfarbenen und schwarzen Figuren doch ganz unterschiedliche Techniken angewendet. Das Faszinierendste an alledem ist jedoch der Ort, an dem diese Bilder entstanden sind.

Vor etwa zwei bis drei Millionen Jahren drang das Wasser durch Risse im Felsboden ein und löste den weichen Kalk, wodurch sich ein weitverzweigtes Höhlennetz bildete. Das Höhlensystem reicht zehn Kilometer tief in die Erde, bestehend aus einem regelrechten Labyrinth von Tunneln und Schächten.

Die meisten Malereien und Gravuren verstecken sich tief im Höhleninneren und sind für Besucher nur mit einer elektrischen Bahn zu erreichen. Man weiß immer noch nicht, was die Steinzeitmenschen dazu veranlasste, so weit – teilweise auf dem Bauch kriechend – in das Höhlensystem vorzudringen und dort ihre Kunstwerke zu hinterlassen.

ZEITACHSE Kunst von der Steinzeit bis heute

HÖHLE VON ROUFFIGNAC
Frankreich
13 000 Jahre v. Chr.

ERECHTHEION
Griechenland
447–438 v. Chr.

MEMENTO MORI
MOSAIK AUS POMPEJI
Italien **30 v. Chr.–14 n. Chr.**

DAS JÜNGSTE GERICHT
ANDREI RUBLJOW
Russland **1408**

LEIDER GESCHLOSSEN

Eine Reihe von Höhlen auf der Welt birgt in ihrem Inneren fantastische Schätze, musste aber aufgrund der Folgen von Umweltverschmutzung oder aus Sicherheitsgründen für die Öffentlichkeit gesperrt werden.

LASCAUX, FRANKREICH

Das Höhlensystem von Lascaux, unweit der Fundstätte von Rouffignac, beinhaltet beinahe 2 000 Malereien und Gravuren mit Zeichen, Menschenfiguren und Tieren, deren Alter auf 17 300 Jahre geschätzt wird. Die 1940 von vier Jugendlichen und dem Hund Robot entdeckten Höhlen wurden 1948 für die Allgemeinheit geöffnet. Da die Malereien jedoch durch das Kohlendioxid litten, das all die Besucher ausatmeten, wurden die Höhlen 1963 wieder geschlossen und die Malereien restauriert. Zwanzig Jahre später eröffnete man 200 Meter vom ursprünglichen Ort entfernt eine Nachbildung der Höhle. Seit 1979 gehört sie, zusammen mit mehr als 20 anderen Höhlen im Tal der Vézère, zum Weltkulturerbe der UNESCO.

ALTAMIRA, SPANIEN

Ein keulenartiges Symbol in der Höhle von Altamira in Spanien wurde auf ein Alter von mehr als 35 000 Jahren datiert, womit die Höhlenzeichnungen dort zu den ältesten der Welt gehören. Im Jahr 1879 wurde die Höhle von dem Hobby-Archäologen Marcelino Sanz de Sautuola und seiner Tochter entdeckt, als nach einem Erdrutsch eine Öffnung zum Vorschein kam. Der Fund sorgte für einiges Aufsehen – selbst der spanische König kam zu Besuch und hinterließ auf einer Höhlenwand sein Namenszeichen in Ruß. Rasch verflog jedoch die Aufregung, und manche verdächtigten Sautuola sogar der Fälschung. Als anderswo in Europa ähnliche Höhlen entdeckt wurden, war Sautuola schnell rehabilitiert. 2001 wurde hier wie in Lascaux eine Nachbildung der Höhle eröffnet. Das Original kann weiterhin besucht werden, allerdings nur von wenigen Personen pro Tag.

CUEVA DE LOS CRISTALES, MEXIKO

Riesige, bis zu elf Meter lange Gipskristalle schmücken die Cueva de los Cristales (»Höhle der Kristalle«) in den Naica-Bergen in Mexiko. In der nahe gelegenen Cueva de las Espadas (»Höhle der Schwerter«) gibt es ebenfalls Gipskristalle, die es allerdings höchstens auf einen Meter Länge bringen. Die Geologen führen die Phänomene der Cueva de los Cristales darauf zurück, dass die Temperatur in der Höhle konstant um 58 Grad Celsius lag, sodass sich die riesigen Kristalle über Hunderttausende Jahre bilden konnten. Aufgrund der extremen Hitze und Luftfeuchtigkeit bis zu 99 Prozent ist die Höhle für die Allgemeinheit gesperrt.

DIE GEBURT DER VENUS
SANDRO BOTTICELLI
Italien 1486

MONA LISA
LEONARDO DA VINCI
Italien 1503–1517

GETREIDESCHOBER
CLAUDE MONET
Frankreich 1890–1891

STREET ART
USA (Geburtsort der Kunstrichtung)
ab den 1970ern

STONEHENGE

Steinzeitliche Sternwarte oder heidnische Kultstätte? Noch immer rätseln Archäologen und Historiker, wie und zu welchem Zweck der Steinkreis aus tonnenschweren Monolithen erbaut wurde ...

D ie Nacht geht langsam in die Morgendämmerung über, während man unter einem gewaltigen Steinklotz stehend der feiernden Menge zusieht. Einige tragen dämonische Masken, skurrile Kopfbedeckungen oder weiße Druidenumhänge, rufen im Chor und hüpfen zum Rhythmus der Trommeln. Der Nieselregen und die frühe Morgenstunde lassen kaum erahnen, dass heute Mittsom-

⌃ Steinreste in Stonehenge

mer ist und die Feiernden hier die Sommersonnenwende begehen, doch die Stimmung ist ansteckend.

Stunden später kommt man ein zweites Mal und geht in dem Steinkreis umher. Bei der nächtlichen Feierei hat man gar nicht bemerkt, wie groß die Steinblöcke wirklich sind. Nun grübelt man, wie die Menschen vor Urzeiten die Sarsenblöcke aufgerichtet und anschließend den krönenden Deckstein auf die Trilithen (zwei senkrechte Steine, auf denen ein dritter waagrecht aufliegt) gesetzt haben könnten. Die Morgensonne taucht die Steine in ein ätherisches Licht.

ANREISE

Stonehenge liegt 145 Kilometer westlich von London nahe der Städte Amesbury und Salisbury. Der Ort lässt sich gut mit dem Auto erreichen; zahlreiche Veranstalter bieten auch Tagesausflüge an. Daneben gibt es Bus- und Bahnverbindungen nach Salisbury, von wo aus man noch mal 40 Minuten mit dem Bus fährt.

WEITERE LOHNENDE ZIELE

Ein weiteres Monument aus der Jungsteinzeit befindet sich in Avebury, 35 Kilometer nördlich von Stonehenge. Es besteht aus drei Steinkreisen, darunter dem größten in Europa. In der gleichnamigen Stadt gibt es die Kathedrale von Salisbury im Stil der englischen Gotik zu besichtigen, die den höchsten Kirchturm Großbritanniens hat.

Blick von oben auf die Ebene von Salisbury ⌃

STONEHENGE UND SEINE GEHEIMNISSE

Es wurden schon alle möglichen Theorien dazu aufgestellt, wer wohl die Erbauer von Stonehenge waren – von Druiden bis zu Außerirdischen. Entscheidender ist aber vielleicht die Frage, wie und zu welchem Zweck das Monument errichtet wurde. Einige behaupten, es habe sich um eine Sternwarte gehandelt oder um eine Kultstätte. Sehr aufschlussreich ist hierbei die Anordnung der Steine.

Eine der größten Auffälligkeiten ist der Fersenstein, der etliche Meter außerhalb des Steinkreises steht. Am Mittsommertag geht die Sonne fast genau über dem Fersenstein auf – allerdings nur fast. Möglicherweise stimmte die Ausrichtung vor 5 000 Jahren ja noch, bevor sich die Erdachse geringfügig verschob. Oder es handelte sich um eine Nachlässigkeit der Erbauer. Doch es gibt auch Hinweise, dass es gar nicht unbedingt um den Mittsommertag ging.

Die meisten Monumente in der Gegend um Stonehenge sind

ÜBRIGENS ...

✪ Die Gegend um Stonehenge ist einzigartig in der Welt, da sich hier in großer Nähe zueinander acht prähistorische, nach der Sonne ausgerichtete Monumente befinden.

nach dem Sonnenaufgang und -untergang zur Wintersonnenwende ausgerichtet, nicht zur Sommersonnenwende. Und an anderen Steinzeitstätten wie den Kammern von Maeshowe auf den Orkney-Inseln und Newgrange in Irland dringen die Sonnenstrahlen nur abends zur Wintersonnenwende ins Innere.

Eine runde Sache: Stonehenge in seiner ursprünglichen Form

STONEHENGE Wie es gebaut wurde

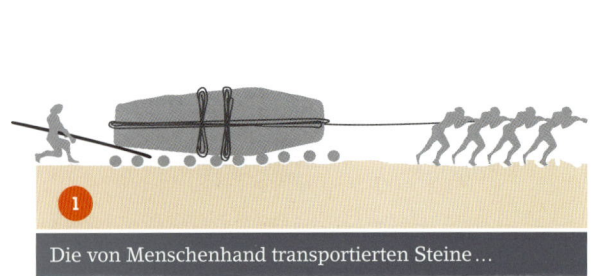

1 Die von Menschenhand transportierten Steine ...

2 wurden in einen Graben gekippt ...

Da diese Stätten ungefähr gleichzeitig mit Stonehenge entstanden, ist es wahrscheinlich, dass überall auf den Britischen Inseln die Wintersonnenwende begangen wurde.

Durch Altersbestimmung von Tierzähnen, die in nahe gelegenen Siedlungen gefunden wurden, weiß man, dass damals viele Schweine geschlachtet worden waren. Die Forschung betrachtet auch den sozialen und wirtschaftlichen Kontext der Zeit und folgert, Stonehenge sei gebaut worden, um die britischen Völker zu einen.

Der Fersenstein ⌃

1500 JAHRE IN BAU

» **CA. 3050–2900 V. CHR.** Ein kreisförmiger Graben mit 100 Metern Durchmesser wurde angelegt; mit dem Aushub wurde ein Erdwall errichtet.

» **CA. 2900–2600 V. CHR.** Es wurden Fundamente für Holzbauten gegraben.

» **CA. 2600 V. CHR.** Die Blausteine wurden aus den Preseli-Bergen im Westen des heutigen Wales herangeschafft. Mithilfe der Radiokarbonmethode konnte nachgewiesen werden, dass die Steine nicht durch Gletscherbewegungen vor 40 000 Jahren in die Ebene von Salisbury gelangten. Stattdessen wurden

sie wohl 380 Kilometer auf Flüssen transportiert und das letzte Stück über Land gezogen.

» **CA. 2600–1600 V. CHR.** Wahrscheinlich wurden für die Sockel der Sarsen-Trilithen Gräben ausgehoben. Mit einem Gewicht kippte man das eine Fußende des Steins nach unten und hievte ihn dann mit Seilen in die Senkrechte. Die Decksteine wurden Stück für Stück von Gerüsten aus angehoben.

» **CA. 1600 V. CHR.** Die Blausteine werden neu angeordnet. Dabei entstand das heute noch sichtbare Monument.

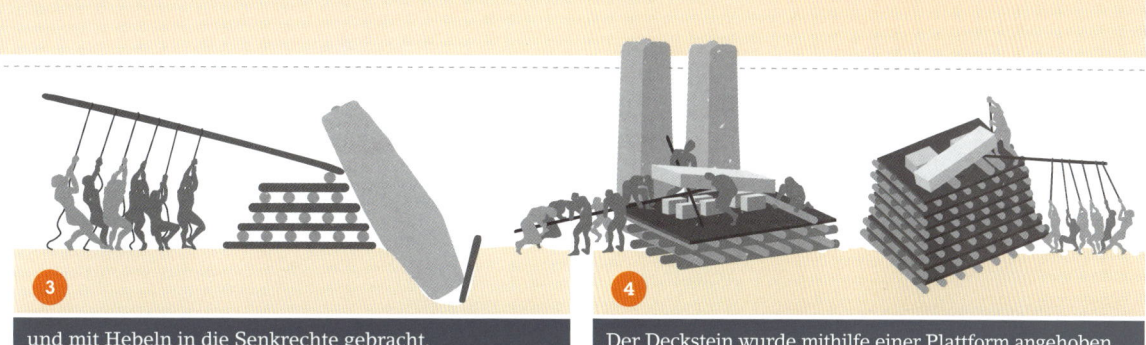

3 und mit Hebeln in die Senkrechte gebracht.

4 Der Deckstein wurde mithilfe einer Plattform angehoben.

DIE CHEOPS-PYRAMIDE

Mehr als zwei Millionen Steinblöcke und rund 30 000 Arbeiter waren nötig, um dieses außergewöhnliche Bauwerk zu errichten. Vor 4 500 Jahren als Hülle für die Grabkammer von König Cheops gebaut, hat sich dieses Monument als Einziges der sieben antiken Weltwunder bis heute erhalten.

D ie Außenbezirke von Kairo weichen offenerem Gelände, als erstmals die Pyramiden im Blickfeld auftauchen. Majestätisch und dabei von größter Einfachheit stehen sie da mit ihren klaren dreieckigen Silhouetten.

Beim Aussteigen aus dem Bus nimmt man das Gewimmel von Touristen, Schleppern und schnaubenden Kamelen kaum wahr. Sofort wandert der Blick hinauf zur Spitze der größten Pyramide, die sich hoch in den azurblauen Himmel erhebt. Auf dem Weg zum Sockel staunt man über die enormen, teilweise schulterhohen Steinblöcke, die man nur mit größter Mühe erklimmen könnte – wenn es denn erlaubt wäre. Wie die antiken Ägypter diese kolossalen Steine wohl transportiert und zu einem derartig grandiosen Gebäude geschichtet haben mochten? Der Eingang befindet sich hinten an der Nordseite. Im Inneren steigen die Temperaturen gleich wieder an, und die Besucher schnappen in dem engen Gang nach frischer Luft. Tief gebückt gehen sie, um sich nicht den Kopf an der Decke anzustoßen. Nichts für Menschen mit Platzangst!

Nachdem man eine gefühlte Ewigkeit in der Kolonne von Touristen vorwärtsgestolpert ist, erreicht man schließlich die Große Galerie, die zur Königskammer führt. Zu sehen sind hier die aber nur beschädigten Überreste des Granitsarkophags. Doch selbst wenn es wenig zu sehen gibt, ist allein schon der Aufenthalt im Inneren dieses antiken Bauwerks ein unvergessliches Erlebnis.

◄ ANREISE ►

Kairo wird von den meisten großen Airlines angeflogen. Für die Fahrt zu den Pyramiden nimmt man ein Taxi oder einen der klimatisierten Busse, die vom Kairoer Vorort Heliopolis über Midan Tahrir fahren.

◄ WEITERE LOHNENDE ZIELE ►

In den fünf Gruben an der Ost- und Südflanke der Pyramide waren einst Boote des Pharaos deponiert. Eines davon ist im Sonnenbootmuseum in Kairo zu besichtigen. Nicht weit entfernt von den Pyramiden von Gizeh liegt die um 2650 v. Chr. erbaute Stufenpyramide, Ägyptens älteste Pyramide. Das Ägyptische Museum in Kairo beherbergt antike Kunstschätze sowie erstaunlich gut erhaltene Königsmumien.

DAVE BARTRUFF » CORBIS

DIE WELTGRÖSSTE PYRAMIDE

Bis zum Bau des Eiffelturms im Jahr 1889 war die Cheops-Pyramide das höchste Bauwerk der Welt. Mit einer ursprünglichen Höhe von 147 Metern, einer seitlichen Länge von 230 Metern und 50 000 Quadratmetern Grundfläche ist die Gebäudehülle groß genug, dass darin die die Londoner Houses of Parliament Platz fänden.

Die kleine mit Granit ausgekleidete Grabkammer des antiken Königs Cheops liegt tief im Inneren der Pyramide, 100 Meter unterhalb der Spitze. Als Grabräuber vor langer Zeit die Kammer plünderten, ließen sie nur den einen Meter breiten Granitsarkophag stehen, der nicht durch die Gänge gepasst hätte. Hingebracht wurde er an diesen Platz vermutlich, als die Pyramide noch in Bau war.

Die Königinnenkammer gibt uns heute noch Rätsel auf. Es heißt, die Kammer sei gar nicht für die Königin gedacht gewesen – ein Sarkophag wurde dort nicht gefunden. Eine dritte, unvollendete Grabkammer befindet sich unterhalb der Pyramide. Die beiden kleineren Pyramiden wurden für König Cheops' Sohn Chephren und seinen Enkel Mykerinos errichtet. Die in der Mitte liegende Chephren-Pyramide ist anscheinend die

⌃ Pyramiden von Gizeh

ÜBRIGENS ...

✪ Die Ägypter wählten für ihre Grabmäler wohl deshalb die Pyramidenform, weil sie glaubten, die Seele des toten Königs würde über die Spitze zum Sonnenkönig Ra aufsteigen.

✪ Das Durchschnittsgewicht der Steinblöcke liegt bei 2,5 Tonnen. Zwei davon wiegen so viel wie ein Afrikanischer Elefant.

höchste, hat tatsächlich aber nur ein höheres Grundniveau.

Die Sphinx

Um die Sphinx ranken sich zahllose Legenden und Aberglauben. Die Sphinx wurde aus den natürlichen Felsen am Fuß des Damms zur Chephren-Pyramide gehauen. Sie stammt höchstwahrscheinlich aus der Regierungszeit Chephrens und trägt vermutlich auch dessen Züge. Das Gesicht jedenfalls ist von einem gestreiften Kopftuch eingerahmt, wie es nur die Pharaonen trugen. Bedauerlicher-

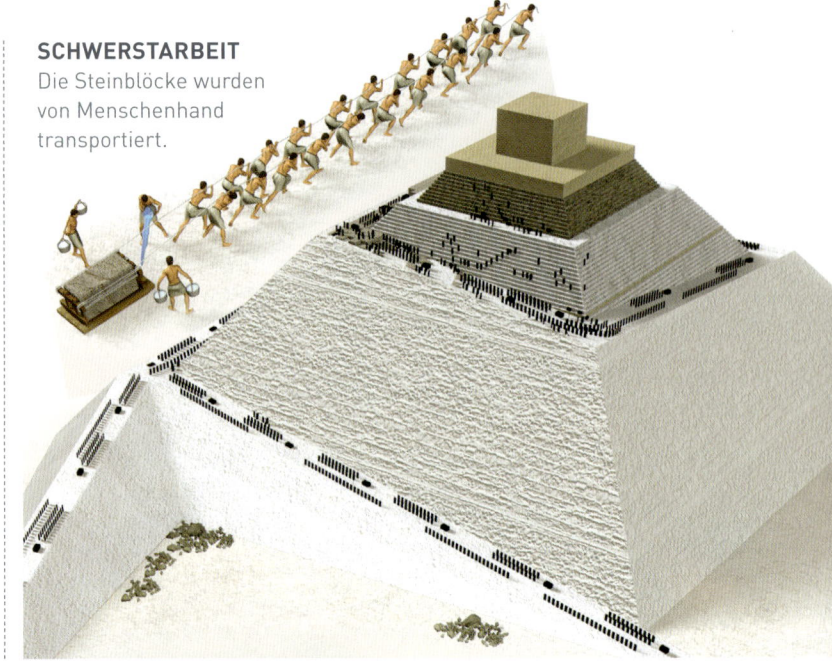

SCHWERSTARBEIT
Die Steinblöcke wurden von Menschenhand transportiert.

weise ist das Monument vom Steinkrebs befallen, was sich durch jüngere Restaurierungsbemühungen nur noch verschlimmert hat. Ungeklärt ist, wie die Sphinx ihre einen Meter breite Nase eingebüßt hat. Dass sie durch eine Kanonenkugel der napoleonischen Truppen zerstört worden sei, dürfte wohl nicht stimmen, da die Sphinx bereits in Zeichnungen aus dem Jahr 1755 ohne Nase erscheint.

PYRAMIDENGLOSSAR

» GÄNGE Kurz hinter dem Eingang gabelt sich der Gang in einen absteigenden Korridor, der zu einer unvollendeten Kammer führt, und in einen aufsteigenden, der seinerseits entweder zu der tiefer gelegenen Königinnenkammer führt oder über die Große Galerie zur Königskammer.

» ENTLASTUNGSKAMMERN Mit dieser Konstruktion sollte das Gewicht der Steine über der Königs-

kammer gleichmäßig verteilt werden, um einen Deckeneinsturz zu verhindern.

» KALKSTEINBLÖCKE Zwei Meter lange Steinblöcke wurden so behauen, dass sich gleichmäßig abfallende Flächen ergaben. Vor etwa 600 Jahren hat man die Blöcke entfernt und für neue Bauten in Kairo verwendet. Die Wände der Kammern und Gänge wurden mit rotem Granit ausgeschlagen, die Böden mit schwarzem Basalt ausgelegt.

DER BAU DER PYRAMIDE Ein ewiges Faszinosum

Da keine Aufzeichnungen existieren, lässt sich nicht sagen, wie die Große Pyramide genau entstanden ist. Allerdings können die Archäologen die einzelnen Schritte rekonstruieren, die zur Errichtung dieses unglaublichen Bauwerks nötig waren, bei der etwa 30 000 Menschen mithalfen. Funde zu Behausungen, zur Brotherstellung, von Tierüberresten sowie von Wandmalereien legen nahe, dass es gelernte Arbeiter waren.

» VERMESSUNG DES BAUPLATZES

Die antiken Ägypter kannten noch keinen Kompass; die Pyramide wurde also wahrscheinlich nach den Sternen und der Sonne ausgerichtet. Zur Festlegung des Grundrisses arbeitete man vermutlich mit Schnüren und Stangen, gemessen wurde in »Handbreit« und »Ellen« – dem Abstand von der Mittelfingerspitze zum Ellenbogen.

» NIVELLIERUNG DES FUNDAMENTS

Der Pyramidensockel ist auf 20 Millimeter genau plan. Um derart exakt zu bauen, hat man entweder Richtschnüre verwendet, die mit einem Schnurlot ausgerichtet wurden, oder man hat die ausgehobene Fläche mit Wasser aufgefüllt und rundherum alles Material immer wieder bis auf Wasserhöhe abgetragen.

» FÖRDERUNG DES MATERIALS

Als Baumaterial für die Pyramide dienten Kalksteine, Granit und Basalt. Die zwei Meter langen weißen Kalksteinblöcke wurden mithilfe von Steinhämmern und Geweihhacken um Gizeh und an anderen Orten gebrochen und dann so behauen, dass sich gleichmäßig abfallende Flächen ergaben. Roter Granit als Wandverkleidung wurde 600 Kilometer den Nil hinab aus Assuan herantransportiert. Der für die Böden verwendete Basalt stammt aus Steinbrüchen im Südwesten von Gizeh.

» STEINTRANSPORT

Die Steinblöcke waren bis zu zweieinhalb Tonnen schwer. Es gibt mehrere Theorien, wie sie wohl transportiert wurden. Am wahrscheinlichsten ist, dass sie auf Lastkähnen den Nil hinab geschifft wurden. Über eigens gegrabene Kanäle schaffte man sie so nah wie möglich an die Baustelle. Das letzte Stück zur Pyramide wurden sie vermutlich auf Schlitten über eine Bahn von hölzernen Gleitrollen gezogen, die mit feuchtem Ton »geschmiert« wurden. Räder wären im Wüstensand unweigerlich stecken geblieben.

» AUFSTELLEN DER STEINE
Für den Transport der Steinblöcke die Pyramidenflanken hinauf könnten verschiedene Hebel, Seilzüge und Wippen verwendet worden sein. Eine andere Theorie besagt, dass die Steine auf Rampen nach oben befördert wurden. Spiralförmig um die Pyramide laufende Rampen erfordern weniger Material als gerade Rampen, aber da die Rampe mit der Zeit immer größere Teile der Pyramide verdeckt, kann es leichter zu Fehlern in der Winkelausrichtung kommen.

» SCHÄCHTE
Wahrscheinlich dienten die Schächte nicht der Luftzufuhr, sondern als Korridor, auf dem die Seele des Königs direkt zu den Sternen emporsteigen konnte.

» KÖNIGSKAMMER
In der mit Granit ausgekleideten Grabkammer befindet sich ein Sarkophag.

» KÖNIGINNENKAMMER
Sie enthält keinen Sarkophag, war also wohl gar nicht der Königin zugedacht.

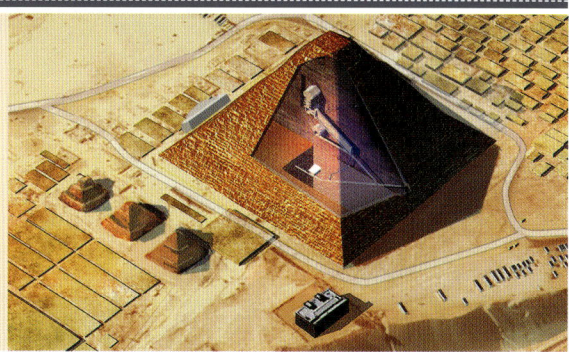

KAPPADOKIEN

Die trockene Hochebene, die zu Urzeiten von Wind und Wetter geformt und später von Menschen für deren Behausungen ausgehöhlt wurde, birgt riesige unterirdische Städte und hoch aufragende Felsnadeln.

Ein lautes Zischen durchschneidet die Stille, als der Pilot den Brenner betätigt. Vorbei an Felsklippen, die im Licht der Morgensonne orangerot leuchten, steigt der Ballon nach oben. Der Boden ist von einem Flickenteppich aus Schnee bedeckt. Um den Menschenmassen zu entkommen, begehen die Ballonfahrer das Neujahrsfest in der winterlichen Zauberlandschaft.

⌃ Feenkamine in Kappadokien

Der Ballon schwebt dahin über eine Stadt von Höhlenwohnungen und weiter über Felspfeiler, die steinerne Kappen tragen und bis zu 40 Meter hoch sind. Die Einheimischen nennen diese Gebilde »Feenkamine«, weil man sich früher erzählte, unter der Erde lebende Feenwesen würden durch sie an die Oberfläche treten. Die Landschaft von Kappadokien hat wahrhaft etwas Magisches an sich.

◄ ANREISE ►

Am besten lässt sich Zentralkappadokien von Göreme, Ürgüp und Avanos aus erkunden. Zwei Flughäfen gibt es in der Region: Kayseri und Nevşehir. Den Shuttlebus vom Flughafen zur Unterkunft sollte man auf jeden Fall im Voraus buchen. Mit dem Taxi kommt man gut von einer Stadt zur nächsten. Busse und Minibusse verkehren im Hochsommer regelmäßig, im Winter deutlich seltener. Wer selbst fahren möchte, kann das in Kappadokien ohne Bedenken tun.

◄ WEITERE LOHNENDE ZIELE ►

Byzantinische Felsenkirchen, Kapellen und Klöster gibt es im Freilichtmuseum Göreme zu bestaunen. In Derinkuyu und Kaymaklı kann der Besucher unterirdische Städte erkunden. Entlang des Flusses im Ihlara-Tal finden sich sehenswerte alte Kirchen. In Göreme können Gäste in einer Höhlenwohnung übernachten. Ürgüp lockt mit edlen Boutiquehotels und eigenen Weinen. Sehr zu empfehlen ist eine Heißluftballonfahrt.

DIE NATUR ALS BILDHAUERIN

Als vor etwa 30 Millionen Jahren die Arabische Platte auf die Anatolische Platte prallte, wurden durch den Druck vulkanische Aktivitäten ausgelöst. Beim Ausbruch einer Reihe von Vulkanen legte sich über die Gegend eine dicke Aschedecke, die sich zu Tuff verdichtete.

Die etwa 300 Quadratkilometer große Region Kappadokien liegt auf einer Hochebene in der Mitte der Türkei, weitab vom Meer und seinem mäßigenden Einfluss, sodass zwischen Sommer und Winter extreme Temperaturunterschiede bestehen. Dadurch dehnt sich das Felsgestein abwechselnd aus und zieht sich wieder zusammen. Der weichere Tuff wurde allmählich von Wind und Wasser abgetragen, wodurch sich bizarre Felsformationen bildeten.

Unterirdische Städte

Viele der Naturwunder Kappadokiens wurden zu Wunderwerken von Menschenhand, als Höhlenbewohner die Gegend besiedelten und Wohnungen und Kapellen aus dem weichen Felsgestein meißelten. Um sich vor Angreifern und Plünderungen zu schützen, legten sie ganze Städte unter der Erde an.

Man geht davon aus, dass es 36 dieser unterirdischen Städte gab, aber bislang wurden nur wenige davon ausgegraben. Derinkuyu (der Name bedeutet »tiefer Brunnen«) war die größte Anlage. Sie entstand etwa 700 bis 800 Jahre v.Chr., bot Platz für 20 000 Menschen und erstreckte sich, verteilt auf acht Ebenen, bis 60 Meter tief in die Erde. Auch Ställe, Brunnen, Kirchen und Vorratsspeicher gab es. Über Belüftungsschächte wurden selbst die am tiefsten gelegenen Räume mit Frischluft versorgt. Tunnel verbanden die Anlage mit anderen unterirdischen Städten.

ÜBRIGENS ...

✪ Kappadokien kommt aus dem Altpersischen und bedeutet »Land der schönen Pferde«. Zur Zeit der Römer erzielten Zuchtstuten aus der Gegend derart hohe Preise, dass beim Verkauf eine Sondersteuer erhoben wurde.

⌃ Heißluftballone über Kappadokien

KAPPADOKIEN So entstanden die Felspfeiler

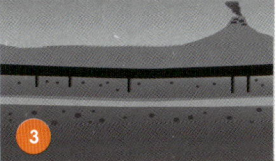
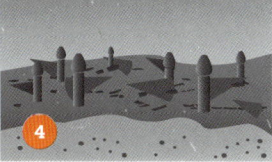

1 » Vor Millionen von Jahren, im Miozän und im Pliozän, finden Vulkanausbrüche statt.

2 » Infolge der ersten Ausbrüche bildet sich eine weiche Gesteinsschicht, der Tuff.

3 » Bei späteren Ausbrüchen entsteht eine Basaltschicht, die härter ist als der Tuff.

4 » Millionen Jahre später tragen Wind und Sand den Tuff ab, die Basaltformen bleiben stehen.

FEENKAMINE
Die Felspfeiler sind stark verwittert.

IM INNEREN DES FELSENS
Querschnitt durch eine typische Felsenwohnung

DIE AKROPOLIS

Die Anlage aus Tempeln und Altären, geschmückt mit den Statuen großer Götter- und Heldenfiguren, bildete das Herzstück des antiken Griechenlands.

U m vor den Massen da zu sein, ist es gut, zeitig aufzubrechen. Mit wachsender Spannung erklimmt man die Stufen des Fußwegs. Oben angelangt, kann man nur schwer sagen, ob man von dem Aufstieg so außer Atem ist oder wegen des sagenhaften Ausblicks, der sich da auf einmal bietet.

An den stolzen Säulen vorbei ergießt sich das Sonnenlicht über das Plateau des steinernen Monuments, das majestätisch über der Athener Altstadt thront. Gleich rechter Hand erhebt sich der Parthenon-Tempel. Hohe Säulen stützen die riesigen reliefgeschmückten Steinblöcke, die im morgendlichen Licht honigfarben leuchten.

Aus der Nähe entpuppt sich der Stein als Marmor, der über die Jahrhunderte seine Farbe verändert hat und infolge von Wettereinflüssen und menschlichen Einwirkungen Risse bekommen hat. An einigen Stellen wurde der Marmor restauriert und ist deswegen heller.

Man kehrt dem Parthenon den Rücken und geht vorbei an Reihen riesiger Marmorsteine, den Überresten von Torbögen, den Ruinen kleinerer Tempel und einem Olivenbaum – angeblich eine Stiftung der Göttin Athene, der Schutzpatronin der Stadt. Auf dem Weg den Hügel hinab hat man das Gefühl, die Vergangenheit trete aus jedem Mauerspalt hervor.

ANREISE

Athen wird von den meisten großen Fluggesellschaften angeflogen. Die Akropolis liegt hoch über dem Stadtzentrum und lässt sich einfach mit der Metro (Haltestelle Akrópolis) erreichen. Um den Besuchermassen aus dem Weg zu gehen, sollte man möglichst früh am Morgen oder gegen Abend kommen.

WEITERE LOHNENDE ZIELE

Direkt unterhalb des Akropolishügels befindet sich das Dionysostheater, ein riesiges Amphitheater, das als Geburtsstätte des Theaters gilt. Nicht weit entfernt gibt es im Akropolismuseum wunderbare Artefakte zu bestaunen, darunter herrliche Friese und Skulpturen. Allein die Architektur des Museumsgebäudes ist schon eindrucksvoll.

DIE AKROPOLIS Zur Blütezeit Athens

1 » PARTHENON Der
432 v. Chr. erbaute Tempel dominiert
die Akropolis.

2 » ERECHTHEION
Das Erechtheion wurde 406 v. Chr.
als letztes öffentliches Gebäude der
Akropolis errichtet.

3 » ÖLBAUM DER ATHENE
Angeblich ist dies der heilige Baum,
der Athene zum Sieg im Wettstreit
mit Poseidon verhalf.

4 » POSEIDONTEMPEL Die
Athener ehrten Poseidon an der
Nordseite des Erechtheion mit
einem eigenen Tempel.

**5 » STATUE DER ATHENA
PROMACHOS** Das Podest, auf
dem die neun Meter hohe Statue
einst stand, ist heute noch zu sehen.

6 » PROPYLÄEN Die 432 v. Chr.
erbauten Propyläen sind parallel
zum Parthenon ausgerichtet.

**7 » PANATHENÄISCHER
WEG** Entlang dieses Weges be-

wegte sich bei den Panathenäischen
Festspielen im antiken Athen der
Festzug.

8 » NIKETEMPEL Der kürzlich
restaurierte Marmorbau wurde
425 v. Chr. erbaut.

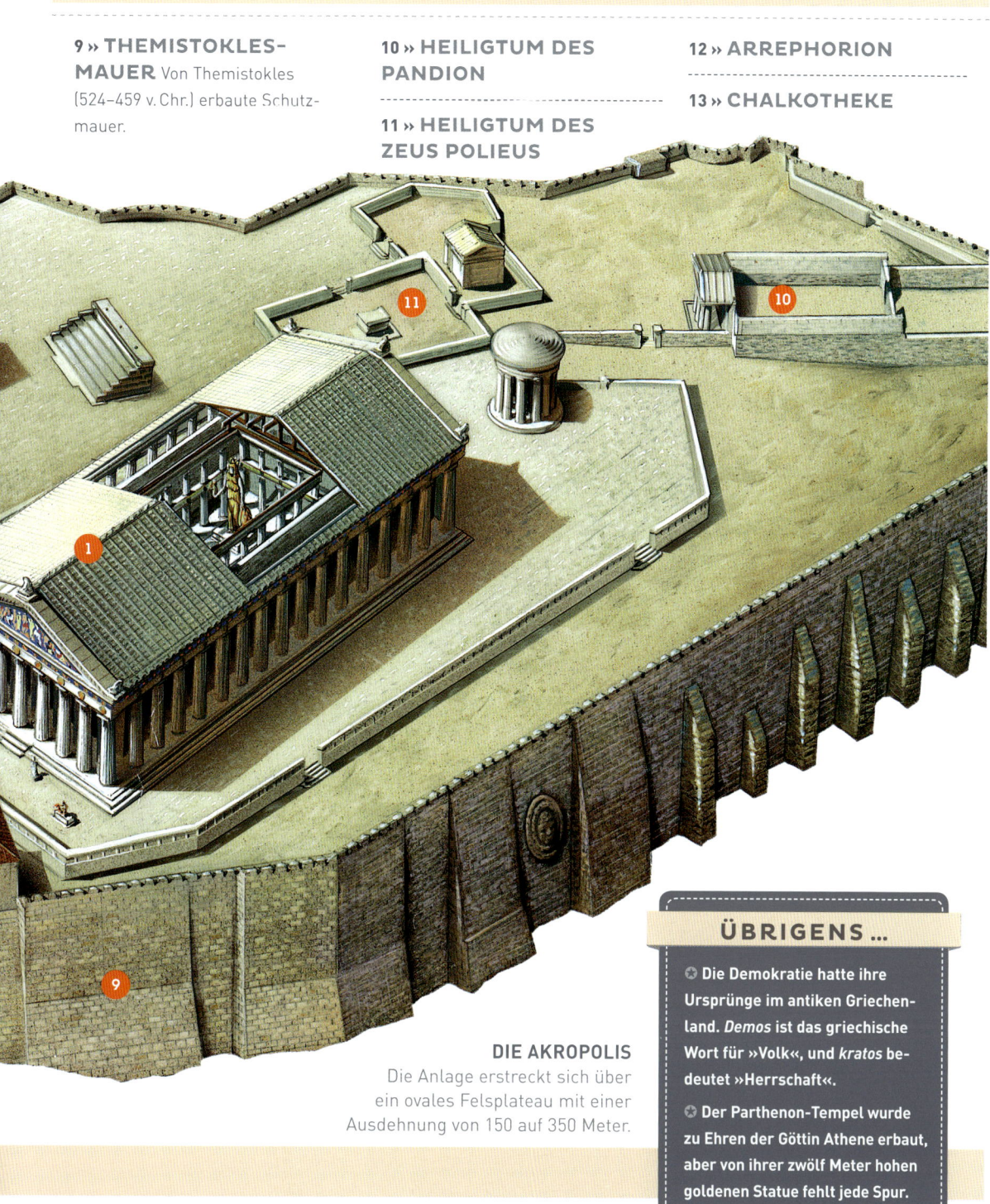

9 » THEMISTOKLES-MAUER Von Themistokles (524–459 v. Chr.) erbaute Schutzmauer.

10 » HEILIGTUM DES PANDION

11 » HEILIGTUM DES ZEUS POLIEUS

12 » ARREPHORION

13 » CHALKOTHEKE

DIE AKROPOLIS
Die Anlage erstreckt sich über ein ovales Felsplateau mit einer Ausdehnung von 150 auf 350 Meter.

ÜBRIGENS ...

✿ Die Demokratie hatte ihre Ursprünge im antiken Griechenland. *Demos* ist das griechische Wort für »Volk«, und *kratos* bedeutet »Herrschaft«.

✿ Der Parthenon-Tempel wurde zu Ehren der Göttin Athene erbaut, aber von ihrer zwölf Meter hohen goldenen Statue fehlt jede Spur.

DER PARTHENON

Der zu Ehren der Göttin Athene erbaute, 432 v. Chr. fertiggestellte Parthenon ist die Verkörperung all dessen, was die Weltanschauung der alten Griechen ausmachte. Seine großartige Architektur war das Vorbild für berühmte Gebäude in aller Welt – vom Weißen Haus in Washington bis zur Bank of England in London.

Dabei hat der Parthenon eine turbulente Vergangenheit. So diente er schon als Kirche, als Festung und als Pulvermagazin; er wurde beschossen, in Brand gesteckt, von Erdbeben aufgesprengt und geplündert. Zu allem Überfluss führten Restaurierungsarbeiten Anfang des 20. Jahrhunderts zur weiteren Zerstörung des Parthenon.

Eisenteile, mit denen die Bauten zusammengehalten werden sollten, dehnten sich mit der Zeit aus und sprengten den Marmor. Damit nicht genug, man setzte Steine teilweise an den falschen Stellen wieder ein. Um die Einsturzgefahr zu bannen und das Bauwerk vor negativen Umwelteinflüssen zu schützen, startete man ein neues Restaurierungsprojekt.

Trotz des äußeren Anscheins ist der Parthenon nicht symmetrisch angelegt. Die alten Griechen bedienten sich optischer Tricks, sodass die Gebäudelinien absolut gerade zu verlaufen scheinen. Tatsächlich hat jede der 46 Säulen ein leicht konisches Profil und ist nach innen geneigt. Auch die Marmorbalken über den Säulen sind angeschrägt, die Abweichungen allerdings nur minimal.

Das Einpassen von 70000 Einzelteilen gleicht dem Lösen eines riesigen 3-D-Puzzles – ohne Vorlage, denn ein Bauplan wurde nie gefunden. Mithilfe einer Datenbank fügen die Archäologen die einzelnen Teile nach ihrem Aussehen zusammen. Ein mühsamer Prozess: Fünf Jahre dauerte es, die Position von etwa 500 Teilen zu bestimmen. Gut 30 Jahre zieht sich das Restaurierungsprojekt bereits hin – die alten Griechen brauchten für den Bau des Parthenon gerade einmal neun Jahre!

⁂ Akropolis mit Parthenon

» FÖRDERUNG DES MARMORS

Der Marmor kam zu jener Zeit zumeist von den Ägäischen Inseln, aber der Transport der Steine zum Bauplatz des Parthenon wäre sehr kostspielig gewesen. Es musste also ein näher gelegener Förderungsort gefunden werden. Da die Steinbrüche am Pentelikon nur 17 Kilometer von Athen entfernt liegen, hat man mit den Abbauarbeiten dort begonnen.

Der Abbau und Transport des Marmors kostete mehr als 400 Silbertalente, was mehr als über 400 komplett ausgerüsteten Kriegsschiffen entsprach. Gemäß den demokratischen Gepflogenheiten im antiken Griechenland wurden sämtliche Baukosten auf einer Mauer in der Akropolis öffentlich zugänglich gemacht.

» BEARBEITUNG DES MARMORS

Die Marmorblöcke und -figuren wurden mithilfe spezieller Werkzeuge von Hand zugehauen. Wenn feinere Anpassungen nötig waren, schmirgelte man die Blöcke mit Sandkörnern und einer Steinplatte millimetergenau ab. So wurde der Marmor teilweise auf einen Zwanzigstel Millimeter genau zugeschliffen.

Um ungleich proportionierte Marmorstücke optimal zu verbinden, wurde eine der Fugeflächen mit rotem Lehm bestrichen. Beim Zusammenfügen blieben dort, wo die Teile nicht genau aufeinander passten, weiße Stellen. Diese wurden dann so lange nachbearbeitet, bis alles perfekt passte.

Identische Skulpturen wurden mithilfe eines Pantografen hergestellt. Dieser ähnelte einem riesigen Zirkel, bei dem ein Arm den Bewegungen des anderen Arms parallel folgte und so die Konturen auf ein zweites Marmorstück übertrug.

» BERECHNUNG DER ABMESSUNGEN

Die Abmessungen wichtiger Gebäudeteile, beispielsweise der Fassadenhöhe und -breite, folgten einem idealen Verhältnis von 4:9. Am Parthenon arbeiteten insgesamt mindestens 200 Steinmetze mit, die aus allen Teilen Griechenlands kamen und unterschiedliche Einheitensysteme gewohnt waren. Daher musste zunächst ein Standard festgelegt werden, um ein Durcheinander zu verhindern. Auf der Insel Salamis fand man in einer

Kirchenmauer einen Stein, auf dem ein Arm, Hände und Füße eingemeißelt waren, die den gebräuchlichsten Einheiten – dorischer, ionischer und gemeingriechischer Fuß – entsprachen. Die Höhe des Parthenon beträgt demnach 45 dorische Fuß, 48 gemeingriechische Fuß und 50 ionische Fuß; möglicherweise wurde zur Umrechnung von Maßen ein ähnlicher Stein wie der aus Salamis verwendet.

» ENTWURF DER SÄULEN

Um derart exakt ausgeführte und doch individuell gewölbte Säulen zu errichten, hätten die Baumeister eigentlich einen gigantischen Zirkel mit einem Radius von einer Meile haben müssen. Die genaue Entstehung der gewölbten Säulen blieb für die Archäologen lange ein Rätsel – bis zu einem zufälligen Fund 322 Kilometer von Athen entfernt.

In den Ruinen eines Apollontempels bei Didyma in der heutigen Türkei entdeckten Archäologen die »Schablone« zu einer gewölbten Säule. Diese war in der Vertikalen um das 16-Fache gestaucht, während die horizontalen Linien genau den Radien der echten Säule entsprachen. Der Steinmetz nahm einfach mit dem Zirkel die Maße von der Vorlage ab und übertrug sie auf die jeweilige Stelle der Säule. Nach dieser Methode entstanden vermutlich auch die Säulen des Parthenon.

» ERRICHTUNG DER SÄULEN

Für die Säulen schichtete man jeweils mehrere trommelförmige Marmorblöcke aufeinander. Die einzelnen Scheiben wurden mithilfe eines Krans auf den Stapel aufgesetzt. Als Verankerung dienten Holzzapfen, die in entsprechende Aussparungen in den darunter befindlichen Scheiben eingeführt wurden. Die Stücke passten so perfekt zusammen, dass die Holzelemente selbst 2500 Jahre später noch gut erhalten waren. Ganz zum Schluss wurden die Säulen in ihre endgültige Form gehauen.

» KRÖNENDER ABSCHLUSS

Zuletzt wurden die Kapitelle auf die Säulen gesetzt, das Dach wurde angebracht, und die Friese wurden farbenprächtig ausgemalt.

DIE TERRAKOTTA-ARMEE

Über 8 000 Soldaten, 130 Wagen und 670 Pferde in Lebensgröße umfasst die riesige Armee, die Chinas ersten Kaiser im Jenseits beschützen sollte.

S chon von der Galerie aus wirken die Terrakotta-Krieger beeindruckend realistisch – nicht lieblos gestaltet wie manche Spielzeugsoldaten. Beinahe wie echte Menschen wirken sie, die bei einer schrecklichen Naturkatastrophe zu Tonfiguren erstarrt sind. Nur einige wenige haben ihren Kopf eingebüßt.

Nach der dritten, mit 72 Kriegern und Pferden kleinsten Grube betritt man die zweite Grube, die ganz ähnliche Figuren enthält, davon jedoch weit über 1 000 Exemplare. Kniende und stehende Bogenschützen, Reitersoldaten mit Pferden, einfache Offiziere und Generäle. Viele Figuren sind noch gar nicht ausgegraben. Gut, dass man sich die erste Grube bis zuletzt aufgehoben hat, ist sie doch die eindrucksvollste. In einer Halle von der Größe eines Flugzeughangars stehen aufgereiht Tausende von Figuren und Pferden, alle gen Osten blickend und zum Kampf bereit. Insgesamt 6 000 Krieger sollen es sein. Auf die Vorhut der Bogenschützen mit ihren Armbrüsten und Langbogen folgen die Haupttruppe und zuletzt die Infanterie.

◄ ANREISE ►

Der Fundort der Terrakotta-Armee liegt im Osten von Xi'an in der Provinz Shaanxi. Der Flughafen von Xi'an wird von zahlreichen Orten im In- und Ausland angeflogen. Mit öffentlichen Bussen lässt sich die Ausgrabungsstätte einfach erreichen. Am Parkplatz des Bahnhofs Xi'an nimmt man entweder einen der grünen Minibusse oder die Linie 306. Beide fahren über die Thermalquellen von Huaqing und die Grabstätte von Qin Shihuangdi.

◄ WEITERE LOHNENDE ZIELE ►

Viel zu entdecken gibt es in Chinas früherer Hauptstadt Xi'an, einstmals Sitz großer Dynastien und Ausgangspunkt der antiken Seidenstraße. Die Stadtmauer kann mit dem Fahrrad befahren werden. Eindrucksvolle Exponate bietet das Historische Museum von Shaanxi. Die Große Moschee bringt auf faszinierende Weise chinesische und islamische Architektur zusammen.

Terrakotta-Krieger bewachen den toten Kaiser. »

Mehr als zwei Jahrtausende wachte in der Erde verborgen eine Armee lebensgroßer Figuren über die Seele des Herrschers, der China geeint hatte. Fürchtete sich Kaiser Qin Shihuangdi vor den Geistern der besiegten Feinde, oder rechnete er damit, seine Herrschaft im Jenseits fortzuführen?

Im dritten Jahrhundert v.Chr. ordnete der Kaiser an, dass die Armee, bestehend aus über 8000 Soldaten, 130 Wagen mit 520 Pferden sowie 150 Kavalleriepferden nahe seiner Ruhestätte vergraben werden sollte.

Über die Jahrtausende gerieten die in der Erde ruhenden Tonfiguren in Vergessenheit. Entdeckt wurden sie ganz zufällig.

Als Bauern im März 1974 einen Brunnen graben wollten, stießen ihre Werkzeuge auf etwas Hartes. Sie gruben weiter und förderten einen abgetrennten Kopf aus

1,80 m

Hohle Teile

Feste Teile

KRIEGERPOSE
Die Krieger sind in verschiedenen Haltungen – stehend und kniend – dargestellt.

EINE ARMEE WIRD GEFORMT

1 » VORBEREITEN DER FUNDAMENTE
Nachdem die Gruben am Fuß des Berg Li ausgehoben waren, klopften die Arbeiter die Sockel zurecht, auf denen die Figuren stehen sollten.

2 » FERTIGUNG EINZELNER TEILE
Die Figuren wurden in Werkstätten abseits der Gruben hergestellt. Mithilfe mehrerer Formen

fertigte man unterschiedliche Beine, Arme, Hände, Rümpfe und Köpfe. Dabei waren die Figuren so detailliert ausgeführt, dass selbst die Schuhsohlen kniender Soldaten feine Profile zeigen.

3 » MODELLIEREN DER GESICHTER
Bislang konnten die Archäologen acht verschiedene Formen für Gesichter identifizieren, die den Ethnien

Terrakotta zutage. Im näheren Umkreis fanden sie ähnliche Tonscherben und verständigten die Behörden. Die entsandten Archäologen legten schließlich eine unterirdische Kammer frei, in der sich Tausende Terrakotta-Krieger und Pferde in Schlachtordnung fanden.

Insgesamt fand man vier Gruben mit Soldaten aus Ton. Größe und Ausstattung der Figuren variieren je nach Rang: Generäle sind größer und tragen Kopfbedeckungen mit Federn und einem Riemen unter dem Kinn, die Infanteristen hingegen einfache Wollmützen. Auf jeder Figur ist der Name des Vorarbeiters eingeprägt; so ließen sich Mängel zurückverfolgen.

Laut den Aufzeichnungen eines Hofgeschichtsschreibers waren 700 000 Arbeiter an dem Projekt beteiligt, das 209 v. Chr. gestoppt wurde, als ein Jahr nach dem Tod des Kaisers Aufstände losbrachen.

ÜBRIGENS ...

✪ Es wurden auch Schwerter, Pfeilspitzen und andere Waffen gefunden. In Gruben in der Nähe entdeckten Archäologen zudem Tonfiguren von Staatsbeamten, Tänzerinnen, Akrobaten und Musikern.

✪ Qin Shihuangdi, der erste Kaiser des geeinten China, hatte viel Großes vollbracht, etwa die Vereinheitlichung von Münzen, Gewichten, Maßeinheiten und nicht zuletzt die Schriftsprache. Außerdem sind ihm der Bau eines Kanal- und Straßensystems zur Verbindung der einzelnen Territorien und die Errichtung der ersten Anlagen der Chinesischen Mauer zuzuschreiben.

✪ Im September 2006 führte ein Kunststudent aus Deutschland die Wachmänner der Welterbestätte vor, als er sich verkleidet unter die Figuren mischte und mehrere Minuten reglos stehen blieb, ohne entdeckt zu werden.

---

der Qin-Dynastie entsprachen. Mit zusätzlichem Ton wurden ihnen individuelle Züge verliehen.

4 » ZUSAMMENSETZEN DER FIGUREN

Nachdem die einzelnen Teile in einem Ofen gebrannt und die Figuren zusammengesetzt worden waren, bemalte man sie in lebhaften Farben. Danach wurden sie zu den Gruben transportiert und auf die Sockel gesetzt.

PETRA

Die riesige Stadt wurde vor 2000 Jahren aus den roten Sandsteinfelsen am Rande der Arabischen Wüste gehauen und war einst ein Handelsknotenpunkt zwischen Asien und dem Mittelmeerraum.

S chichten von rotem, orangefarbenem und gelbem Sandstein türmen sich zu beiden Seiten der engen Felsschlucht auf, die der Besucher durchwandert. Der Rand zeichnet sich 180 Meter weiter oben ab – dabei ist die Schlucht teilweise kaum breiter als die Spannweite zweier Arme. Sie öffnet sich zu einem lichten natürlichen Platz, über dem der tiefblaue Himmel grell leuchtet. Danach verengt sie sich erneut und windet sich zwischen dem Schichtgestein hindurch. Schier endlos erscheint die enge Schlucht, da erblickt man plötzlich durch einen Spalt Säulen, eine Statue, behauene Steine – als Vorahnung des großartigen Bauwerks, das sich danach zeigt. Hinter der letzten Biegung tritt man auf eine große freie Fläche. Vor einem erhebt sich die beeindruckende Felsenwand des Khazne al-Firaun (Schatzhaus des Pharaos).

Unter dem imposanten Giebel zwischen den Säulen hindurch gelangt man in die Innenkammern. Wieder draußen, wendet man sich nach links, vorbei an Skulpturen, Grabmälern und den Überresten eines Amphitheaters. Von einem Esel lässt man sich zu dem Kloster oben auf dem Hügel tragen. Die zerklüftete mattrote Landschaft vor Augen, staunt man über die unglaublichen Leistungen, die vollbracht wurden, um diese einst so prachtvolle Stadt zu erbauen – eine Oase in der rauen Arabischen Wüste.

◄ ANREISE ►

Fünf Kilometer vom Eingang zur Felsenstadt sind in dem Städtchen Wadi Musa zahlreiche Hotels, Restaurants und Geschäfte entstanden. Öffentliche Verkehrsmittel verkehren eher unregelmäßig dorthin; am besten nimmt man sich deshalb ein Taxi oder Mietauto. Von der Hauptstadt Amman, dem Hauptdrehkreuz für internationale Flüge, fährt man etwa drei Stunden auf dem King's Highway und Desert Highway.

◄ WEITERE LOHNENDE ZIELE ►

Klein-Petra mit seinen in den Fels gehauenen Wohnungen und Grabmälern liegt zehn Autominuten von Petra entfernt und gibt einen guten Vorgeschmack auf den Hauptort. Im Süden Jordaniens befindet sich das Wadi Rum mit einer der außergewöhnlichsten Wüstenlandschaften, die es gibt. Je nach Sonnenstand erscheinen die Sandstein- und Granitfelsen immer wieder in anderen Farben. Berühmt wurde der Landstrich durch die Taten von Lawrence von Arabien Anfang des 20. Jahrhunderts.

KHAZNE AL-FIRAUN

Das in Hollywood-Filmen wie *Indiana Jones* verewigte Khazne al-Firaun war das Juwel der antiken Stadt Petra. Vor 2000 Jahren wurde dieses Meisterwerk der Baukunst geschaffen, das eine Höhe von 39 Metern hat und aus einem einzigen Sandsteinmonolithen herausgehauen wurde. Die Entstehung und Funktion des Gebäudes am Eingang zur Felsenstadt blieb jahrhundertelang ein Rätsel.

Aufgrund der Säulenarchitektur sowie der eindrucksvollen Skulpturen und kunstvollen Reliefs vermuteten die Archäologen als Erbauer des Khazne al-Firaun zunächst die alten Griechen. Erbaut haben das Khazne al-Firaun aber die Nabatäer – ursprünglich ein Nomadenstamm, der gewaltige Kamelkarawanen auf die Handelsrouten durch die Arabische Wüste und in den Mittelmeerraum schickte. Genauso wie man heute Moden aufgreift, ahmten die Nabatäer die Architektur nach, die sie auf ihren Reisen kennengelernt hatten.

Die Geheimnisse des Khazne al-Firaun

Anhaltspunkte zur Funktion des Bauwerks lieferten die Statuen von Castor und Pollux, die mit dem Totenreich assoziiert werden, sowie die Kanäle zu den

≫ Khazne al-Firaun Firaun, das »Schatzhaus«

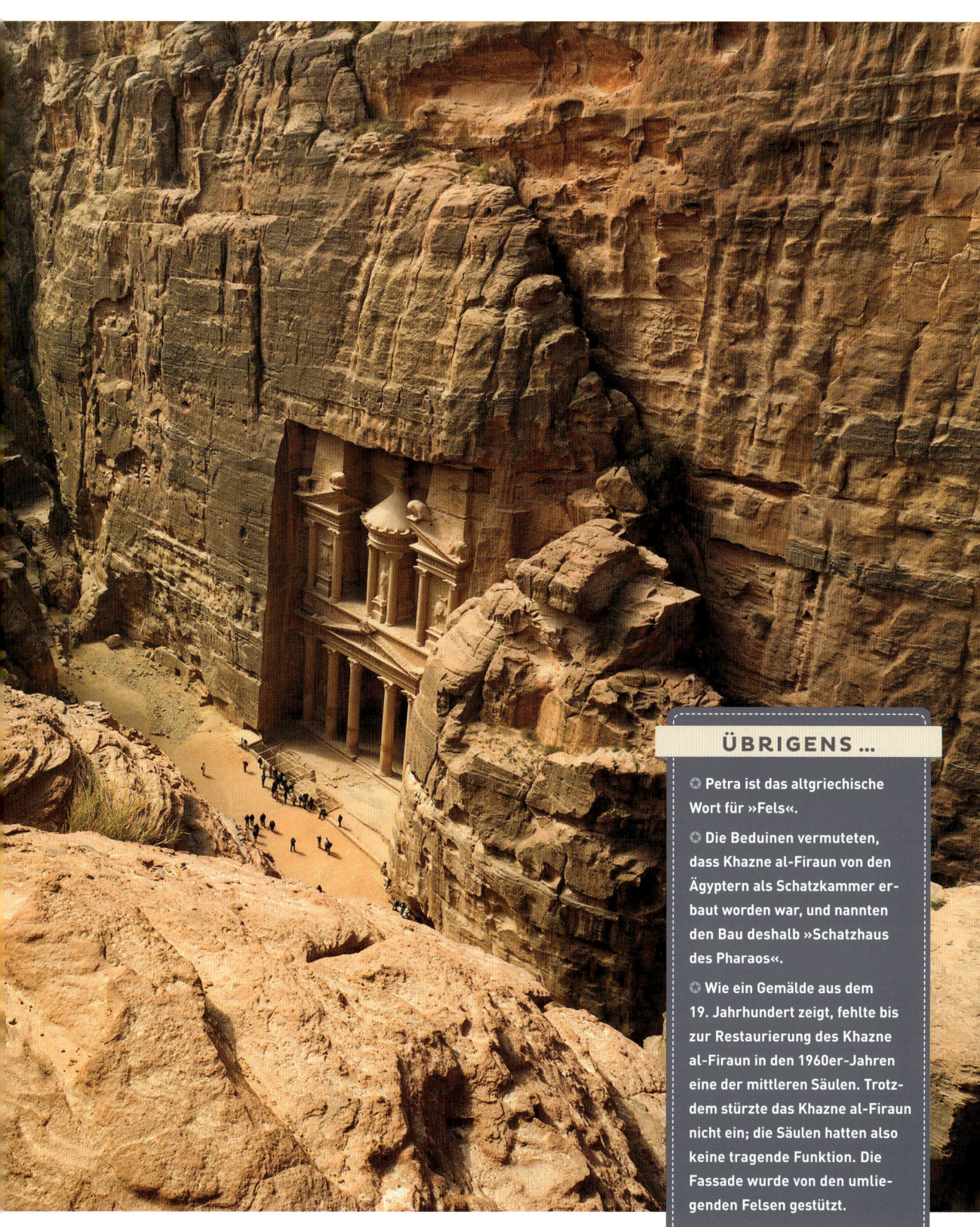

ÜBRIGENS ...

✿ Petra ist das altgriechische Wort für »Fels«.

✿ Die Beduinen vermuteten, dass Khazne al-Firaun von den Ägyptern als Schatzkammer erbaut worden war, und nannten den Bau deshalb »Schatzhaus des Pharaos«.

✿ Wie ein Gemälde aus dem 19. Jahrhundert zeigt, fehlte bis zur Restaurierung des Khazne al-Firaun in den 1960er-Jahren eine der mittleren Säulen. Trotzdem stürzte das Khazne al-Firaun nicht ein; die Säulen hatten also keine tragende Funktion. Die Fassade wurde von den umliegenden Felsen gestützt.

Becken, auf denen den Toten Opfergaben dargebracht wurden.

Letztendlich aber offenbarte der Pflasterboden in der Felsenschlucht (Siq) den wahren Zweck des Gebäudes. Die Pflasterung verliert sich 300 Meter vor der Öffnung zum Khazne al-Firaun im Sand. Tiefer unten sollte sich noch eine weitere Ebene befinden. 2003 begann man mit Ausgrabungen und die Vermutung bestätigte sich: Sechs Meter unter der Oberfläche lagen vier Grab-

kammern, in denen man Menschenknochen und Haken zum Aufhängen von Weihrauchgefäßen fand.

Das Rätsel, welchem Zweck das Khazne al-Firaun diente, war gelöst. Wahrscheinlich wurde das Mausoleum zur Zeit des Nabatäerkönigs Aretas IV. erbaut, da sämtliche Artefakte aus dem 1. Jahrhundert n.Chr. stammten; mehr als 80 Prozent der gefundenen Münzen waren mit seinem Konterfei versehen.

Das Mausoleum wird aus dem Fels gemeißelt

Das Khazne al-Firaun ist so hoch wie ein zwölfstöckiges Haus; entsprechend anspruchsvoll war sein Bau. Wie erklommen die Arbeiter die senkrechte Felswand? Gerüste gab es damals nicht, und die Vermutung, dass die Löcher nachträglich von Vandalen in den Fels gehauen wurden, um hinaufzuklettern und die Skulpturen zu verunstalten, hat sich nicht bestätigt.

Die Erklärung, wie Khazne al-Firaun erbaut worden war, fand sich in einer unvollendeten Grabstätte in der Nähe. An einer Felsplattform auf dem Grabbau konnte man sehen, dass sich die Arbeiter langsam von oben nach unten durchgemeißelt haben mussten. Beim Khazne al-Firaun nutzten die Nabatäer wahrscheinlich einen Vorsprung in der Felswand und meißelten Stufen hinein.

SCHUTZ VOR ÜBERFLUTUNG

Über die Jahrhunderte war die Siq, die 1,2 Kilometer lange Schlucht, die zum Khazne al-Firaun führt, aus dem Fels ausgespült worden – allerdings nicht von einem stetigen Wasserlauf, sondern allein durch Sturzfluten, die nach spontanen Regengüssen auftraten. Der Wüstenboden war stark ausgetrocknet und dadurch zu hart, um dieses Wasser aufzunehmen, sodass es mit gewaltiger erosiver Kraft den Fels hinunterschoss.

Hätte sich nun ein eineinhalb Meter hoher Sturzbach mit allerhand gefährlichem Geröll auf das Khazne al-Firaun zu ergossen, wäre das äußerst gefährlich gewesen. Deswegen gruben die Baumeister einen 30 Meter langen Tunnel und leiteten so das Wasser in eine nahe

gelegene Schlucht ab. Gleichzeitig musste auch die Wasserversorgung für die 50 000 Bewohner und reisenden Händler in Petra sichergestellt werden. Deshalb wurde die Stadt in eine Senke gebaut und ein umfangreiches Wasserspeichersystem angelegt. Über ein Netz von Rohrleitungen wurde das Wasser von weit entfernten Quellen herangeführt und in großen Zisternen gespeichert.

Die Terrakotta-Leitungen der Antike hielten im Gegensatz zu unseren heutigen Stahlrohren keinen hohen Druck aus. Die Nabatäer richteten das Leitungsgefälle so ein, dass die Rohre nur zu 80 Prozent gefüllt waren und der Druck durch den Luftspalt reduziert wurde.

⌃ Amphitheater von Petra

PETRA Ein Mausoleum wird gemeißelt

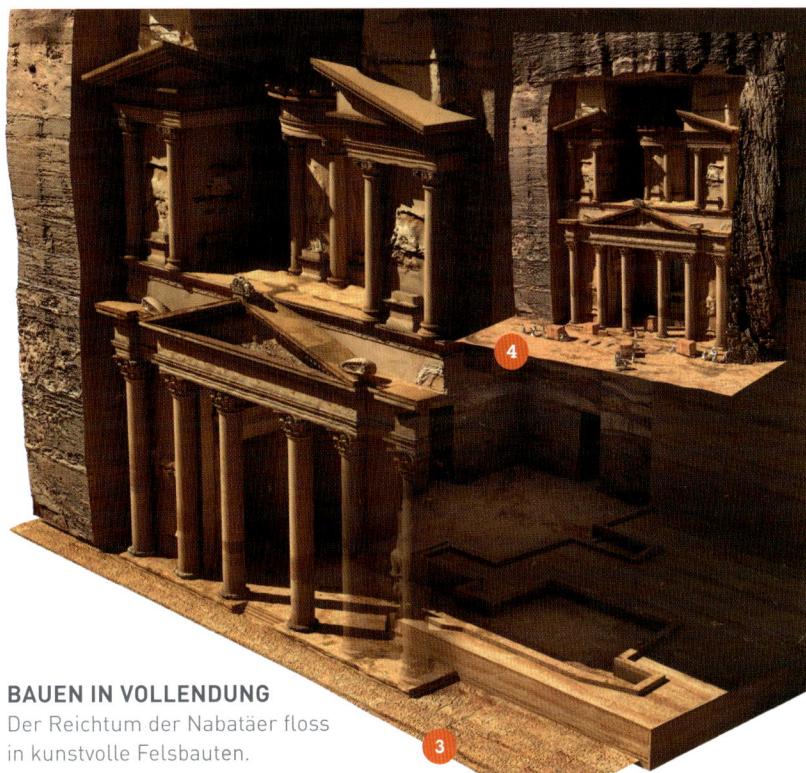

BAUEN IN VOLLENDUNG
Der Reichtum der Nabatäer floss
in kunstvolle Felsbauten.

1 » ABFLACHEN DER FELSWAND

In 39 Metern Höhe gruben die Arbeiter zunächst eine breite Nische in die Felswand, wobei gleichzeitig eine Plattform entstand. Von dort arbeiteten sie sich mit Pickeln langsam nach unten und meißelten eine glatte, flache Wand aus dem Felsen.

2 » HERAUSMEISSELN DER FASSADE

Von einer weiteren breiten Kante aus meißelte man sich nach unten und arbeitete die Schmuckfassade heraus. Fehler durften dabei keine passieren, sonst hätte der Arbeiter wieder mühsam hinaufklettern müssen.

Bei einem frei stehenden Gebäude lässt sich prüfen, ob die Blöcke und Säulen der Basis stark genug sind, bevor weitere Ebenen hinzugefügt werden. Die Erbauer des Khazne al-Firaun mussten sicherstellen, dass der obere Teil nicht zu schwer für die Basis werden würde.

3 » BAU DER INNENRÄUME

Den Säulenvorbau und die Kammern im Innern legte man auf dieselbe Weise von oben nach unten arbeitend an. Man grub einen Tunnel in die Felswand, der anschließend zu der Säulenhalle verbreitert wurde. Für die Kammern legte man weitere Tunnel an. Die Kammern waren bewusst klein gehalten, damit sie das Gewicht der 160 Meter hohen Felsen tragen konnten und das Dach nicht einstürzte. Mithilfe einfacher Eisenwerkzeuge und im Licht von Öllampen entfernten die Arbeiter 6 000 Kubikmeter Steine aus dem Inneren.

4 » ENTSORGUNG DES BAUSCHUTTS

Überflüssige Gesteinsbrocken und -blöcke wurden als Baumaterial zu nahe gelegenen Bauplätzen geschafft. Khazne al-Firaun war damit Baustelle und Steinbruch in einem.

DAS KOLOSSEUM

Über 50 000 Zuschauer auf den Rängen von Roms größtem Amphitheater verfolgten lautstark die Spiele. Erbarmungslos forderten sie das Blut von Gladiatoren, wilden Tieren und zum Tod verurteilten Verbrechern.

Der Weg durch die alten Straßen führt vorbei an den antiken Ruinen des Augustusforums und einem frühen Vorläufer der heutigen Shoppingmalls – den Trajansmärkten. Kurze Zeit später erreicht man die Via dei Fori Imperiali, Mussolinis protzige Aufmarschstraße. Man folgt der Straße und versucht, den lärmenden Verkehr auszublenden. Nach einer leichten Krümmung tauchen plötzlich die imposanten Mauern des Kolosseums vor den Augen des Betrachters auf. Da steht es, dieses Denkmal einer rohen, unbarmherzigen Macht, Herzstück der Stadt Rom! Vorbei an Händlern in Gladiatorenkos-

tümen, die für die Kameras der Touristen posieren, arbeitet man sich zur Ticketkasse durch, die sich hinter einem Torbogen im Schatten versteckt. Danach geht es durch ein weiteres Tor und mehrere Stufen hinauf in das Innere des Kolosseums.

Von hier oben hat man einen fantastischen Blick über das gesamte Amphitheater – von dem weitverzweigten Gangsystem im Bauch des *hypogeum* zu den Zuschauerrängen, die sich nach oben abstufen. Die Besucher folgen einer Treppe nach unten, um die grausigen Geheimnisse zu erkunden, die dort schlummern.

◄ ANREISE ►

Die meisten internationalen Airlines fliegen Rom an. Vom Hauptflughafen Roma-Fiumicino »Leonardo da Vinci« ins Stadtzentrum gelangt man am einfachsten mit der Bahn, es verkehren aber auch Linien- und Shuttlebusse. In der Stadt selbst gibt es ein weitverzweigtes Netz öffentlicher Verkehrsmittel, mit denen der Besucher überall rasch hinkommt. Die Linie B der Metro hält am Kolosseum.

◄ WEITERE LOHNENDE ZIELE ►

Höchst eindrucksvoll sind die mit Marmor verkleideten Tempelbauten des Forum Romanum und der 2 000 Jahre alte Pantheon, wo es die größte jemals aus unbewehrtem Beton errichtete Kuppel zu bestaunen gibt. Einen Tag sollte man für den Besuch des Vatikan reservieren und dort den Petersdom sowie die Sixtinische Kapelle mit den Deckenfresken von Michelangelo besichtigen. Ebenfalls ein Muss: die prächtige Barockskulptur von Oceanus mit den Meerespferden am Trevi-Brunnen ...

EIN PALAST FÜR DAS VOLK

Das Kolosseum war zur Zeit der römischen Antike das größte Amphitheater und bot über 50 000 Menschen Platz. Die Schönheit der Ränge, Säulen und Torbögen steht in scharfem Kontrast zu den grausamen Spielen, die hier dargeboten wurden. Jahrhundertelang erfreuten sich Bürger aller Schichten an den Kämpfen, bei denen Tausende Gladiatoren, wilde Tiere und Verurteilte ihr Leben ließen.

Die Idee zu dem Amphitheater stammte von Kaiser Vespasian, der erkannte, wie wichtig ein solcher Ort zur Zerstreuung der Massen war. Sein unpopulärer Vorgänger Nero hatte sich nach dem Brand im Jahr 64 n. Chr. auf einem wunderschönen zentralen Landstück einen Prunkpalast bauen lassen. Nach Neros Selbstmord kam Vespasian der Bürgerkrieg wie gerufen. Er ließ Neros Palast abreißen und an seiner Stelle einen »Vergnügungspalast« für das Volk bauen.

Die Arbeiten hierzu begannen um 73 n. Chr. und waren zur Zeit von Vespasians Tod im Jahr 79 beinahe abgeschlossen. Sein ältester Sohn Titus führte den Bau zu Ende, der im Jahr 80 mit hunderttägigen Spielen eingeweiht wurde, bei denen etwa 5 000 Tiere getötet wurden.

ZAHLEN UND FAKTEN

✪ Zuerst hieß das Kolosseum Amphitheatrum Flavium. Flavius war der Familienname von Vespasian und Titus.

✪ Kaiser Trajan, der in den Jahren 98 bis 117 herrschte, ließ im Kolosseum einen 117-tägigen »Metzel-Marathon« abhalten, an dem 9 000 Gladiatoren und 10 000 Tiere beteiligt waren.

✪ Neben dem Kolosseum als größtem Amphitheater verfügte Rom mit dem Circus Maximus über eine 621 Meter lange und 118 Meter breite Arena für Wagenrennen, die etwa 150 000 Zuschauer fasste.

✪ Nach dem Untergang des Römischen Reiches wurde das Kolosseum nicht mehr genutzt und verfiel. Im Mittelalter diente es den römischen Adelsgeschlechtern Annibaldi und Frangipani als Festung.

⌃ Im hinteren Bereich des Kolosseums

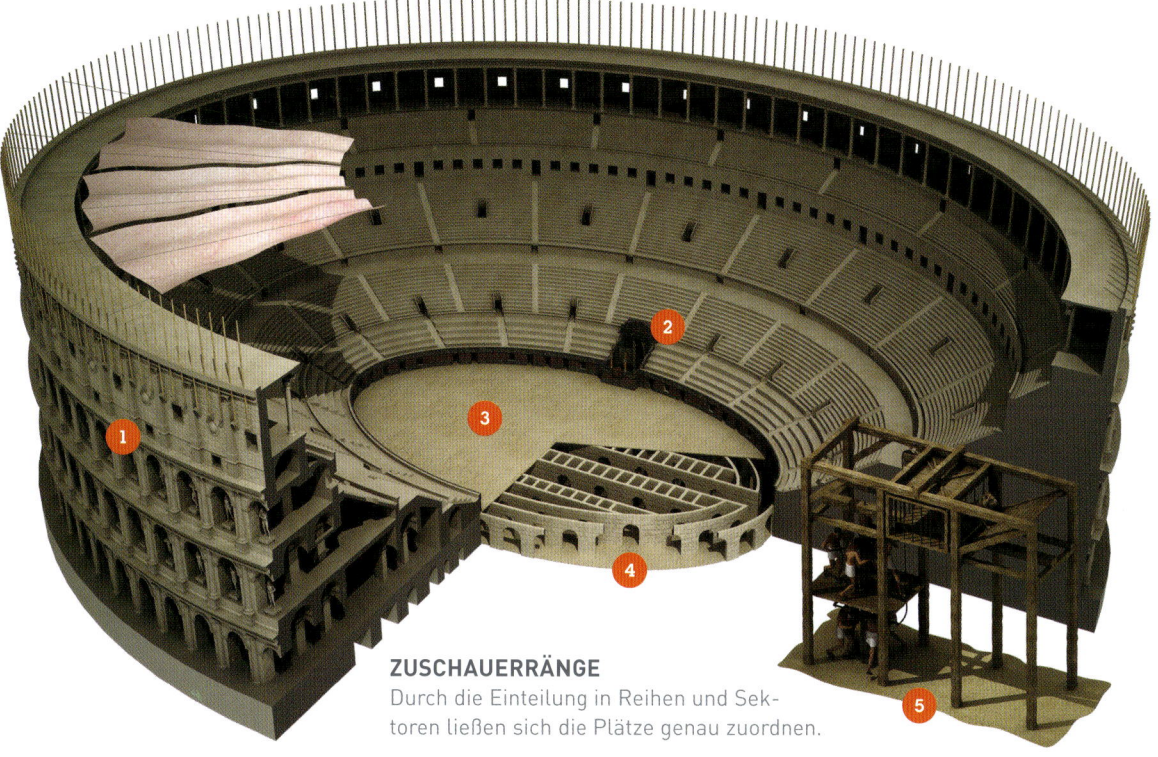

ZUSCHAUERRÄNGE
Durch die Einteilung in Reihen und Sektoren ließen sich die Plätze genau zuordnen.

1 » DIE AUSSENMAUERN Außen war das Kolosseum einst mit Travertin verkleidet. Über die Eingangsbögen (*vomitoria*) gelangten sämtliche Besucher innerhalb weniger Minuten auf ihre Plätze. Die Fassade war in drei Ebenen gegliedert, wobei die Mauern im zweiten und dritten Geschoss mit Bögen, Säulen und Nischen mit Marmorstatuen geschmückt waren. Ganz oben befanden sich Halterungen für 240 Masten, zwischen denen ein riesiges Sonnensegel, das *velarium*, aufgespannt werden konnte.

2 » ZUSCHAUERBEREICH Der Kaiser, die Senatoren und wichtige Persönlichkeiten saßen auf dem *podium* in der ersten Reihe. Die *cavea*, der Zuschauerraum, war in drei Ränge unterteilt: Unten nahmen die Ritter Platz, in der Mitte die wohlhabenderen Bürger und ganz oben das einfache Volk. Zur Regierungszeit von Kaiser Domitian wurde noch eine zusätzliche Galerie aufgebaut.

3 » ARENA Der Holzboden war mit Sand ausgestreut, damit die Kämpfer nicht ausrutschten und das Blut aufgenommen wurde. Ein Verbindungstunnel führte von der Gladiatorenkaserne zur Arena, über Falltüren konnten Kämpfer und wilde Tiere urplötzlich aus dem *hypogeum* auftauchen.

4 » HYPOGEUM Das unterirdische System von Tunneln, Käfigen und Aufzügen kam in der Regierungszeit von Domitian hinzu. In dem zweigeschossigen Kellerkomplex waren die Kämpfer und wilden Tiere untergebracht.

5 » AUFZÜGE Wilde Tiere und »Requisiten« wurden in Käfigen in die Arena hochgezogen. Hierfür bedienten jeweils acht Männer eine Winde, die einen Pfeiler drehte, auf dem Seile aufgerollt und so die Käfige nach oben gehoben wurden. Der Pfeilerfuß und die Fläche, auf der er sich drehte, waren abgerundet, wodurch die Reibung reduziert wurde.

DIE NAZCA-LINIEN

Über 500 Quadratkilometer verteilt sind in den kargen Ebenen der Nazca-Wüste
riesige Menschen-, Tier- und Pflanzenfiguren in den Boden gekratzt.
Ihre Entstehung gibt bis heute Rätsel auf ...

hrenbetäubend laut dröhnt das Triebwerk. Die kleine Propellermaschine wird vom Wind sanft hin und her gewogen. Tief unten erstreckt sich rotbraun die ausgedehnte Nazca-Wüste, durchzogen von einem Netz von Schluchten. Ein lauter Ruf dringt durch den Lärm des Propellers. Vom Kopilotensitz deutet der Guide aufgeregt nach vorn. Nach vorn gebeugt erkennt man durchs Cock-

⌃ Flug über die Nazca-Linien

pitfenster unten in der trockenen Ebene einige Linien. Nach und nach zeichnen sich die Umrisse einer Tiergestalt ab – eine Spinne mit Fangzähnen. Während der Pilot über der Stelle kreist, schütteln die Passagiere fasziniert die Köpfe und staunen über die Vollkommenheit der Figur, deren gerade Linien und genaue geometrische Formen viele Jahrhunderte vor der Erfindung von GPS-Systemen entstanden.

◄ ANREISE ►

Am besten sieht man die Nazca-Linien natürlich aus der Luft. Passagiermaschinen mit Ziel Nazca überfliegen normalerweise auch die Bodenzeichnungen. Aero Cóndor Perú bietet Überflüge für kleine Gruppen an, die von Ica oder Lima starten. Falls der Geldbeutel das nicht hergibt: Nazca ist der Zielort vieler Busverbindungen und auf der Panamericana von Lima, Ica oder Arequipa aus gut zu erreichen. Nachtbusse sollte man meiden.

◄ WEITERE LOHNENDE ZIELE ►

Peru ist mit einer Vielzahl weltbekannter Sehenswürdigkeiten gesegnet. Besucher können auf dem Inka-Pfad zu der berühmten Festung Machu Picchu wandern, auf einem Schilfboot den Titicacasee, einen der höchstgelegenen Seen der Erde, befahren und im Colca-Canyon Kondore beobachten.

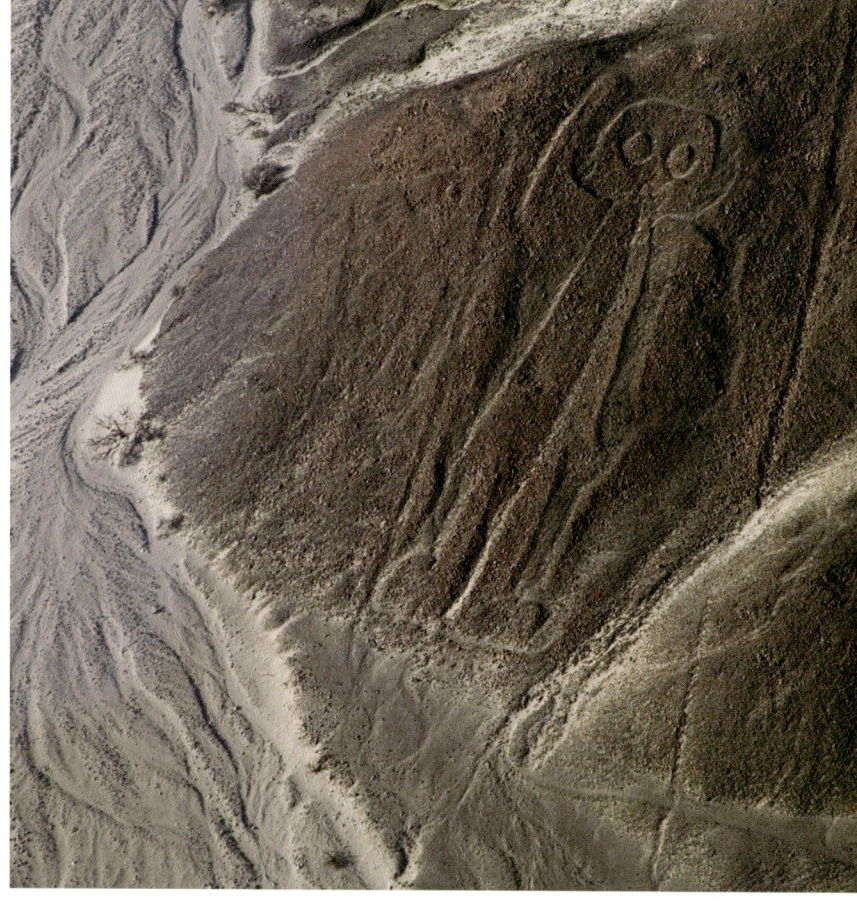

Die Figur des »Fischers« ⌃

DAS RÄTSEL IM SAND

In den Nazca-Ebenen befinden sich mehr als 800 gerade Linien, 300 geometrische Figuren, wie etwa riesige Trapeze, sowie 70 Pflanzen- und Tierwesen, darunter ein Killerwal, ein Kondor, ein Affe, eine Spinne und verschiedene Vogelarten. Jedes der riesigen Muster besteht aus einer einzigen durchgehenden Linie. Doch wie sind die Bodenzeichnungen entstanden?

Ausscharren der Geoglyphen

Der Wüstenboden setzt sich aus einer Schicht rotbrauner Kieselsteine und einer helleren Erdschicht zusammen. Kratzt man die Kiesel an der Oberfläche 30 Zentimeter tief ab, bilden sich helle Linien, ähnlich wie bei einer Radierung.

Wissenschaftler haben an den Endpunkten einiger Linien Holzpfosten gefunden, was darauf hindeutet, dass die wohlproportionierten geometrischen Formen mithilfe einfacher Landvermessungstechniken geschaffen wurden. Entsprechende Forschungen zeigten, dass eine kleine Gruppe von Menschen selbst die größten Geoglyphen innerhalb weniger Tage nachbilden kann – ohne Hilfe aus der Luft.

Die Bedeutung der Muster

Über die Jahre wurden alle möglichen Theorien zur Funktion der Geoglyphen angestellt: Waren es Bewässerungssysteme der Inkas, Orte zur Sternbeobachtung, Abbilder von Himmelskonstellationen? Es wurde sogar spekuliert, es könne sich bei den Linien um Landestreifen für Raumschiffe von Außerirdischen gehandelt haben! Weitere archäologische Funde verweisen jedoch auf einen anderen Hintergrund.

Man nimmt an, dass die Geoglyphen zwischen 400 und 650 n.Chr. entstanden sind. Wissenschaftler fanden Belege für eine etwa 40-jährige Trockenperiode um die Jahre 550 bis 600. Vielleicht kratzte man die Geoglyphen in den trockenen Boden, um die Hilfe der Götter zu erflehen, nachdem Kriege um das Wasser ausgebrochen waren? Die Linien könnten für »spirituelle Wanderungen« gedient haben, bei denen Gottheiten angebetet wurden, die für das Wasser und die Fruchtbarkeit des Bodens zuständig waren. Keramikfunde und Steingravuren aus der Paracas-Kultur zeigen ähnliche Symbole.

Eine genaue Erklärung hat aber niemand. Die Geoglyphen könnten aus vielerlei Gründen erschaffen worden sein. Die Lösung des Rätsels liegt im Dunkeln – und es bleibt Raum für Spekulationen.

ZAHLEN UND FAKTEN

⊙ Manche Linien erstrecken sich über 50 Kilometer, und einige Figuren haben eine Länge von bis zu 200 Metern.

⊙ Dass die Nazca-Linien all die Jahrhunderte überdauert haben, verdanken sie den klimatischen Bedingungen: wenig Wind, weniger als 25 Millimeter Regen pro Jahr und relativ konstante Temperaturen um 25 Grad.

Diese Linien ergeben ein Spinnenbein. ⊼

(Darstellung der Geoglyphen nicht maßstabsgetreu)

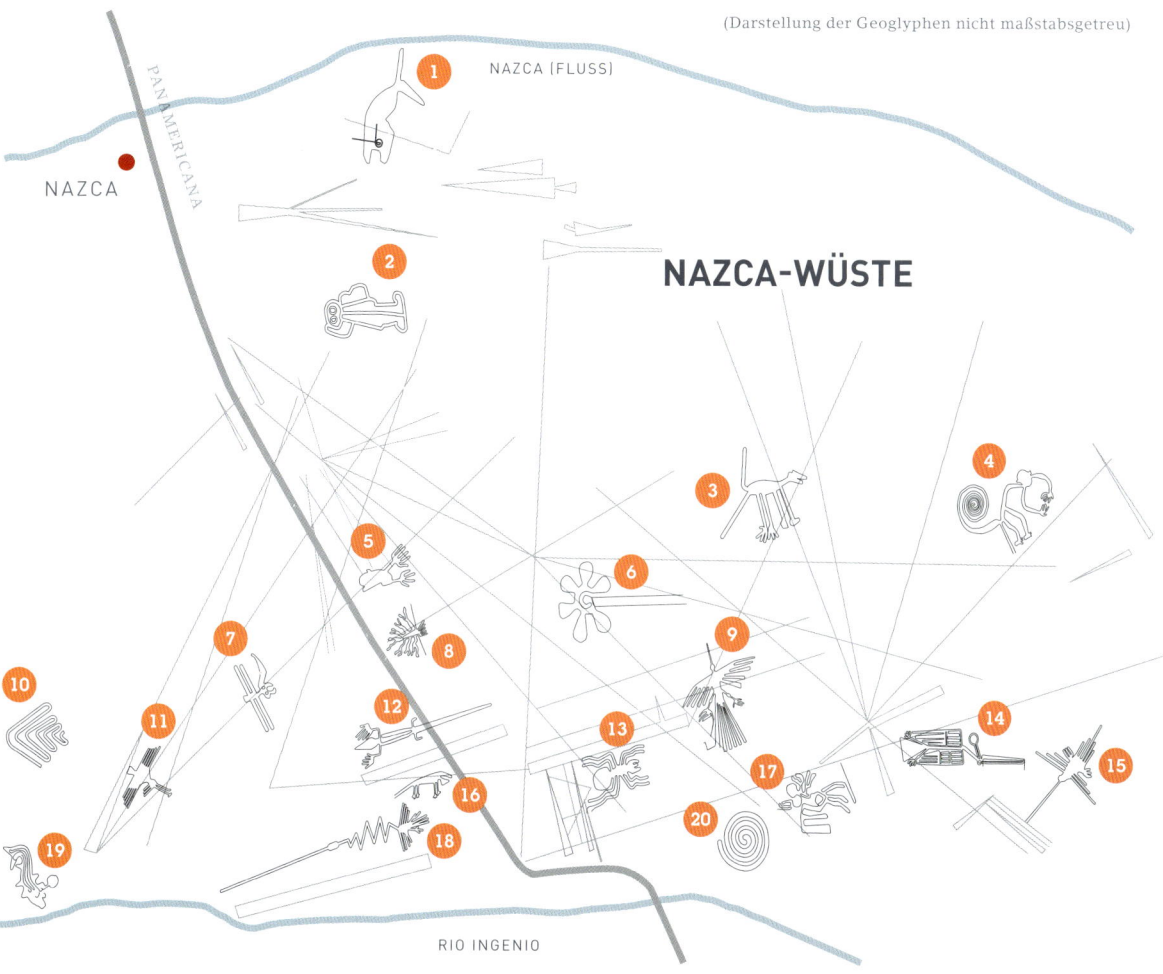

NAZCA (FLUSS)

NAZCA

PANAMERICANA

NAZCA-WÜSTE

RIO INGENIO

1 » WAL (63 m)	**8 » BAUM** (68 m)	**15 » KOLIBRI** (97 m)
2 » FISCHER (31,5 m)	**9 » KONDOR** (136 m)	**16 » LEGUAN** (178 m)
3 » HUND (51 m)	**10 » MUSCHEL** (diverse)	**17 » GEIER** (60 m)
4 » AFFE (110 m)	**11 » VOGEL** (diverse)	**18 » FLAMINGO** (300 m)
5 » HÄNDE (45 m)	**12 » EIDECHSE** (200 m)	**19 » KILLERWAL** (31 m)
6 » BLUME (76 m)	**13 » SPINNE** (46 m)	**20 » SPIRALE** (80 m)
7 » PAPAGEI (200 m)	**14 » PELIKAN** (137 m)	

DIE HAGIA SOPHIA

Kathedrale, Moschee und zuletzt Museum – die Hagia Sophia hat Kriegen und Erdbeben getrotzt und steht als stille Zeugin für die bewegte Vergangenheit Istanbuls.

F eilschende Händler und dreiste Taschendiebe abwehrend läuft man durch die Gärten auf das orangefarbene Gebäude zu, dessen Minarette an abschussbereite Raketen erinnern. Hinter der Ticketkasse taucht man in den finsteren Raum ein. Während sich die Augen langsam umstellen, bestaunt man das riesige Hauptschiff mit dem Marmorboden, das hinter Säulen dunkle Ecken und Winkel birgt. Übereinander angeordnete Bögen lenken den Blick hinauf zur prachtvollen Kuppel. Wie Juwelen leuchten die bemalten Glasfenster. Balken aus Licht, in denen Staubpartikel tanzen, fallen auf goldene Mosaiken. Riesige schwarze Schilde mit goldenen arabischen Schriftzeichen hängen hoch oben im Raum – wie zur Abwehr einer möglichen christlichen Invasion.

Im Seitengang nordöstlich der Kaisertür befindet sich die »weinende Säule«, die von einem abgegriffenen Kupferblech mit einem Loch darin bedeckt ist. Die Legende schreibt die Säule Gregor dem Wundertäter zu; angeblich werden Krankheiten geheilt, wenn man den Finger hineinsteckt und er feucht wieder herauskommt. Das passiert aber leider nicht: Er bleibt trocken.

ANREISE

Der Flughafen Istanbul-Atatürk liegt auf der europäischen Seite des Bosporus; zur Hagia Sophia in Sultanahmet ist es also gar nicht weit. Mit den öffentlichen Verkehrsmitteln (Metro, Tram, Bus, Schnellboote und Fähren sowie Sammeltaxis und Standseilbahn) kommt man in Istanbul überall günstig und schnell ans Ziel.

WEITERE LOHNENDE ZIELE

Beeindruckend ist die Stille während der Gebetszeit in der Blauen Moschee. Auf dem Großen Basar feilschen Kaufinteressierte um den besten Preis. Im Çemberlitaş-Hamam, einem der schönsten Dampfbäder der Stadt, kann man sich massieren lassen und anschließend in einem der vielen Gartenlokale in der Nähe bei einer nargile (Wasserpfeife) entspannen. Ein Dufterlebnis ist der Rundgang über den Gewürzmarkt in Eminönü, direkt unterhalb von Sultanahmet.

EINE WECHSEL-VOLLE GESCHICHTE

Fast 1000 Jahre lang konnte die Hagia Sophia den Rang als größte Kathedrale der Welt beanspruchen. Als 1453 die Osmanen Konstantinopel einnahmen, wurde sie zur Moschee. Die Umwandlung in ein Museum erfolgte 1935 auf Weisung Atatürks, der die Trennung von Staat und Religion durchsetzte.

Das heutige Gebäude ist die dritte »Inkarnation«. Konstantin der Große, der erste christliche Kaiser, errichtete zunächst eine Basilika mit Holzdach. Der Bau spielte eine zentrale Rolle in Konstantins Plänen, mit Konstantinopel Rom herauszufordern. Nach der ersten Zerstörung durch Unbekannte wurde bei einem Aufstand im Jahr 532 auch der Nachfolgebau niedergebrannt. Nachdem Justinian I. erkannt hatte, dass er so das gemeine Volk beeindrucken und potenzielle Gegner in Schach halten konnte, machte er sich an den Wiederaufbau der Kirche – dieses Mal als wuchtige Kathedrale, die sein ausgedehntes Reich beherrschen sollte.

Bei ihrer Vollendung im Jahr 537 war die Kirche das größte Bauwerk der Welt und der Schatz Konstantinopels, der Hauptstadt des Oströmischen Reichs.

ÜBRIGENS ...

✪ Der Name Istanbul kommt von dem altgriechischen Ausdruck für »in die Stadt«. Eine Zeit lang wurde er neben Konstantinopel verwendet, bis die türkische Regierung nach der Republikgründung 1923 Istanbul zur offiziellen Bezeichnung machte.

⌃ Innenraum der Hagia Sophia

TIBOR BOGNAR » GETTY IMAGES

HAGIA SOPHIA Eine architektonische Herausforderung

EINBLICK IN DIE BASILIKA
40 Fenster im Kuppelsockel lassen Tageslicht in den Innenraum fallen – und machen die Konstruktion leichter.

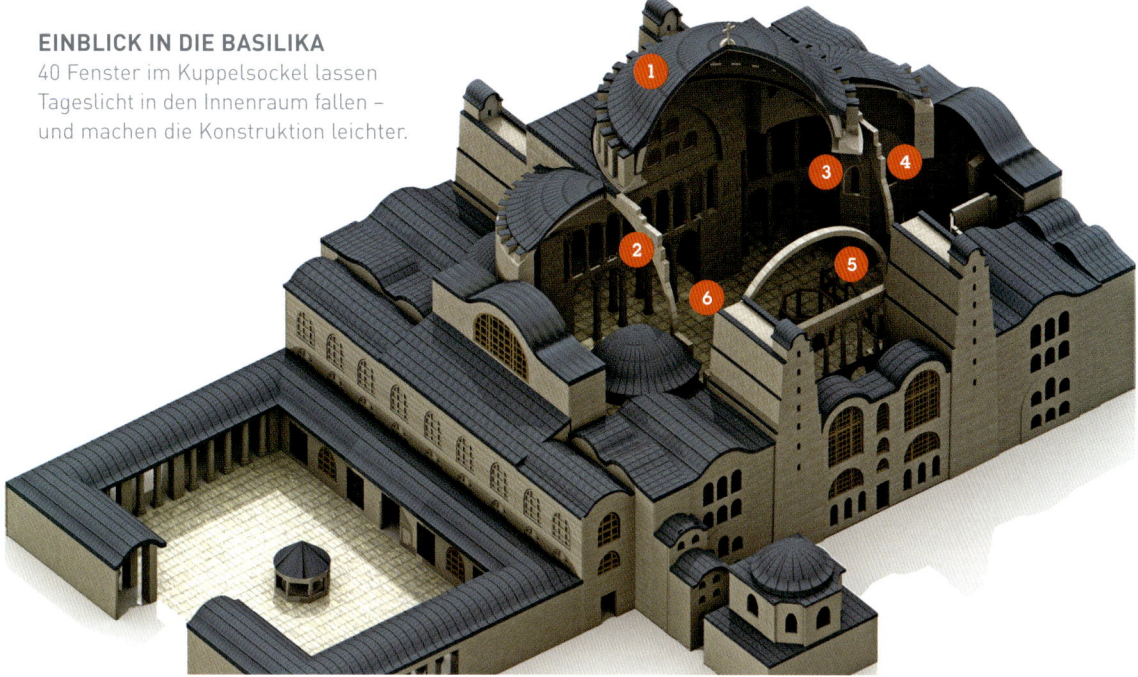

1 » KUPPEL Justinian I. beauftragte seine Architekten mit der Errichtung des größten Bauwerks der damaligen Zeit. Die Kuppel sollte alle bis dahin bekannten Maßstäbe sprengen. Sie war 31 Meter breit und reichte vom Boden 56 Meter in die Höhe.

----

2 » BÖGEN Hätte man die Kuppel mit einem Netz von Säulen abgestützt, wäre das Licht abgehalten worden. Die Kuppel sollte also lediglich auf vier Bögen mit einer Spannweite von jeweils 30,5 Metern ruhen – eine bauliche Glanzleistung ohnegleichen.

----

3 » PENDENTIFS Die Lösung bestand unter anderem darin, die Bereiche zwischen Bogenrücken und Kuppel mit dreieckigen, konkav geformten Bauelementen (Pendentifs) zu schließen. Die Hagia Sophia war das allererste Gebäude, bei dem das gelang.

----

4 » PFEILER Die Bögen werden von vier Säulen oder Pfeilern getragen. Trotz der Pendentifs verteilen sich die Kräfte auf den Bögen noch so, dass die Pfeiler nach außen gedrückt würden. Die Architekten fügten deshalb

an zwei Enden des Hauptschiffes Halbkuppeln hinzu, die ähnlich wie Strebewerk wirkten. Durch den Anbau weiterer Halbkuppeln wurde die Länge des Hauptschiffes verdoppelt.

----

5 » STREBEWERK Der Schub auf den Pfeilern wirkte immer noch stark nach außen; mit der Zeit entstanden so Risse und Verwerfungen, wodurch Einsturzgefahr bestand. Man brachte deshalb außen zusätzliches Strebewerk an, um den Schub in den Boden abzuleiten. Das Strebewerk wurde im 9. und 13. Jahrhundert und möglicherweise auch nach der Eroberung durch die Osmanen 1453 hinzugefügt. Die Anbauten sind zwar nicht schön, erhöhen aber die Stabilität des Gebäudes.

----

6 » GESTALTUNG DES INNENRAUMS Im Laufe der Jahrhunderte wurde der Innenraum mit kunstvollen Steinarbeiten, goldenen Mosaiken und Kaiserporträts ausgeschmückt.

» MINARETTE Das erste Minarett der Hagia Sophia wurde von Mehmed dem Eroberer (1451–1481) erbaut.

ANGKOR WAT

Innerhalb von 35 Jahren erbauten 300 000 Arbeiter mithilfe von 6 000 Elefanten den Tempelkomplex im Herzen einer riesigen Stadt – eines der genialsten und eindrucksvollsten Bauwerke, die jemals ersonnen wurden.

Wie wild tritt man in der dunstigen Spätnachmittagshitze in die Pedale, bis nahe der Stadt Siem Reap die Türme von Angkor Wat mitten im Wald auftauchen. Man lässt das Rad stehen und geht staunend in der Tempelanlage umher. Immer wieder stolpert man über Ranken, die sich zwischen den Sandsteinblöcken hervorwinden. Die schlimmsten »Übeltäter« sind die Würgefeigen: Ihre Samen fallen in die Mauerritzen, und die nach unten wachsenden Wurzeln brechen die Steine auf.

Ein Junge winkt den Besucher heran und drückt ihm ein wertloses Schmuckstück in die Hand. Ein alter Mönch spricht Segensformeln. Bei einem Rundgang entlang der Außenmauern blicken in Stein gehauene Nymphenfiguren verführerisch auf den Betrachter herab; Flachreliefs erzählen große Schlachten und Legenden nach.

In der Abendsonne geht es weiter zum Tempelberg Bakheng, um von oben auf Angkor Wat zu blicken.

◄ ANREISE ►

Nach Siem Reap, dem Tor zur Region Angkor, gibt es mehrere internationale und Inlandsflugverbindungen. Von Kambodschas Hauptstadt Phnom Penh gelangt man auch per Taxi, Bus oder Schiff hierher. Mit dem Bus dauert die Fahrt fünf bis sechs Stunden. Das Schiff braucht etwa genauso lang, kostet aber mehr. Angkor Wat besichtigt man am besten bei Sonnenaufgang oder -untergang. Im Dezember und Januar ist es weniger feucht; allerdings ist zu dieser Zeit auch Hochsaison.

◄ WEITERE LOHNENDE ZIELE ►

Zu empfehlen ist ein Abstecher zu den malerischen schwimmenden Dörfern in der Provinz Kampong Chhnang. Wem das nicht zu schockierend ist, der sollte das Tuol-Sleng-Genozid-Museum in Phnom Penh besuchen, das an die Verbrechen der Roten Khmer erinnert. Bei Phnom Penh befinden sich auch die Killing Fields von Choeung Ek, wo zwischen 1975 und 1979 vom Regime 17 000 Männer, Frauen und Kinder umgebracht wurden.

ANGKOR WAT

ZAHLEN UND FAKTEN

✿ Der Wassergraben von Angkor Wat ist so groß, dass er selbst aus dem Weltraum zu erkennen ist.

✿ Nur die Kathedrale von Salisbury in England wurde ähnlich schnell erbaut wie Angkor Wat, nämlich in weniger als einem halben Jahrhundert!

✿ Jede der 3 000 in Relieff orm auf den Tempelmauern dargestellten Nymphenfiguren (*Apsaras*) ist individuell gestaltet und trägt das Haar in einer von 37 verschiedenen Varianten. Als man in den 1980er-Jahren die Tempel mit Chemikalien reinigte, wurden zahlreiche Figuren beschädigt, die derzeit restauriert werden.

✿ Suryavarman II. hatte die Tempelanlage möglicherweise als Mausoleum für sich geplant, wurde aber nicht dort bestattet. Er starb während eines gescheiterten Feldzugs zur Unterwerfung des Nachbarreichs Dai Viet.

✿ Mehr als 1 000 Tempel hat die Region Angkor vorzuweisen. Angkor Wat ist hiervon der größte und gilt auch als größte Sakralbauanlage der Welt.

Der Legende nach soll der 14-jährige Suryavarman die Krone des Khmer-Reichs seinem Onkel entrissen haben, als er ihm aufgelauert und ihn getötet hatte.

Um Gerüchte auszuräumen, er habe den Thron usurpiert, und um seinen gottähnlichen Status in den Augen der Untertanen zu festigen, machte sich Suryavarman II. zu Beginn des 12. Jahrhunderts an den Bau eines prachtvollen Hindutempels in der Hauptstadt des Khmer-Reichs Yasodharapura.

Die Anlage sollte gewissermaßen den Himmel auf Erden widerspiegeln und das Universum im Kleinen abbilden. Der 65 Meter hohe Hauptturm steht für den Weltenberg Meru – in der hinduistischen Tradition der Wohnsitz der alten Götter –,

während die kleineren »Gipfel« Kontinente (Höfe) und Ozeane (Wassergraben) umgeben.

Angkor Wat bedeutet »Stadt-Tempelanlage«, und ähnlich wie der Vatikan liegt der Sakralbau innerhalb der Stadt. Es stellt eine ungeheure logistische Leistung dar, eine derart gigantische Anlage in nur 37 Jahren zu errichten – noch dazu in den sumpfigen Flussebenen des Mekong, die während der Monsunzeit regelmäßig überschwemmt sind.

Immerhin war das Land flach. Doch der Bau eines festen Fundaments mit stark schwankendem Grundwasserspiegel stellte eine immense Herausforderung dar.

DER UNTERGANG DES KHMER-REICHS

Einige Wissenschaftler meinen, der Niedergang habe sich schon abgezeichnet, als Angkor Wat erbaut wurde und das Angkor-Reich auf dem Zenit seiner außerordentlichen Leistungskraft stand. Es gibt Hinweise, dass die Bewässerungssysteme langsam verschlammten, weil man enorme Waldflächen abgeholzt hatte, um Platz für eine wachsende Bevölkerung zu gewinnen.

Dabei hingen die Ernten und die Trinkwasserversorgung von den saisonalen Niederschlägen ab, was die Angkor-Kultur sehr empfindlich machte. Es fanden sich Belege für eine Reihe von schwachen Monsunperioden im 14. und 15. Jahrhundert; infolge von Dürren dürfte es dabei zu Ernteeinbrüchen und Trinkwasserknappheit gekommen sein.

Vermutlich trugen noch zahlreiche andere Faktoren zum Niedergang der Khmer bei, beispielsweise eine Mongoleninvasion, die Verbreitung des Theravada-Buddhismus und Epidemien wie die Pest. Auf jeden Fall waren die Khmer geschwächt, wenn sie auch Angkor Wat nicht völlig aufgegeben haben mochten, wie bisher angenommen.

1. Galerie der 1 000 Buddhas
2. Tempel
3. Kreuzförmige Terrasse
4. Bibliothek

DER BAU DER RIESIGEN STADT

» WASSERGRABEN Um für ein gleichbleibendes Wasserniveau zu sorgen, legten die Baumeister einen fünf Kilometer langen, 200 Meter breiten Wassergraben an. Während der Monsunzeit konnte das Regenwasser vom Gelände in den Wassergraben abfließen.

» WASSERWEGE Als Wasserspeicher für die trockeneren Monate legte man zusätzlich ein Netz von Kanälen, Dämmen und Sammelbecken an, das sich über 1 500 Quadratkilometer erstreckte.

» FUNDAMENTE Da es sich um eine heilige Stätte handelte, musste die Erde unter den Tempeln rein sein. Der Boden wurde mehrere Meter tief ausgehoben, anschließend mit Schichten von Sand und Steinen gefüllt, mit einer Schicht Sand obenauf. Die Fundamente der Anlage wurden dann oberhalb des höchsten Grundwasserspiegels errichtet.

» TERRASSEN Die eineinhalb Millionen Kubikmeter Lehm und Sand, die für den Wassergraben ausgehoben wurden, entsprechen 200 000 Kipperladungen. Der überflüssige Sand wurde dabei komplett zur Anlage der drei Geländestufen verwendet.

» BAUMATERIALIEN Kambodscha bietet aufgrund der hohen Temperaturen und starken Regenfälle ideale Voraussetzungen für die Bildung von Laterit, einem eisen- und aluminiumhaltigen Boden. Laterit (vom lateinischen *later*, »Ziegelstein«) lässt sich leicht ausstechen und zu Ziegeln formen, die an der Luft aushärten. Allerdings ist ihre Oberfläche nicht hart genug, um kunstvolle Flachreliefs anzufertigen, sodass die Ziegel der Tempel mit Sandstein verkleidet wurden.

Die Arbeiter mussten den Sandstein in 50 Kilometern Entfernung in den Kulen-Bergen fördern. Das Brechen der Steine war äußerst mühsam – zunächst wurden mit Meißeln Kerben geschlagen, anschließend wurden die Steine mithilfe von angefeuchteten Holzkeilen aus dem Fels gebrochen. Teilweise wurden am Tag 400 Blöcke mit bis zu zwölf Tonnen Gewicht auf Flößen nach Angkor Wat geschafft.

» ARBEITSKRÄFTE Das Klima bestimmte den Baurhythmus von Angkor Wat. Während der trockenen Jahreszeit zwischen November und Mai, als es auf den Feldern nichts zu tun gab, wurden über 300 000 Arbeiter aus allen Teilen des Reichs zusammengezogen.

DIE GEORGSKIRCHE

Dieses faszinierende Gebäude aus rotem Vulkangestein gehört zu einer Gruppe von elf Kirchen, die ein Heer von 40 000 Arbeitern in der Stadt Lalibela aus dem Stein meißelte. Bis heute ist sie der kulturelle Höhepunkt in Nordäthiopien.

Es ist stockfinster. »Tastet euch linker Hand an der Mauer entlang, damit ihr nicht rechts in das Loch fallt«, rät der Guide den Besuchern, die unsicher in dem unterirdischen Tunnel vorwärtstapsen. Endlich wird das Dunkel von Sonnenstrahlen durchbrochen, und man tritt in einen Innenhof, der zu einer der großartigen Kirchen führt. Bemerkenswert sind die kleinen Fenster, einige mit Bögen, einige in der Form eines Kreuzes.

Das Juwel in der Krone von Lalibela ist die Georgskirche. Einige Meter den Hang hinab weicht die Vegetation einem 30 Meter tiefen Graben. In der Mitte erhebt sich die Kirche, der die Erbauer die Form eines griechischen Kreuzes gegeben haben. Die rote Fassade ist von gelblichem Moos bedeckt.

Um das Ganze aus einer anderen Perspektive zu sehen, begibt man sich über einen Tunnel in den Innenhof. Eine Treppe führt ins Innere der Kirche; dort vertraut man einem runzligen alten Mann seine Schuhe an und tritt in den schummerigen Raum. Über und über sind die Wände mit auffällig gemusterten Tüchern behängt. In einer Ecke befindet sich ein äußerst farbenfrohes Bild des heiligen Georg. All diese Gegenstände erinnern eher an Theaterrequisiten als an Devotionalien in einem Gotteshaus. Zweifellos aber hat der Ort eine ganz eigene Aura.

ANREISE

Besonders reizvoll ist ein Besuch an Timkat, dem äthiopisch-orthodoxen Epiphaniasfest Ende Januar, wenn die Luft von Weihrauchschwaden und Pilgergesang erfüllt ist und in Prozessionen die Tabot-Tafeln – Nachbildungen der Bundeslade – herumgetragen werden. Ethiopian Airlines fliegt täglich von der Hauptstadt Addis Abeba sowie von Bahir Dar, Aksum und Gonder nach Lalibela. Auf dem Landweg führt die beste Route von Weldiya über Gashema. Busse von Lalibela fahren normalerweise früh am Tag ab und steuern erst Weldiya an, bevor es mit einem Nachtaufenthalt in Dessie weiter nach Addis Abeba geht.

WEITERE LOHNENDE ZIELE

120 Felsenkirchen gibt es in der Region Tigray zu besichtigen. Gonder kann mit zahlreichen Burgen und Schlössern in der zur Welterbestätte ernannten Festungsstadt aufwarten. Von Chenek in den Sämen-Bergen kann man ein Stück den Großen Afrikanischen Grabenbruch entlangwandern.

EIN NEUES JERUSALEM

König Lalibela, der um 1200 regierte, hatte die hochtrabende Vision, ein neues Jerusalem zu schaffen. Um diese zu realisieren, erteilte er den Auftrag zum Bau mehrerer unterirdischer Kirchen in der nach ihm benannten Hauptstadt im Hochland von Nordwest-Äthiopien. Lalibela bedeutet wörtlich übrigens »von den Bienen Auserkorener« – angeblich umschwirrte den König bei seiner Geburt ein Schwarm Bienen.

Nach König Lalibelas Plänen sollten die Bauwerke aus dem Berg herausgemeißelt und nicht einfach mit Steinen errichtet werden, was eine immense Herausforderung darstellte. Nach Schätzungen von Wissenschaftlern müssen für den Bau der elf Kirchen ungefähr 40 000 Arbeiter nötig gewesen sein. Für die Behauptung, die Tempelritter hätten mitgeholfen, gibt es keine Belege – die Legende will vielmehr, dass die himmlischen Engel nachts die Arbeit des Tages fortgesetzt hätten.

Wie viel Zeit es in Anspruch genommen hatte, alle Kirchen fertigzustellen, ist nicht bekannt. Im Unklaren bleibt auch, ob sie alle noch zu Lebzeiten Lalibelas fertig wurden; einige Quellen geben jedoch an, seine trauernde Witwe habe die letzte Kirche nach seinem Tod erbauen lassen.

Lalibela ist seit dem Jahr 1978 eine Welterbestätte der UNESCO und bis heute ein bedeutender Wallfahrtsort. Vor dem Bau der Straße im Jahr 1955 waren die Pilger sehr lange unterwegs bis nach Lalibela, doch das Ziel war ihnen den langen Fußmarsch wert.

Die elf Kirchen liegen versteckt in tiefen Gräben oder erheben sich in Höhlen, die von den Arbeitern durch den Steinabbau freigelegt wurden. Verbunden sind die Kirchen über ein Tunnellabyrinth. Die eindrucksvollste unter ihnen ist wohl unbestritten die Georgskirche.

MOUNT RUSHMORE USA

FOTOSEARCH PREMIUM » GETTY IMAGES

HÖHLEN VON ELLORA Indien

RICHARD I'ANSON » GETTY IMAGES

Sonntagsmesse in der Georgskirche ☍

STANDORTE MONUMENTALER FELSRELIEFS

Mount Rushmore
NORD-AMERIKA
EUROPA
Pazifik
Atlantik
NAHER OSTEN
Abu Simbel
Longmen-Grotten
ASIEN
Höhlen von Ellora
Pazifik
Lalibela
AFRIKA
Indischer Ozean
SÜD-AMERIKA
AUSTRALIEN

» MT. RUSHMORE In South Dakota blicken gleich vier US-amerikanische Präsidenten einträchtig übers Land: Die Gesichter von Theodore Roosevelt, Thomas Jefferson, George Washington und Abraham Lincoln wurden hier in einen Grantifelsen gemeißelt, jedes ist 18 Meter hoch.

» HÖHLEN VON ELLORA Die 34 höhlenartigen Strukturen in der Nähe von Aurangabad wurden aus der senkrecht abfallenden Basaltwand der Charanandri Hills herausgeschlagen. Mehr als 500 Jahre lang arbeiteten sich hier Generationen von buddhistischen, hinduistischen und jinistischen Mönchen an der zwei Kilometer langen Felswand ab, um Klöster, Kapellen und Tempel zu schaffen. Jede Höhle wurde mit unzähligen detailreichen

Skulpturen geschmückt, doch das Meisterwerk ist der atemberaubende, der Gottheit Shiva gewidmete Kailasa-Tempel: Die größte monolithische Skulptur der Welt wurde in 150 Jahren von 7 000 Arbeitern erbaut.

» ABU SIMBEL Diese beiden Tempel wurden im 13. Jahrhundert als Denkmal für den Pharao Ramses II. und eine seiner Gemahlinnen, Nefertari, errichtet.

» LONGMEN-GROTTEN Ein faszinierendes Beispiel für die chinesisch-buddhistische Baukunst sind diese Statuen, mehr als 100 000 an der Zahl und zwischen 25 Milimetern und 17 Metern hoch. Ihre Erschaffung begann im Jahr 493.

ABU SIMBEL Ägypten

LONGMEN-GROTTEN China

LIZZIE SHEPHERD » GETTY IMAGES

JEREMY HORNER » GETTY IMAGES

DER SCHIEFE TURM VON PISA

Ganze vier Grad neigt sich der Turm zur Seite und trotzt damit der Schwerkraft.
Doch beinahe wäre das Marmorwunder zu einem Schutthaufen zusammengefallen.

G erne lässt man sich vor dem Schiefen Turm in der bekannten Pose fotografieren: einen Arm seitwärts ausgestreckt, die Beine leicht gespreizt, so als würde man das Bauwerk stützen. Wer den Turm einmal gesehen hat, weiß, dass er seinem Namen gerecht wird. Die Schieflage lenkt dabei von der wahren Schönheit des Bauwerks ab – ein prachtvoller weißer Turmbau mit Säulengalerien und der Glockenstube als krönendem Abschluss.

Mit eingezogenem Kopf tritt man durch den Eingang ins Innere, wo die 30-minütige Besichtigungstour beginnt. Sieht man nach oben, stellt man fest, dass der Turm innen hohl ist und keine Zwischenebenen hat. Der Blick fällt auf eine Metallkonstruktion an der Wand, die bis ganz hinauf zu dem hellen Kreis aus Sonnenlicht reicht.

Der Treppenaufgang mit seinen 293 Stufen führt steil nach oben. Millionen Tritte haben die Marmortreppe über die Jahrhunderte abgewetzt. Ganz von selbst landen die Füße in den Vertiefungen, die wegen der Schieflage des Turms alle seitlich versetzt sind. Weiter oben windet sich die Treppe zur anderen Seite hin, und nun lässt einen die Neigung zur Innenwand hin fallen.

Oben tritt man ins Freie. In der Spätnachmittagssonne taucht die Stadt unterhalb der roten Dächer langsam in den Schatten. Sieben Bronzeglocken sind ringsum auf der obersten Turmebene aufgehängt.

◄ ANREISE ►

Der Flughafen Pisa liegt zwei Kilometer südlich der Stadt und bietet Flugverbindungen in die wichtigsten europäischen Städte. Außerhalb der Stoßzeiten dauert die Autofahrt vom Flughafen zum Turm 20 Minuten. Es dürfen immer nur 40 Personen auf einmal auf den Campanile – damit man nicht umsonst dort war, sollte man vorab übers Internet buchen oder sich vor Ort einen Platz reservieren lassen.

◄ WEITERE LOHNENDE ZIELE ►

Häufig beschränkt sich eine Stadtbesichtigung von Pisa auf den Schiefen Turm und die anderen Baudenkmäler auf der Piazza dei Miracoli. Sehr lohnenswert ist aber auch ein Besuch im Cantiere delle Navi Antiche (Museum antiker Schiffe) mit einer bemerkenswerten Sammlung von neun römischen Handelsschiffen, die aus dem versandeten Hafen von Pisa ausgegraben wurden. 30 Autominuten nordöstlich von Pisa liegt die antike Stadt Lucca, umgeben von einer Stadtmauer. Mit dem Bus oder Zug in einer Stunde zu erreichen ist das elegante Florenz.

DER BAU DES CAMPANILE

Im Jahr 1160 hatte Pisa um die 10 000 Türme, doch der prachtvolle Dom musste ohne einen Glockenturm auskommen. Die Pisanerin Berta di Bernardo stiftete deshalb kurz vor ihrem Tod eine Geldsumme für den Bau eines Glockenturms.

Die Arbeiten begannen 1173, wurden aber ein Jahrzehnt später abgebrochen, als sich der Bau nach Fertigstellung der ersten drei Etagen seitwärts neigte. Der Grund: Das Fundament reichte bei einer Fläche von gerade einmal 20 Quadratmetern nur drei Meter tief in die Erde. Dabei ruhte es auf einem weichen, sumpfigen Untergrund aus Schlick und Lehm, dessen Wassergehalt schwankte – keine geeignete Grundlage für einen 14,5 Tonnen schweren Turm aus 32 400 Marmorblöcken.

Wohl aufgrund von Kriegen wurde ein Jahrhundert lang nicht weitergebaut. In dieser Zeit setzte sich der Boden. 1272 ging es weiter; unter Leitung des Architekten Giovanni di Simone wurde versucht, das Fundament zu verstärken, jedoch erfolglos. Trotzdem baute man weiter und glich oberhalb der bestehenden Etagen die Neigung durch eine leichte Krümmung aus.

EIN TURM WIRD GERETTET

1 » DAS KORSETT Dort, wo die Wendeltreppe auf die erste Galerie stößt, musste der Marmor extrem hohen Belastungen standhalten. An dieser Schwachstelle wurde der Turm deshalb mit 18 Stahlkabeln ummantelt.

2 » DIE STÜTZE An der Nordseite des Turms wurden Bleibarren mit einem Gewicht von jeweils zehn Tonnen angebracht, um die Absenkung auf der Südseite zu vermeiden.

3 » EINPRESSUNGEN Der zylindrische Turm hat eine Außen- und eine Innenhaut aus Marmor, wobei der Zwischenraum mit Mörtel und Bruchstein aufgefüllt ist. An hohlen Stellen wurden jeweils um die 20 Stahlstäbe eingeführt. Anschließend wurde in alle gefährdeten Marmorsteine Mörtel eingepresst, um bestehende Hohlräume zu füllen.

4 » KEIN GLOCKENGELÄUT MEHR Das Läuten der Glocken bedeutete aufgrund der Erschütterungen eine Gefahr für den Turm und wurde deshalb 1993 abgestellt.

5 » SCHLIESSUNG VON BRUNNEN Um den Turm vor anderen Vibrationen, etwa durch Wasserpumpen, zu schützen, wurden die Brunnen in der Umgebung geschlossen.

6 » ANKER Der Turm erhielt zehn Stahlgewichte, die 45 Meter tief ins Erdreich eingegraben wurden, wo der Boden etwas fester ist. Damit der unterirdische Gürtel, der diese Gewichte verbindet, den Untergrund um den Turm nicht noch mehr destabilisierte, hat man den weichen Boden mithilfe von flüssigem Stickstoff vereist. Während die Anker angebracht wurden, verstärkte sich plötzlich die Neigung des Turms auf das Bedenklichste.

1278 musste Giovanni di Simone jedoch sein Versagen eingestehen. Einige der sieben Glocken wurden noch in der obersten Etage aufgehängt, aber der Bau blieb unvollendet. Nach einer weiteren gut hundertjährigen »Denkpause« wurde der Turm schließlich doch noch fertiggestellt, mit einer prachtvollen Glockenstube als Abschluss. Wegen der Neigung des Gebäudes setzte man die Glockenstube nicht mittig auf den Turm. Das stört zwar die Symmetrie des Turms, sichert aber seinen Fortbestand.

SOS vom Schiefen Turm

Mit der Zeit neigte sich der Turm jedes Jahr durchschnittlich um einen weiteren Millimeter zur Seite. Als man ein Umkippen des Gebäudes nicht mehr ausschließen konnte, wurde 1990 der Turm für die Öffentlichkeit gesperrt.

Die Schließung war als vorübergehende Maßnahme gedacht, aber 1993 hing der Turm bereits ganze 4,47 Meter über und wich damit um mehr als fünf Grad von der Senkrechten ab. Auch ohne die eine Million Besucher im Jahr war der Turm durch Abbröckelungen und Risse im Mauerwerk auf der Südseite ernsthaft einsturzgefährdet.

Die Ingenieure ordneten zunächst zwei provisorische Maßnahmen (»Korsett« und »Stütze«) an, bevor eine dauerhafte Lösung implementiert wurde. Das Restaurierungsprojekt dauerte deutlich länger als veranschlagt, die Zukunft des Turms soll aber damit für die nächsten drei Jahrhunderte gesichert sein.

Die Ingenieure reagierten sofort und ließen sämtliche verfügbaren schweren Gegenstände wie diverse Bagger und Baukräne auf die Nordseite des Turms schaffen, wodurch das Ungleichgewicht glücklicherweise ausgeglichen werden konnte. Dieses spektakuläre Ereignis wird auch als »Schwarzer September« bezeichnet.

----

7 » STÜTZSTREBEN Nach diesen alarmierenden Vorkommnissen begannen die Ingenieure noch einmal damit, nach einer Lösung zu suchen. Vor dem Beginn weiterer Baumaßnahmen zogen sie jedoch ein »Sicherheitsnetz« ein, bestehend aus zwei Stahlstreben, die bis zum Verwaltungsgebäude des Doms reichen.

----

8 » GRABUNGEN UNTER DEM FUNDAMENT Der neue Plan sah vor, den Turm auf der nicht überhängenden Nordseite durch ein partielles Entfernen des Erdreichs abzusenken. Nach einem erfolg-

reich verlaufenen Test, bei dem man vorsichtig kleine Mengen von Boden entfernt hatte, extrahierte man mit Spiralbohrern, die jedes Mal einige Hundert Gramm Erde an die Oberfläche beförderten, weiteren Boden. Über einen Zeitraum von einem Jahr entfernte man so rund 100 Kilogramm Erdreich pro Tag. Dieser Aktion war ebenfalls Erfolg beschieden: Die Neigung des Turms verringerte sich um ein halbes Grad gegenüber den fünfeinhalb Grad, die er zuvor von der Senkrechten abwich. Am 15. Dezember 2001 konnte der Turm dann wieder für Besucher geöffnet werden.

----

9 » ENTWÄSSERUNG Der ständig schwankende Grundwasserspiegel stellte eine weitere konstante Herausforderung für das Bauprojekt dar. Man baute deshalb ein unterirdisches Entwässerungssystem, mit dem das Grundwasser auf einem gleichmäßigen Niveau gehalten wurde.

DIE ALHAMBRA

Lustbauten, üppige Gärten, ruhige Innenhöfe – das Juwel Granadas war viel mehr als nur eine Militärfestung, es war ein Palast der Großzügigkeit. Über die Jahrhunderte erlebte das Bauwerk jedoch auch Zeiten extremer Gewalt.

V om Gewirr der Pflasterstraßen im Albaicín-Viertel erblickt man erstmals die Alhambra, die hoch oben auf dem Felsenhügel thront. Pastellrot leuchtet sie in der Morgensonne. Die abweisenden mächtigen Türme lassen nur erahnen, welche Schönheit sich innerhalb der Mauern verbirgt. Hinter der Puerta de las Granadas beginnt der lange Anstieg durch den Park zur Ticketkasse, den man – so früh am Morgen, nach einer Nacht mit Tapas und Rotwein – nur murrend auf sich nimmt. Aber die Stimmung hebt sich, sowie man die Anlage betreten hat und an hohen Zypressenhecken vorbeischlendernd prachtvolle Gärten voller Blumen erblickt.

Vom sonnenhellen Vorplatz tritt man durch ein Tor ins Innere. Jede einzelne Wand, jede Ecke und jeder Winkel ist aufwendig verziert – Muster über Muster, wohin man sieht. Mit Schriftornamenten und Reliefs versehene Wände enthalten Geschichten, Koranverse und arabische Gedichte. Im Schlepptau der anderen Touristen geht es vorbei an Bogenfenstern mit filigranem Steingitterwerk, Türen mit aufwendigen Holzschnitzereien, Kachelwänden mit farbigen geometrischen Mustern, schlanken Säulen und ruhigen Innenhöfen mit Wasserbecken, in denen sich die Umgebung spiegelt. Die Paläste sind wahrlich eines Königs würdig!

◄ ANREISE ►

Der nächste internationale Flughafen befindet sich in Málaga, zwei Autostunden von Granada entfernt. Die Buslinien 30 und 32 bringen Besucher vom Stadtzentrum Granadas direkt zum Kassengebäude der Alhambra. In den Morgenstunden oder am späten Nachmittag herrscht weniger Andrang. Es empfiehlt sich, vorab zu buchen, da täglich nur eine bestimmte Anzahl an Besuchern eingelassen wird. Außerdem sollte man eine Stunde vor der geplanten Zeit am Eingang erscheinen. Wer zu spät kommt, wird nicht mehr hineingelassen.

◄ WEITERE LOHNENDE ZIELE ►

Auf steilen und verwinkelten Kopfsteinpflastergassen wandelt der Besucher im alten maurischen Viertel Albaicín. Die wunderschöne Kathedrale weist Einflüsse der Gotik und Renaissance auf. Leckere Tapas gibt es im Restaurant »Bodegas Castañeda« auf der Calle de Almireceros. Danach noch einen Abstecher ins Flamenco-Café ¡Olé!

Innenhof in den Naṣridenpalästen »

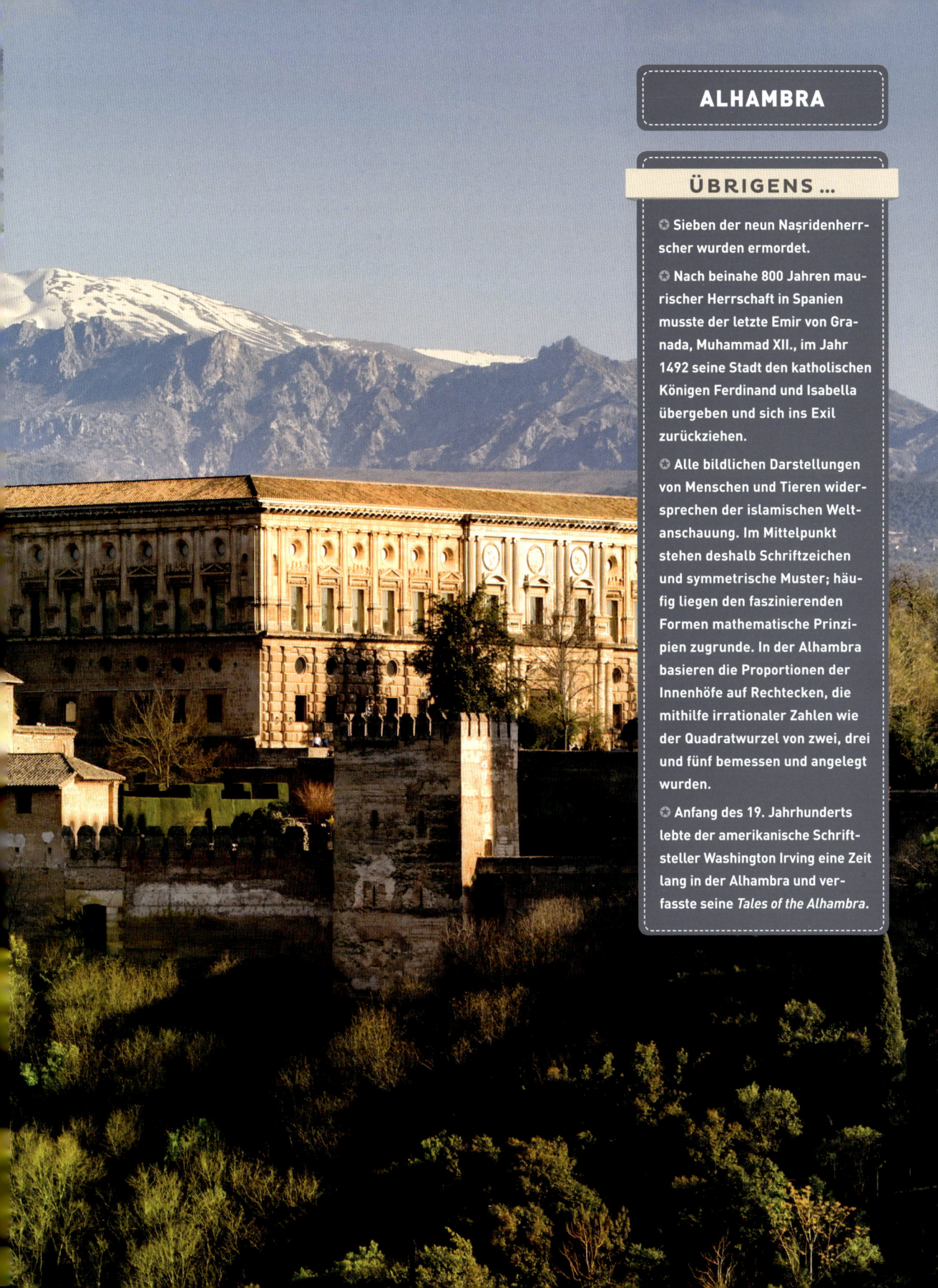

ÜBRIGENS ...

✪ Sieben der neun Naṣridenherrscher wurden ermordet.

✪ Nach beinahe 800 Jahren maurischer Herrschaft in Spanien musste der letzte Emir von Granada, Muhammad XII., im Jahr 1492 seine Stadt den katholischen Königen Ferdinand und Isabella übergeben und sich ins Exil zurückziehen.

✪ Alle bildlichen Darstellungen von Menschen und Tieren widersprechen der islamischen Weltanschauung. Im Mittelpunkt stehen deshalb Schriftzeichen und symmetrische Muster; häufig liegen den faszinierenden Formen mathematische Prinzipien zugrunde. In der Alhambra basieren die Proportionen der Innenhöfe auf Rechtecken, die mithilfe irrationaler Zahlen wie der Quadratwurzel von zwei, drei und fünf bemessen und angelegt wurden.

✪ Anfang des 19. Jahrhunderts lebte der amerikanische Schriftsteller Washington Irving eine Zeit lang in der Alhambra und verfasste seine *Tales of the Alhambra*.

UNEINNEHMBARE FESTUNG

Beinahe 800 Jahre lang, von 711 bis 1492, kontrollierten die Mauren den Süden Spaniens. Die Verteidigung des Herrschaftsgebiets gegen marodierende Kreuzritter erwies sich jedoch als schwierig. Anfang des 13. Jahrhunderts war das Reich der Mauren in Spanien weitgehend zerfallen, nur einige lokale Herrscher klammerten sich noch an ihr Territorium.

Einer dieser Herrscher, Muhammad I. ibn Nasr, suchte nach einem strategisch gelegenen Schutzort in seinem geliebten Granada. Auf einem Felshang hoch über der Stadt befand sich ein altes Fort, mit den hoch aufragenden Gipfeln der Sierra Nevada im Rücken und steil abfallenden Hängen an den übrigen drei Seiten. 1238 begann Muhammad mit dem Ausbau der Festung und errichtete eine ummauerte Zitadelle.

LAGEPLAN DER ALHAMBRA

1 » ALCAZABA

Auf dem Gelände des alten Forts ließ Muhammad I. um die frühere Burg herum Schutzwälle anlegen. Hierfür verwendete man das Konglomerat, das sich am Fuß des Hügels unterhalb der Alhambra befindet, ein Gemisch aus Sand, Stein und rotem Lehm. Feuchter Lehm hat eine klebrige Konsistenz, weshalb er sich hervorragend zum Formen von Bausteinen eignet.

Innerhalb der Mauern befanden sich die Residenz des Sultans und seiner Familie, daneben Wohnungen für die Beamten und Bediensteten, eine Kaserne für die königliche Wache sowie öffentliche Bäder, Backhäuser, Werkstätten, Getreidespeicher und Zisternen.

2 » WACHTURM

Um etwaige Angriffe während des Baus der Zitadelle abwehren zu können, ließ Muhammad als Erstes den 26 Meter hohen Wachturm errichten. Der aus mehreren Mauerschichten bestehende Bau sollte ursprünglich Gewölbebögen in den Innenräumen haben. Erst in der Entstehungsphase erkannten die Baumeister, dass ihre Pläne einen Fehler hatten: Die Bögen waren nicht stark genug, um die oberen Geschosse zu tragen, und mussten deshalb zugemauert werden.

3 » NASRIDENPALÄSTE

In den folgenden Jahrhunderten ergänzten die regierenden Sultane die Anlage um weitere Paläste und schufen die drei Hauptbereiche der Nasridenpaläste (Palacios Nazaríes): den Mexuar, den Comares-Palast (Palacio de Comares) und den Löwenhof (Patio de los Leones).

In der künstlerischen Gestaltung spiegelte sich jeweils die Funktion der Bauten wider. Im Mexuar mit seinen herrlichen Friesen und gekachelten Wänden wurden die Regierungsgeschäfte erledigt. Die offizielle Residenz des Sultans befand sich im Comares-Palast, der entsprechend reich mit Wasserbecken und Bogengängen, kunstvollen Reliefs, Schriftornamenten und bunten Kacheln ausgeschmückt ist. Der Harem lag

DIE ALHAMBRA Glanzvoll und grün

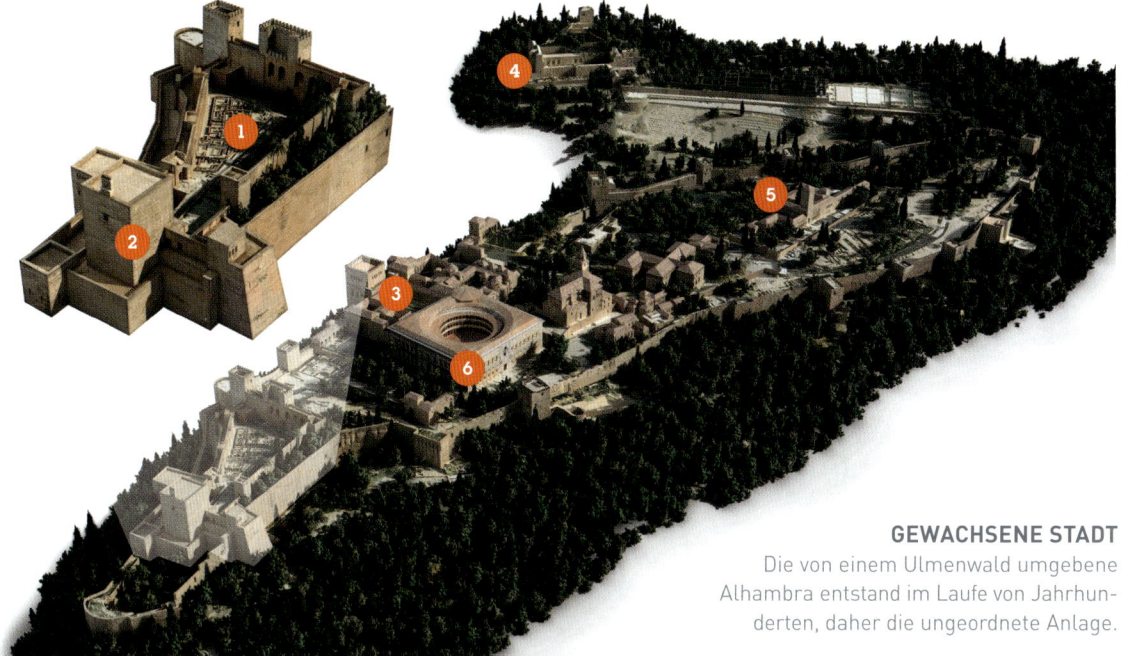

GEWACHSENE STADT
Die von einem Ulmenwald umgebene
Alhambra entstand im Laufe von Jahrhun-
derten, daher die ungeordnete Anlage.

innerhalb des Löwenhofs, wo sich Wasser, Farbe, Licht und Ruhe auf das Prachtvollste verbinden. Entgegen der landläufigen Meinung diente der Harem dem Sultan nicht dazu, seine Frauen vor den neugierigen Blicken der Welt zu verstecken, sondern er war eher ein privater Wohnbereich, in dem er Zeit mit seiner Familie verbringen konnte.

4 » GENERALIFE

Wenn in den Sommermonaten das Leben am Hof zu anstrengend wurde, konnte sich der Sultan in diesen Palast zurückziehen und sich in den ruhigen Gärten entspannen. Der im 13. Jahrhundert erbaute Sommerpalast wurde mehrmals umgebaut.

5 » KLOSTER DES HEILIGEN FRANZISKUS

Das Juwel der Alhambra war einst die Große Moschee, die nach 1492 abgerissen wurde. An ihrer Stelle entstand das Kloster des heiligen Franziskus.

6 » PALAST KARLS V.

Karl V. träumte von einem Palast, der seinem Titel – Kaiser des Heiligen Römischen Reiches – gerecht würde. Aufgrund von Erhebungen im Reich und Geldmangel wurde das 1527 begonnene Projekt lange nicht fertiggestellt.

» GÄRTEN

Für die Versorgung von 5000 Menschen und die Pflege der üppigen Gärten benötigte man große Mengen Wasser. Die nächste Wasserquelle – der Río Darro – floss jedoch am Fuß des Hügels vorbei. Die Baumeister des Sultans legten deshalb sechs Kilometer flussaufwärts einen Stausee an, der die Alhambra in wenigen Sekunden mit ausreichend Wasser versorgen konnte. Ein mit Ziegeln ausgekleideter Kanal brachte das Wasser über ein Aquädukt in die Alhambra und stillte den Durst von Menschen und Pflanzen. Das Wasser war den Mauren heilig und musste daher besonders rein sein. In der Alhambra leiteten es die Baumeister in breite flache Becken, wo mitgeführter Sand und Schlick auf den Boden sinken konnten.

MACHU PICCHU

Hoch in den Anden klammert sich eine geheimnisvolle Stadt an einen abgelegenen Bergrücken. Nicht einmal 100 Jahre vergingen zwischen der Erbauung und der Aufgabe der Stadt, die danach jahrhundertelang vergessen war.

Die müden Glieder, der schwere Atem und das Herzpochen sind vergessen, sobald man am »Sonnentor« (Intipunku) steht. Durch den Morgennebel erspäht man eine Terrasse, dann Steinmauern, bis die verfallene Stadt allmählich ihren Schleier lüftet. Der Anblick von Machu Picchu, wie es sich vor dem markanten Gipfel an den Bergrücken schmiegt, ist legendär – auf Postkarten kommen jedoch die Details nicht zur Geltung, etwa die grasenden Lamas, das dichte Mauerwerk oder die aus dem Stein gehauenen Schreine.

Beim Erkunden zwischen den Bauten staunt man über die präzise Ausführung und fragt sich, welche Funktion die alte Stadt für die Inka hatte. Das Fenster des Sonnentempels rahmt scheinbar das Sternbild der Plejaden ein – Symbol für eine fruchtbare Ernte. Der Schrein unter dem Sonnentempel gibt noch immer Rätsel auf: Handelte es sich um ein Mausoleum für königliche Mumien? Während man durch die Ruinen dahinschlendert, stellt man sich die Stadt als abgeschiedenen Zufluchtsort eines Inka-Herrschers vor.

ANREISE

Machu Picchu lässt sich auf zwei Arten erreichen: Entweder unternimmt man eine viertägige Trekkingtour auf dem Inka-Pfad oder man fährt mit dem Zug nach Aguas Calientes. Von dort geht es mit dem Bus in 25 Minuten die kurvenreiche Bergstraße hinauf nach Machu Picchu. Alternativ kann man in 20 Minuten nach Puente Ruinas laufen, wo die Straße nahe dem Museum den Río Urubamba überquert. Auf einem unglaublich steilen, aber gut markierten Weg wandert man dann weitere zwei Kilometer, bis man nach etwa einer Stunde Gehzeit Machu Picchu erreicht.

WEITERE LOHNENDE ZIELE

In den Fußstapfen der alten Inka wandelt der Besucher auf dem berühmten Inka-Pfad, der sich vom Heiligen Tal nach Machu Picchu schlängelt und dabei drei Andenpässe überquert. Sehenswert das Labyrinth aus Ruinen und Kopfsteinpflasterstraßen in Cuzco, wo sich die spannende Geschichte der Inka und Kolonialherren nacherleben lässt.

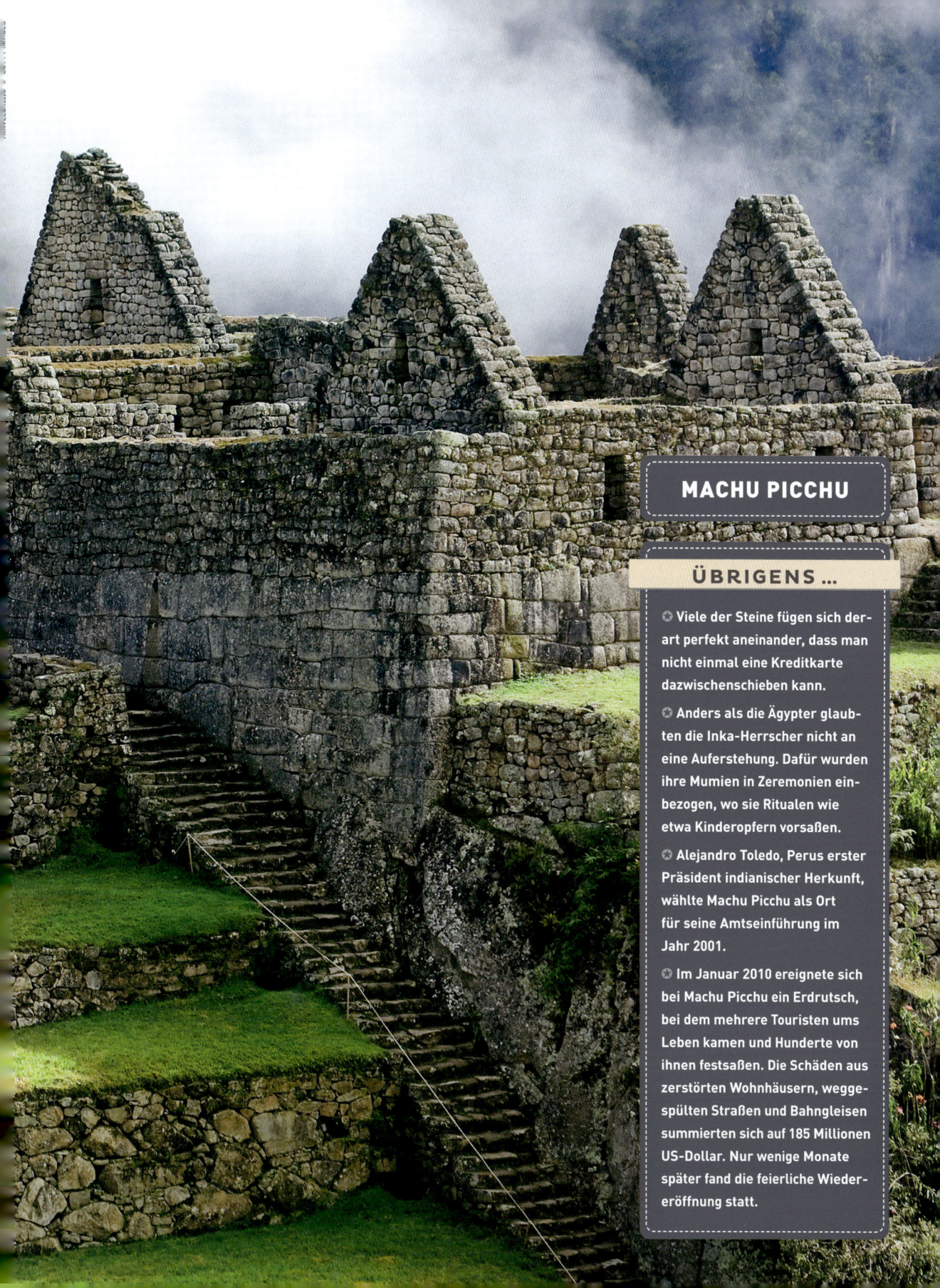

MACHU PICCHU

ÜBRIGENS ...

✪ Viele der Steine fügen sich derart perfekt aneinander, dass man nicht einmal eine Kreditkarte dazwischenschieben kann.

✪ Anders als die Ägypter glaubten die Inka-Herrscher nicht an eine Auferstehung. Dafür wurden ihre Mumien in Zeremonien einbezogen, wo sie Ritualen wie etwa Kinderopfern vorsaßen.

✪ Alejandro Toledo, Perus erster Präsident indianischer Herkunft, wählte Machu Picchu als Ort für seine Amtseinführung im Jahr 2001.

✪ Im Januar 2010 ereignete sich bei Machu Picchu ein Erdrutsch, bei dem mehrere Touristen ums Leben kamen und Hunderte von ihnen festsaßen. Die Schäden aus zerstörten Wohnhäusern, weggespülten Straßen und Bahngleisen summierten sich auf 185 Millionen US-Dollar. Nur wenige Monate später fand die feierliche Wiedereröffnung statt.

Die Legende, die verschwundene Stadt Vilcabamba könne tatsächlich existieren, reichte aus, um den amerikanischen Historiker Hiram Bingham von seiner Arbeitsstelle an der Universität Yale wegzulocken. 1911 brach er auf, um die unbekannte Stadt zu suchen.

Was Bingham dann anstelle von Vilcabamba eher zufällig entdeckte, ist heute eine der berühmtesten archäologischen Stätten der Welt: Machu Picchu, gelegen auf einem abgeschiedenen schmalen Bergrücken auf 2 450 Metern über dem Meer. Erbaut wurde die Anlage im 15. Jahrhundert für den Inka-Herrscher Pachacútec Yupanqui. Über die genaue Funktion ist man sich immer noch im Unklaren, aber vermutlich handelte es sich um eine Art Zufluchtsort des Königs.

⌃ Strohgedecktes Haus im »Königsviertel«

Der Bau von Machu Picchu

Die Stadt bestand aus ungefähr 140 Gebäuden, darunter Tempel, Schreine, königliche Wohngebäude und strohgedeckte Häuser, dazwischen kleine Gartenanlagen und zahlreiche Wasserbrunnen. Tausende Steine, von denen manche über 20 Tonnen wogen, wurden in der Stadt verbaut. Die Handwerker hauten die Steine unglaublich exakt zu und schnitten Blöcke so, dass sie sich passgenau aneinanderfügen ließen. Die Gebäude formten sie dabei den natürlichen Konturen der Landschaft folgend. So überdauerte dieser entlegene Außenposten der Zivilisation annähernd 600 Jahre und hielt Naturkatastrophen stand.

LANDBAU
Feldfrüchte wie Mais und Kartoffeln wurden auf eigens angelegten Terrassen angebaut. Die regelmäßigen Niederschläge machten ein Bewässerungssystem überflüssig.

WOHNUNGEN
Bei einigen Wohnhäusern wurden die Dächer mithilfe von Gras und Stroh rekonstruiert.

MACHU PICCHU Glanzleistung der Inka-Kultur

DIE GESAMTANLAGE
Machu Picchu liegt auf einem Bergrücken in 2 450 Metern Höhe.

SIEG ÜBER DIE ELEMENTE

1 » SCHWERELOSE TERRASSEN

Wenn der Himmel seine Schleusen über den steilen
Hängen der Anden öffnet, lösen die Regengüsse in
kürzester Zeit Erdrutsche aus. Der Bau einer Stadt in
derart steilem Gelände war damit ein fortwährender
Kampf gegen die Schwerkraft. Die Inka-Baumeister
legten Terrassen als Unterbau an und verankerten so
die Stadt am Berghang. Manchmal wurde jedoch etwas
weggeschwemmt, wie bei den tiefer liegenden Terrassen zu beobachten – Mauern haben sich verschoben
oder sind im Erdreich verschwunden. Die Inka behalfen
sich, indem sie ein umfangreiches Netz von Entwässe-
rungsgräben anlegten. Damit wurde das aufgefangene
Oberflächenwasser in eine große Grube geleitet und
floss von dort in den Regenwald ab.

2 » ERDBEBENSICHERE MAUERN

Die Mauersteine wurden ohne Mörtel aneinandergefügt.
Peru wird häufig von Erdbeben heimgesucht. Durch den
Verzicht auf Mörtel hielten die Gebäude den Erschütte-

rungen besser stand, weil die Steine ein bisschen rutschen konnten und die Mauern darum nicht so leicht
einstürzten. Mauerecken wurden durch L-förmige Steinblöcke stabilisiert; Türen und Fenster hatten die Form
von Trapezen, die sich nach oben verjüngten, genauso
wie auch viele Innenräume.

3 » WASSERVERSORGUNG

Zur Versorgung der ungefähr 1 000 Menschen mussten
die Planer eine geeignete Wasserquelle finden. Der Río
Urubamba lag 450 Meter tiefer. Doch glücklicherweise
war der Bergrücken, auf dem sich Machu Picchu befand,
häufig in regenschwere Wolken eingehüllt. Das Wasser
rann eine Granitfelswand herab, die eine natürliche
Quelle bildete. Mit locker aneinandergefügten Steinen
baute man eine riesige Mauer, durch die das Wasser
langsam in ein Auffangbecken sickerte. Über eine Rinne
wurde das Wasser direkt in den Brunnen des Königs
geleitet, bevor es auf mehreren Wegen weiter in die
übrige Stadt lief.

DIE *MOAI* DER OSTERINSEL

Außergewöhnlich und rätselhaft sind die Statuen, von denen jede 13 Tonnen wiegt und über zehn Meter hoch ist und die ohne Räder oder Zugtiere bis zu 18 Kilometer weit transportiert wurden. Möglicherweise waren die berühmten Figuren aber auch schuld am Niedergang der Zivilisation auf der Osterinsel …

D er Wind jagt über die karge Landschaft und rüttelt an den riesigen grauen Steinfiguren, die in einer Reihe mit dem Rücken zum tosenden Meer stehen. Die Köpfe der Statuen sind unverhältnismäßig groß und lassen die stumpfartigen Körper beinahe verschwinden. Manche haben dicke Bäuche, andere tragen einen hutartigen Kopfputz aus Vulkangestein. Aus der Nähe besehen sind die Steinfiguren stark zerfurcht und verwittert – Wind und Wetter haben ihr Werk getan.

Bei einer Fahrt über die Insel begegnen einem noch mehr dieser geheimnisvollen Figuren – in Gruppen aufgereiht, als »Einzelgänger« oder umgekippt am Boden liegend. Weiter im Inselinneren stößt man an den Hängen des Vulkankraters Rano Raraku auf den »Geburtsort« der Statuen, wo die Steine gebrochen wurden. Die Landschaft ist übersät mit Figuren in allen Bearbeitungsstadien, einige nur bis auf Schulterhöhe freigelegt. Warum blieben die Figuren unvollendet zurück?

◀ ANREISE ▶

LAN Airlines bedient als einzige Fluggesellschaft die Osterinsel. Ausgangsflughäfen sind Santiago (Chile), Papeete (Tahiti) und Lima (Peru). Da es oft zu Überbuchungen kommt, sollte man sich den Flug zwei Tage vorher rückbestätigen lassen. Die touristische Hochsaison geht von Januar bis März; dann sind die Preise am höchsten und freie Unterkünfte äußerst rar, besonders während des Festivals *Tapati Rapa Nui*. Das restliche Jahr über ist es weniger voll.

◀ WEITERE LOHNENDE ZIELE ▶

An den Hängen des Vulkankraters Rano Raraku befinden sich Dutzende unvollendeter Statuen. Bei einem Besuch der Kultstätte Orongo reist man viele Hundert Jahre zurück zu alten polynesischen Kulturen. Das kristallklare Wasser der Nebeninsel Motu Nui lädt zum Schnorcheln oder Tauchen ein.

Verwitterte Steinköpfe auf der Osterinsel »

RÄTSELHAFTER UNTERGANG

Rund 900 Statuen, die von den Einheimischen *Moai* genannt werden, stehen entlang der Küste der Osterinsel. Die gigantischen über zehn Meter hohen und etwa 13 Tonnen schweren Figuren wurden jeweils aus einem einzigen Tuffsteinbrocken herausgehauen.

Die Statuen wurden vermutlich vor dem 16. Jahrhundert aufgestellt und dienten einem Ahnenkult. Die Figuren haben menschliche Züge, strahlen aber auch etwas Mystisches aus. Dabei gab man ihnen auch schon die Schuld am Untergang des Inselvolks.

Auf der Osterinsel müssen einst bis zu 20 000 Menschen gelebt haben, nur so wären genügend Arbeiter vorhanden gewesen, um die Statuen vom Steinbruch in den Hügeln zur Küste zu schaffen. Um sie auf Baumstämmen kilometerweit zu rollen, müssen außerdem ganze Wälder abgeholzt worden sein.

Ohne die Bäume, die das Erdreich mit den Wurzeln zusammenhielten, ist das Land wohl vom abfließenden Oberflächenwasser ausgewaschen worden. Ein schlechter Boden zieht verheerende Ernteausfälle nach sich – die Osterinsel als klassisches Beispiel für den Untergang einer Zivilisation durch selbstverursachte Umweltschäden?

Neuere Funde legen einen anderen Schluss nahe. So lässt die Entdeckung zahlloser Rattenknochen vermuten, dass die fremde Spezies, die die ersten polynesischen Siedler mitbrachten, die Wälder verwüstete. Die Hauptursache für den Untergang war aber wohl die Ankunft der Europäer. Eingeführte Krankheiten wie die Pocken haben die Inselbevölkerung im 18. Jahrhundert eventuell stark dezimiert. Im 19. Jahrhundert wurden viele Inselbewohner als Zwangsarbeiter nach Peru verschleppt. Demnach könnte man die Osterinsel auch als Beispiel für das Überleben angesichts widriger Umstände sehen.

ÜBRIGENS ...

✪ Der Name der Osterinsel rührt daher, dass es der Ostersonntag 1722 war, als mit dem niederländischen Admiral Jacob Roggeveen und seiner Mannschaft die ersten Europäer auf der Insel landeten.

✪ 1960 wurde Chile von dem stärksten jemals gemessenen Erdbeben und in der Folge von einer acht Meter hohen Tsunami-Welle getroffen.

✪ 1986 wurde die Landebahn auf der Osterinsel ausgebaut, um eventuelle Notlandungen des Space Shuttle zu ermöglichen.

21 m

AUGEN
Für Augäpfel und Pupillen verwendeten die Inselbewohner weiße Korallen bzw. schwarze Obsidiane.

STEINRIESE
Der größte *Moai* war mit über 21 Metern Höhe und etwa 155 Tonnen Gewicht zu schwer für den Transport und blieb deshalb an seinem Platz im Steinbruch stehen.

DIE *MOAI* DER OSTERINSEL Aufstellen der Statuen

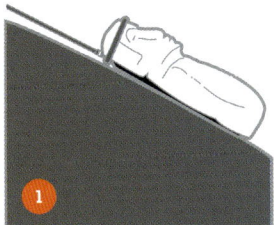

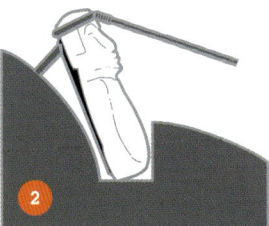

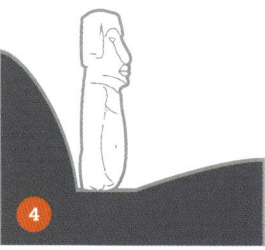

1	2	3	4
Die Steinstatuen wurden …	in einen Graben versenkt …	aufgerichtet und …	an ihren Platz »geführt«.

Noch heute rätseln die Wissenschaftler, wie die *Moai* von den Hügeln, wo sie aus dem Stein gehauen wurden, an ihre Standplätze an der Küste gelangt sind. Unter anderem wurden Theorien aufgestellt, die Statuen seien mit Seilen gezogen oder über Baumstämme vorwärts gerollt worden.

STEINABBAU

Der Hauptsteinbruch befand sich an einem Hügel am Rano Raraku. Die einzelnen *Moai* wurden aus Tuffstein-felsen gehauen und blieben dabei über einen schmalen Streifen, den »Kiel«, mit dem Fels verbunden. Erst ganz am Schluss wurde der Kiel weggeschlagen und der *Moai* mit Seilen in einen Graben zum Abtransport hinabgelassen.

WEGEBAU

Auf Satellitenbildern, die 2005 von der Osterinsel gemacht wurden, erkennt man Feldwege, die vom Steinbruch in alle Richtungen führen und den Transport erleichtert haben müssen.

STEINERNE FUSSGÄNGER

Mithilfe von Seilen, die an den Köpfen der *Moai* befestigt waren, wurden die Statuen »zum Gehen gebracht« – zwei seitlich aufgestellte Teams zogen abwechselnd an den Seilen und ließen die Statue im Schaukelgang vorwärtswanken. Eine dritte Gruppe stabilisierte die Figur. Der größte *Moai* war mit über 21 Metern Höhe und rund 155 Tonnen Gewicht zu massiv für den Transport und blieb deshalb im Steinbruch stehen.

Mehrere *Moai* stehen Spalier. ☆

DIE CHINESISCHE MAUER

6 500 Kilometer windet sich der »Steindrache«, der sogar aus dem Weltraum zu erkennen sein soll, über Berggipfel und durch tiefe Schluchten. Dabei verbirgt sich hinter dem erhabenen Bauwerk eine turbulente Geschichte ...

Beim Aussteigen aus dem Bus findet man sich sogleich inmitten zahlreicher Souvenirstände wieder. Händler preisen lautstark ihre Waren an. In der Ferne ist die Mauer zu erkennen, wo sich bereits Heerscharen von Touristen drängen. Hätte man sich doch besser eine ruhigere Stelle ausgesucht, auch wenn die Fahrt dorthin etwas weiter gewesen wäre. Wie dem auch sei, die Mauerbesteigung verspricht spannend zu werden.

Stellenweise ist es tatsächlich eine richtige Kletterei. Vor einem erheben sich Hunderte Stufen. Mit gesenktem Kopf keucht man die heftige Steigung hinauf. Aber der Blick vom höchsten Punkt ist die Mühe absolut wert. Die graue Steinmauer schlängelt sich über zerklüftete Hügel und verliert sich in der Ferne. Ganz gewiss ist dieses 6 500 Kilometer lange Bauwerk eine historische Glanzleistung.

◄ ANREISE ►

Die meisten Besucher besichtigen die Mauer bei Badaling, 70 Kilometer nordwestlich von Peking, weil die Landschaft hier besonders urig ist und man der Mauer mit dem Blick über sanft geschwungene Hügel weit in die Ferne folgen kann. Die Buslinie 919 fährt regelmäßig von Peking nach Badaling, und zwar vom alten Stadttor Deshengmen, etwa 500 Meter östlich der U-Bahnhaltestelle Jishuitan. Bequeme Reisebusse starten von den Busbahnhöfen von Beijing Hub of Tour Dispatch nordöstlich und nordwestlich des Qianmen-Tors, seitlich des Tian'anmen-Platzes.

◄ WEITERE LOHNENDE ZIELE ►

Die Verbotene Stadt mit dem Kaiserpalast aus der Zeit von der Ming-Dynastie bis zum Ende der Qing-Dynastie hat ihren Namen daher, dass der einfachen Bevölkerung der Zutritt zu diesem Bereich 500 Jahre lang verwehrt war. Wunderschön präsentiert sich der kaiserliche Sommerpalast mit seinem riesigen Park. Der Tian'anmen-Platz ist der größte öffentliche Platz der Welt; er wurde von Mao Zedong errichtet.

CHINESISCHE MAUER

ZAHLEN UND FAKTEN

✪ Die Chinesische Mauer soll das einzige Bauwerk sein, das vom Weltraum mit bloßem Auge zu sehen ist. Stimmt nicht. Selbst mit einem sehr guten Kameraobjektiv lässt sich die Mauer nur schwer ausmachen.

✪ An einigen Stellen windet sich die Chinesische Mauer in Schlangenlinien durchs Gelände. Wissenschaftler haben das damit erklärt, dass die Chinesen gemäß den Prinzipien der Feng-Shui-Lehre um Naturkräfte wie Wind und Wasser herum gebaut hätten.

✪ Laut dem chinesischen Amt für Kulturerbe erstreckt sich die Chinesische Mauer mit all ihren Verzweigungen über eine Gesamtlänge von 21 196 Kilometern.

✪ Selbst wenn nur noch 8,2 Prozent des ursprünglichen Walls intakt sind, handelt es sich nach wie vor um die längste Mauer der Welt.

✪ Einer Legende nach berechnete der Baumeister der Hochfestung bei Jiayuguan den Materialbedarf so genau, dass bei Fertigstellung der Anlage nur ein einziger Ziegel übrig blieb. Dieser liegt heute noch auf einem Turm-Mauersims.

✪ Dschingis Khan soll gesagt haben: »Die Stärke einer Mauer hängt vom Mut jener ab, die sie verteidigen.«

✪ Qin Shihuangdi, der den Bau des gewaltigen Verteidigungswalls angeordnet hatte, ließ auch die lebensgroße Terrakotta-Armee schaffen.

BOLLWERK GEGEN DIE BARBAREN

Nach drei Seiten hin ist China durch natürliche Barrieren begrenzt – im Süden liegt der Himalaya, im Osten der Pazifische Ozean und im Westen das Hochland von Tibet. Die nördliche Grenze lag jedoch ungeschützt da und lud fremde Heere zum Angriff ein.

Um die Herrschaft über sein neues Reich zu festigen, fasste der erste Kaiser des geeinten China, Qin Shihuangdi aus der Qin-Dynastie im dritten vorchristlichen Jahrhundert, einen Plan. Hunderttausende Zwangsarbeiter ließ er etwa 180 Millionen Kubikmeter Steine und Lehm heranschleppen und den ursprünglichen Erdwall anlegen, der die »Barbaren« in Schach halten sollte.

Im 14. Jahrhundert gelangte die Ming-Dynastie an die Macht. Immer wieder führten während dieser Zeit mandschurische und mongolische Stämme gezielte Angriffe auf die Grenzgebiete durch und hinterließen dabei schwärende Wunden in den Befestigungsanlagen.

Die Ming waren eine mächtige und stolze Sippe, allen voran Kaiser Jiajing, der ab 1521 regierte. Als sich eine mongolische Delegation ins Land wagte, um Handelsgespräche zu führen, begegnete man ihr in der Verbotenen Stadt im damaligen Beiping mit Verachtung. Die »Barbaren« wurden abgewiesen – und auf den Kopf des Mongolenfürsten wurde ein Preis ausgesetzt.

Nachdem weitere harte Winter ihren Tribut forderten und keine Handelsmöglichkeiten bestanden, kam es mit der Zeit immer häufiger zu Übergriffen der Mongolen auf die

NIEDERGANG EINER DYNASTIE

War die Idee hinter der Großen Mauer durchaus überzeugend, so gab es in der Praxis doch Schwachstellen. Wurde ein Feind ausgemacht, entzündeten die Wachen auf den Türmen Signalfeuer, durch die etwa 50 bis 100 Mann zusammengerufen wurden, während von einer nahe gelegenen Garnison Verstärkung angefordert wurde. Die bis zu 10 000 Soldaten dieser Garnison führten über Monate hinweg ein sehr entbehrungsreiches Leben und waren häufig ohne Nachschub, da ihn korrupte Beamte für sich abgezweigt hatten. Zwangsläufig hielten so immer weniger Soldaten und Generäle ihrem Kaiser die Treue. Eingeleitet durch einen Bauernaufstand, dem ab der Zeit um 1600 mehrere Angriffe der Mandschu folgten, ging die Ming-Dynastie schließlich unter.

Bauern im Grenzgebiet. Das brachte für den Kaiser das Fass zum Überlaufen.

Ein stärkerer Panzer für den Drachen

Der Kaiser fasste den kühnen Entschluss, die riesige Mauer mit immensem Aufwand instand zu setzen. Beileibe kein leichtes Unterfangen: Die Mauer erstreckte sich mehr als 6 000 Kilometer weit vom Gelben Meer im Osten bei Shanhaiguan (Shanhai Pass) bis nach Jiayuguan (Jiayu Pass) im Westen. Der Schutzwall wurde auf der gesamten Länge mit 60 Millionen Kubikmetern Steinen und Ziegeln verstärkt, und etwa alle zwei Kilometer hat man

befestigte Wachtürme eingefügt – Schätzungen zufolge insgesamt 25 000 Stück.

Wenig mehr als hundert Jahre nahm der Ausbau der Befestigungsanlagen in Anspruch. Dabei forderte das ehrgeizige Projekt zahllose Todesopfer.

Millionen Arbeiter wurden verpflichtet; teils aus der Armee heraus, teils wurden sie aus der Zivilbevölkerung zwangsrekrutiert. Der Kaiser verlangte tadellose Arbeit in Rekordzeit; hierfür wurde ein gleichermaßen effizientes wie brutales System geschaffen: Heerscharen von Arbei-

tern förderten das Material in entlegenen Steinbrüchen und trugen es von den Brennöfen zu den bis zu 80 Kilometer entfernten Bauplätzen in den Bergen.

Wie viele Menschen während der Arbeiten starben, ist nicht bekannt, aber Millionen Opfer werden geschätzt. Das Großprojekt leerte auch die Kassen der Ming-Kaiser.

DIE GROSSE MAUER
So könnte die Chinesische Mauer vor vielen Jahrhunderten ausgesehen haben.

DER TAJ MAHAL

Das majestätische marmorverkleidete Mausoleum, das als schönstes Bauwerk der Welt gilt und von dem sein Erschaffer sagte, es habe die Sonne und den Mond zu Tränen gerührt, ist zweifelsohne das Juwel in der Krone Indiens.

Mit einer Tasse Chai genießt man vom Dachterrassencafé aus den einmalig schönen Ausblick auf den Taj Mahal. Der reine weiße Marmor nimmt im Abendrot nach und nach eine rosa Färbung an. Im Dunkel der Nacht wirft der Vollmond einen gespenstischen Schein auf die unverwechselbare Silhouette des Mausoleums.

Das Heiligtum mit seinen Gärten betritt man durch das in rotem Sandstein gehaltene Südtor. Unter dem 30 Meter hohen Bogen stehend blickt der Besucher auf den Taj Mahal, der in der Morgensonne strahlend weiß leuchtet – Kuppeln, Türme und Bögen in scheinbar vollkommener Symmetrie.

Entlang der flachen Wasserbecken schlendert man zum Mausoleum. Aus der Nähe entfalten die aufwendigen Reliefs an den Portalen und über den Torbögen ihre Pracht. Die Besucher betreten ohne Schuhe die dunklen Innenräume. Manche inspizieren mit einer Taschenlampe die feinen Mosaiken und Schriftornamente. Filigrane Marmorgitter fassen das Grabmal der Königin ein, zu deren Gedenken das faszinierende Mausoleum erbaut wurde.

ANREISE

Der Taj Mahal liegt in Agra im nordindischen Bundesstaat Uttar Pradesh. Der nächste internationale Flughafen ist in Delhi, von wo die Bahnfahrt etwa zwei Stunden dauert. Jedes Jahr bewundern mehr als drei Millionen Besucher das herrliche Mausoleum. Die beste Zeit für eine Besichtigung ist der Sonnenaufgang oder -untergang. Zu Vollmond ist der Taj Mahal jeweils fünf Nächte lang zu besichtigen, wobei nur eine begrenzte Besucherzahl zugelassen wird. Fotografieren ist in den Innenräumen verboten; man sollte aber eine kleine Taschenlampe mitbringen, um die Preziosen noch besser betrachten zu können. Freitags haben nur Besucher Zutritt, die an den Freitagsgebeten teilnehmen.

WEITERE LOHNENDE ZIELE

Das kleine, aber ausgezeichnete Taj Museum auf dem Gelände des Taj Mahal zeigt originale Miniaturmalereien aus der Mogulzeit, Münzen der Epoche, Architekturzeichnungen des Mausoleums und Teller, die sich angeblich verfärben, wenn darauf vergiftete Speisen serviert werden. Die besten Schnappschüsse vom Taj Mahal macht man bei einer Bootsfahrt auf dem Yamuna-Fluss, vom Mehtab Bagh, einem Park am anderen Flussufer, vom Dachterrassencafé des Saniya Palace Hotel in Taj Ganj oder – mit einem guten Zoomobjektiv – vom Roten Fort.

TAJ MAHAL

ÜBRIGENS ...

☸ Die Moguln waren Nachfahren des großen Dschingis Khan, Herrscher der gefürchteten Mongolen aus den asiatischen Steppen. Bei ihrer Eroberung Indiens führten die Moguln den Islam ein, duldeten aber die Hindu-Religion und gewährten den Untertanen Glaubensfreiheit.

☸ In der Architektur des Taj Mahal finden islamische Vorstellungen ihren Niederschlag. Das Heiligtum mit seinen Gärten spiegelt den Grundriss des Basar-Abschnitts wider, wobei dessen Mauern aus rotem Sandstein sind, während das Mausoleum mit weißem Marmor verkleidet ist. Die Gärten sind in vier Abschnitte geteilt. In der Mitte befindet sich ein Wasserbecken, als Symbol für das im Koran beschriebene Becken im Paradies.

☸ Der italienische Begriff *pietra dura* (»harter Stein«) bezeichnet eine Technik, bei der Halbedelsteine in Marmor eingelassen werden. Für die aufwendigen Muster im Taj Mahal wurden etwa 35 verschiedene Arten von Halbedelsteinen verwendet. Die geritzten Blumenmuster erinnern an die italienische Renaissance.

☸ Nach dem Untergang des Mogulreichs wurde der Taj Mahal wiederholt beschädigt und geplündert. Erst 1908 wurde er per Erlass des Vizekönigs von Indien, Lord Curzon, aufwendig restauriert. 2002 erhielt die Fassade eine »Gesichtsbehandlung« nach einem uralten Rezept – einer Mischung aus Erde, Körnern, Milch und Kalk.

EINE TRÄNE AUF DER WANGE DER ZEIT

Ein indischer Dichter beschrieb den Taj Mahal einst als »eine Träne auf der Wange der Zeit« und spielte damit auf die traurige Geschichte des herrlichen Mausoleums, Symbol unsterblicher Liebe, an.

Errichtet wurde der Taj Mahal im 17. Jahrhundert vom Herrscher Shah Jahan nach dem Tod seiner dritten Frau Mumtaz Mahal. Die beiden wurden einander bereits als Kinder versprochen und in eine arrangierte Ehe gezwungen, entwickelten aber eine tiefe Liebe zueinander.

Shah Jahan – der Name bedeutet »Herrscher der Welt« – war der Liebling seines Vaters, des Großmoguls. Obwohl er nicht der älteste Sohn war, hatte er Aspirationen auf den Thron, denn der Erstgeborene war nicht zwangsläufig der Thronfolger. Nach dem Tod des Vaters schaltete Shah Jahan rücksichtslos alle Rivalen aus – Bruderliebe galt nichts in jener Zeit, als es hieß, töten oder getötet werden.

Während seiner Regentschaft erwies sich Shah Jahan als starker, aber gerechter Herrscher über ein stabiles und blühendes Reich mit 100 Millionen Untertanen. Handel und Gewerbe florierten, nachdem Shah Jahan auch Besucher aus der Fremde willkommen hieß. Europäische Händler tauschten Silber gegen Edelsteine, Stoffe und Gewürze.

Innere Unruhen

1629 keimten in abgelegenen Teilen des Reichs Unruhen auf. Die nächsten zwei Jahre begegnete Shah Jahan den Erhebungen, indem er bald hier, bald dort Aufstände niederschlug. Seine geliebte Königin Mumtaz Mahal reiste als treue Begleiterin mit. Auf einem dieser Feldzüge wurde sie mit ihrem 14. Kind schwanger und verlor am 17. Juni 1631 in Burhanpur bei der Niederkunft ihr Leben.

Shah Jahan war seiner Liebe beraubt und nahm nach ihrem Tod acht Tage lang nichts zu sich. Es heißt, seine Haare seien quasi über Nacht ergraut. Als er schließlich seine tiefe Trauer überwunden hatte, wendete er sich entschlossen dem letzten Wunsch seiner Gemahlin zu – dem Bau eines prachtvollen Mausoleums in der Hauptstadt Agra.

1632 begann direkt beim Roten Fort, in dem die Moguln residierten, ein Heer von 20 000 Arbeitern mit dem Bau des prachtvollen Taj Mahal zu Ehren der Namenspatronin Mumtaz Mahal.

Hungersnöte und Zusammenbruch

Das Mausoleum selbst war 1640 vollendet, die Fertigstellung der gesamten Anlage dauerte jedoch noch ein gutes Jahrzehnt länger. Um die Arbeiter über all die Jahre zu versorgen, ließ Shah Jahan zusätzliches Getreide nach Agra schaffen, wodurch es andernorts im Land zu Hungersnöten kam. Sein ausschweifender Lebensstil war der Bevölkerung ein Dorn im Auge. 1658 ließ ihn sein eigener Sohn entmachten. Der Herrscher starb 1666 im Alter von 74 Jahren.

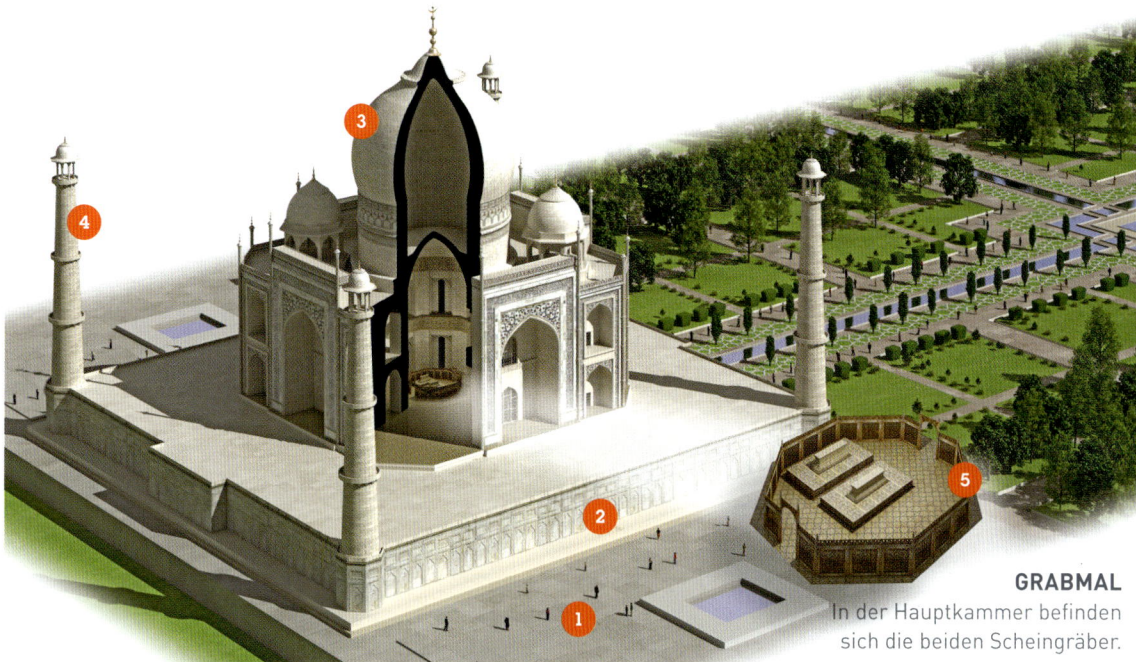

GRABMAL
In der Hauptkammer befinden
sich die beiden Scheingräber.

1 » FUNDAMENT Der Boden an den Ufern des Flusses Yamuna war nicht fest genug, um ein Bauwerk tragen zu können. Die Baumeister ließen deshalb zunächst unterhalb des Grundwasserspiegels Schachtringe setzen und diese mit Steinen und Mörtel füllen. Darauf errichteten sie dann mit Bögen verbundene Steinsäulen, auf denen wiederum die Steinplatten des Fundaments ruhen.

2 » SOCKEL DES MAUSOLEUMS Die Mauern des Mausoleums waren aus Ziegeln und wurden mit Marmor verkleidet, der mit Elefanten von Steinbrüchen im 400 Kilometer entfernten Makrana herbeigeschafft wurde. Die in den Marmor eingelassenen Halbedelsteine kamen von noch weiter her – Jaspis aus dem Punjab, Saphir aus Sri Lanka, Lapislazuli aus Afghanistan und Jade aus China.

Die Architekten orientierten sich beim Taj Mahal an den Grabmälern von Shah Jahans Vorfahren. Das Mausoleum des Urgroßvaters lieferte die Vorbilder für die vier Ecktürme, während die Anlage der vier großen, reich verzierten Portale (*pishtaqs*) vom Grabmal des Großvaters inspiriert war.

3 » KUPPEL Die etwa 35 Meter hohe Kuppel mit ihren vier Meter dicken Wänden ist eine bauliche Meisterleistung, da sie ohne stützende Streben, Säulen oder Bögen auskommt. Die Steine wurden in konzentrischen Ringen übereinandergeschichtet und mit Mörtel fixiert. Das scheinbar schwebende Gewölbe ruht auf einem schlichten sieben Meter hohen Mauerring.

4 » MINARETTE Die Minarette sind eine optische Täuschung. Vom Boden aus wirken die Türme vollkommen gerade, tatsächlich aber sind sie leicht nach außen geneigt – auch um zu verhindern, dass sie bei einem Erdbeben auf das kostbare Mausoleum und dessen Kuppel stürzen.

5 » ZENTRALER GRABRAUM Die leeren »Scheingräber« (Kenotaphe) – der Leichnam von Mumtaz Mahal wurde in einer geheimen Marmorkammer unterhalb des Mausoleums zur Ruhe gebettet – sind von einem filigranen Gitterwerk eingefasst, das aus einem einzigen Stück Marmor gearbeitet ist. Um dieses herum befinden sich acht Kammern entsprechend der acht Paradiese im Koran.

DER POTALA-PALAST

Der höchstgelegene Palast der Welt ist ein bauliches Wunderwerk und die geistige Heimstatt des Dalai Lama. In 3 700 Metern über dem Meeresspiegel erhebt sich der Bau über 13 Stockwerke und birgt mehr als 1 000 Räume.

Der Besucher folgt einem Zug von Pilgern, die Gebetstrommeln drehen. Manche lassen auch Hand-Gebetsmühlen kreisen, andere halten Holzperlenketten in den Händen. Ein Mann legt sich bäuchlings auf den Boden, seine Stirn berührt den schmutzigen Boden. Dann richtet er sich wieder auf, geht einen Schritt vorwärts, bevor er wieder auf die Erde fällt. Seine Augen haben einen starren Ausdruck, wie er sich voll religiöser Inbrunst in einer Folge von Niederwerfungen langsam vorarbeitet. Von Weitem wirkt der Palast wie eine weiß getünchte Burg, die einen roten Festungsbau einfasst und goldene Dächer hat. Beim Erklimmen der vielen Stufen zum Palast hinauf kommen einem die Mauern noch gewaltiger vor.

Im Inneren dringt einem sofort der Geruch ranziger Butter in die Nase. Früher wurden die Räume hier mit Butterlampen beleuchtet, an manchen Kultstätten werden sie noch immer verwendet. Pilger wie Touristen drängen durch die herrlichen Kapellen und Gebetssäle und kriegen den Mund vor Staunen über diese Pracht nicht mehr zu.

◄ ANREISE ►

Air China fliegt von Peking nach Lhasa, der Hauptstadt Tibets. Mit der Qinghai-Tibet-Bahn kann man auf der höchstgelegenen Bahnstrecke der Welt anreisen. Im Potala-Palast gibt es pro Tag nur eine begrenzte Anzahl von Eintrittskarten. Am Tag vor dem geplanten Besuch muss man beim Tickethäuschen im Tor am Südwestausgang seinen Pass vorzeigen. Dort erhält man einen Gutschein mit einer Zeitangabe. Am nächsten Tag sollte man sich 30 Minuten vorher am Südeingang einfinden. Nach einer Sicherheitskontrolle kauft man das eigentliche Ticket an einer Bude auf halber Höhe der Treppe. Gruppen benutzen den Südosteingang.

◄ WEITERE LOHNENDE ZIELE ►

Der Norbulingka-Palast ist die frühere Sommerresidenz des Dalai Lama. Tibets bedeutendstes Heiligtum, den Jokhang-Tempel, kann man auf der Barkhor-Straße umwandern. Etwas außerhalb von Lhasa befindet sich die Kloster-Universität Drepung, die wegen ihres äußeren Erscheinungsbilds »Reishaufen« genannt wird. Einst lebten über 10 000 Mönche in dem größten Kloster Tibets.

König Songtsen Gampo war lange auf der Suche nach einem geeigneten Bauplatz für einen Palast, den er für seine Braut Prinzessin Wen Cheng errichten wollte. Den perfekten Ort fand er mit dem 130 Meter über dem Lhasa-Tal aufragenden Roten Berg.

Mitte des 7. Jahrhunderts erbaute Songtsen Gampo hier seinen Palast. Der Buddhismus war zu dieser Zeit die vorherrschende Religion in Indien und China und drang infolge der Vertreibung der Buddhisten aus Indien langsam auch nach Tibet vor.

Jahrhunderte später begann 1645 während der Regierungszeit des Fünften Dalai Lama Lobsang Gyatsho der Bau des heutigen Gebäudes. Tibet wurde dabei unter der Gelug-Sekte, den sogenannten Gelbmützen, vollends zu einem buddhistischen Staat.

Der Bau eines derart großen Gebäudes in solcher Höhe war alles andere als einfach. Tausende Arbeiter und Handwerker brauchten über 50 Jahre, um die 13-stöckigen Gebäude mit ihren mehr als 1000 Räumen und 10000 Schreinen fertigzustellen.

Der Rote Palast thront majestätisch auf mächtigen Mauern, flankiert vom Privatkloster des Dalai Lama und dem Weißen Palast. Im Roten Palast befinden sich die vergoldeten Grabmäler früherer Dalai Lamas, die Stupas. Das Grabmal des 13. Dalai Lama ist 21 Meter hoch und enthält eine Tonne massives Gold. Der Weiße Palast wird als Wohnstätte des Dalai Lama erhalten; im obersten Stockwerk befinden sich der Thron, die Privaträume und der Audienzsaal.

DER POTALA-PALAST Eine imposante Ansicht

PALASTPLAN
Kernbestandteile der Anlage

1. Weißer Palast
2. Stupa des Fünften Dalai Lama
3. Hof des Roten Palasts
4. Kapelle des 13. Dalai Lama
5. Osthof

DER WEISSE PALAST
Die Wohnräume des
Dalai Lama sind im Weißen
Palast untergebracht.

ZAHLEN UND FAKTEN

✿ Der Potala-Palast liegt auf
einer Höhe von 3 700 Metern und
ist damit das höchstgelegene
Bauwerk der Welt.

✿ Der 13-stöckige Bau hat keinen
Aufzug, es gibt lediglich die Trep-
penstufen.

✿ Große Teile des Palasts dienen
heute als Museum. Ausgestellt
sind dort rund 700 Wandgemälde,
10 000 Rollbilder, unzählige Skulpturen und andere Kunstwerke sowie historische Dokumente.

DIE SAGRADA FAMÍLIA

Der spanischen *mañana*-Mentalität entsprechend ist die markante Kathedrale nach über hundert Jahren Bauzeit immer noch nicht fertig – obwohl ihr der große Architekt Gaudí in den letzten Lebensjahren all seine Energie widmete.

Den Kopf im Nacken betrachtet der faszinierte Besucher vom Fuß der Treppe den Eingang der Basilika und überlegt, ob er jemals zuvor ein so bizarres Bauwerk gesehen hat. Der mattgraue Stein ist im gotischen Stil zugehauen, aber überall von organischen Formen durchbrochen. Vier mit Scharten verzierte Kirchtürme ragen aus der Fassade in den Himmel.

Über die Treppe ins Innere tretend, folgt der Besucher dem Audioguide, der ihn durch das berückende Hauptschiff führt. Steinsäulen recken sich hoch nach oben und verästeln sich unterhalb der Decke, die einem Kaleidoskop aus Farben und geometrischen Mustern gleicht. Oben auf den Türmen lässt man den Blick über die Dächer von Barcelona schweifen, eine Stadt, die ganz vom Geist Gaudís beseelt ist.

◄ ANREISE ►

Die meisten großen Fluggesellschaften fliegen nach Barcelona. Ins Stadtzentrum gelangt man mit dem Bus, oder man nimmt den Zug und, in Barcelona-Sants, Passeig de Gràcia oder Clot in die Metro um und fährt bis zur Station Sagrada Família.

◄ WEITERE LOHNENDE ZIELE ►

Die visionären Arbeiten von Antoni Gaudí prägen Barcelona, etwa das fantastische Casa Batlló, das mit seiner bunten Fassade, den geschwungenen Balkonen und dem unregelmäßigen Dach den heiligen Georg mit dem Drachen darstellt. Im La Pedrera mit seinen riesigen Kaminaufsätzen staunt man über das verschwenderische Interieur der Dachwohnung. Im Park Güell, wo Gaudí sich als Gartenarchitekt versuchte, wirkt das Künstliche beinahe natürlicher als die Natur selbst.

1882 begann man mit dem Bau der markanten Kathedrale, und noch immer ist sie nicht vollendet. Geplant ist die Fertigstellung des Bauwerks für den hundertsten Todestag seines berühmtesten Architekten – Antoni Plàcid Guillem Gaudí i Cornet, besser bekannt als Gaudí.

Der Anstoß zum Bau der Basilika kam von dem katalanischen Buchhändler Josep Maria Bocabella, den ein Besuch im Vatikan 1872 inspiriert hatte. Gaudí übernahm 1883 die Leitung des Projekts und widmete die letzten 15 Jahre seines Lebens bis zu seinem Tod 1926 ausschließlich der Kathedrale.

ÜBRIGENS ...

☺ Auf die Frage, warum sich der Bau der Sagrada Família so lange hinziehe, soll Gaudí geantwortet haben: »Mein Auftraggeber [damit meinte er Gott] hat es nicht eilig.«

☺ Sagrada Família heißt übersetzt »Heilige Familie«.

☺ Gaudí starb 1926, nachdem er von einer Straßenbahn erfasst worden war. Weil er zerlumpte Kleidung trug und seine Taschen leer waren, hielt man ihn für einen Bettler und brachte ihn zunächst in ein Armenhospital. Wenige Tage später verstarb er. Sein Grab befindet sich in der Sagrada Família.

Gaudí war eine vielschichtige Persönlichkeit. Als Architekt war er entschieden der Moderne verpflichtet. So arbeitete er als einer der ersten mit Stahlbeton. Gleichzeitig war er ein frommer und konservativ denkender Christ. Bei der Sagrada Família plante er den Grundriss in der Form eines einfachen gotischen Kreuzes, wobei die 90 Meter lange und 60 Meter breite Kathedrale 13 000 Menschen fassen sollte.

Das Genie Gaudí

Bei seinen Entwürfen ging Gaudí oft wie ein Maler vor, manchmal skizzierte er Ideen einfach und entwickelte sie dann vor Ort mit den Baufachleuten weiter. Sein extravaganter Stil zeigt sich in der organischen Innenraum-

1 ›› Apsteltürme   2 ›› Evangelistentürme
3 ›› Christusturm   4 ›› Marienturm

gestaltung der Sagrada Família, wo er Gotik und Jugendstil miteinander verknüpfte. Aber Gaudí war auch ein genialer Ingenieur, der anhand von Modellen mit Ketten und Schnüren die Winkel von lasttragenden, verästelten Säulen berechnete.

Einige dieser Modelle und Pläne wurden im Spanischen Bürgerkrieg zerstört, wodurch sich die Bauzeit hinzog. Bei dem aktuellen Entwurf wurden rekonstruierte Versionen einbezogen und moderne Anpassungen vorgenommen.

Nach Gaudís Plänen sollte die Kathedrale 18 spindelartige Türme haben, die in aufsteigender Höhe für die zwölf Apostel, die vier Evangelisten, Maria und Jesus Christus stehen, jeweils von einem Kreuz gekrönt. Acht Türme sind bis heute fertig.

Innenraum der Sagrada Família ⌃

DER EIFFELTURM

Einst war das berühmte Pariser Wahrzeichen das höchste Gebäude der Welt.
Bei seiner Erbauung noch heftig kritisiert, brachte es
seinem Namensgeber ein Vermögen ein.

Wohin man in Paris auch geht, von überall her lassen sich die eleganten Konturen des berühmten Turms erblicken. Nun, da man am Sockel der Eisenfachwerkkonstruktion steht und zur Spitze aufschaut, wird einem klar, was für ein Meisterwerk der Ingenieurskunst der Turm seinerzeit war.

Die Abenddämmerung rückt näher. Das Warten in der Schlange scheint sich ewig hinzuziehen. Im Schlurfschritt geht es langsam voran. Endlich fährt man mit dem Aufzug zur ersten Etage. Dort reiht man sich sofort in die Schlange für den nächsten Aufzug ein, in der festen Absicht, noch vor dem Sonnenuntergang oben anzukommen.

Geschafft! Nach und nach gehen unten die Lichter der Stadt an. Die Arme fest an den Körper geschmiegt lehnt man sich gegen den Wind und blickt durch die Maschen des Schutzgitters hinab auf die winzig wirkenden Straßen.

ANREISE

Die nächsten Métro-Haltestellen sind Bir-Hakeim (Linie 6) und Trocadéro (Linie 9). Die Linie C der Pariser S-Bahn (RER) hält am Champ de Mars. Fahrgäste der Buslinien 42, 69, 82 und 87 steigen an der Haltestelle Tour Eiffel oder Champ de Mars aus. Und natürlich legen auch die Seine-Schiffe hier an.

WEITERE LOHNENDE ZIELE

Der Louvre ist die Heimstatt weltberühmter Werke wie der *Mona Lisa*. Alles zu sehen ist unmöglich – selbst ein Schnelldurchlauf würde etwa neun Monate dauern. Malerische Straßen und Geschäfte erwarten den Spaziergänger auf der Île Saint-Louis. Beim Besteigen des Nordturms der Kathedrale Notre-Dame auf der benachbarten Île de la Cité denkt man unwillkürlich an Victor Hugos Glöckner. Den besten Blick über die gesamte Stadt hat man von der Kuppel der Basilika Sacré-Cœur. Gleich unterhalb lockt das berühmt-berüchtigte Moulin Rouge im Vergnügungsviertel Pigalle.

HIMMELWÄRTS

Durch die Niederlage im Deutsch-Französischen Krieg 1870/71 und den Verlust von Elsass-Lothringen waren die Franzosen in ihrem Nationalstolz tief verletzt. Zum Ausgleich wollte man bei der Pariser Weltausstellung 1889 ein großartiges neues Glanzstück französischer Ingenieurskunst präsentieren. Der neue Turm sollte sich 305 Meter in den Himmel recken und damit alle anderen Gebäude der Welt überragen. Die Ausschreibung gewann ein Monsieur Eiffel…

ZAHLEN UND FAKTEN

✪ Die Höhe des Eiffelturms beträgt 324 Meter.

✪ Gustave Eiffel finanzierte den Bau des Turms größtenteils selbst, erhielt dafür aber auch sämtliche Einnahmen aus dem Eintrittskartenverkauf. Mit zwei Millionen Besuchern bereits im ersten Jahr war die Investition rasch wieder hereingeholt.

✪ Bevor er seinen endgültigen Namen erhielt, nannte man den Turm zunächst »Pylon von 320 Metern«.

✪ Alle sieben Jahre bekommt der Turm einen neuen Anstrich, für den 50 Tonnen Farbe benötigt werden.

✪ Im Zweiten Weltkrieg diente der Eiffelturm den deutschen Besatzern als Funkturm zur Versendung codierter Nachrichten.

Maurice Koechlin und Émile Nouguier, zwei Mitarbeiter des bekannten Ingenieurs Gustave Eiffel, erstellten Planskizzen für eine Metallrahmenkonstruktion, die der Architekt Stephen Sauvestre mit zusätzlichen Ausschmückungen versah. Ihr Beitrag war siegreich – wahrscheinlich auch dank der Unterstützung durch den einflussreichen Gustave Eiffel. Der großartige Planer brachte sich zunehmend selbst in das Projekt ein, trug Ideen bei und führte die Aufsicht, als im Februar 1887 mit dem Bau begonnen wurde.

Gut zwei Jahre später, am 31. März 1889, war der Eiffelturm fertig. Eiffel ließ es sich nicht nehmen, als Erster die 1710 Stufen zur Turmspitze hinaufzusteigen. Für die nächsten 40 Jahre sollte der Turm das höchste Gebäude der Welt bleiben.

Trotz der Befürchtungen mancher Pariser, der Turm könne einstürzen und auch Künstler ihm mangelnde Ästhetik bescheinigten, ragt der Turm noch immer stolz in den Himmel und hat sich zur größten Touristenattraktion der Stadt entwickelt.

DER EIFFELTURM Eisernes Denkmal

DER BAU DES EISERNEN MEISTERWERKS

Für seine immense Höhe ist der Eiffelturm unglaublich stabil und dabei relativ leicht – 7000 Tonnen beträgt sein Gewicht. 18000 vorgefertigte Metallteile wurden mit zweieinhalb Millionen Nieten zu Hohlträgern zusammengefügt. Auf der Baustelle selbst musste nichts mehr gebohrt oder zugeschnitten werden. Dank der standardisierten Materialien war der Turm sehr einfach zu errichten. 300 Arbeiter reichten, um die Teile zu montieren.

1 » SETZEN DER FUNDAMENTE

Zwei der Turmpfeiler setzte man auf Betonplatten, die zwei Meter dick waren und sieben Meter tief in die Erde versenkt wurden. Die beiden anderen Pfeilerfüße standen nahe an der Seine auf einem Fundament aus Zement und bekamen jeweils einen »Metallschuh«, der das Wasser abhielt.

2 » KONSTRUKTION DER PFEILERFÜSSE

Das Gewicht des entstehenden Turms musste gleichmäßig auf die Grundfläche verteilt werden. Hierfür baute man immer gleichzeitig und gleichmäßig an allen vier Pfeilern weiter. Während des Baus konnten die Pfeiler einzeln mit hydraulischen Hebevorrichtungen an der Basis angehoben oder abgesenkt werden. So wurde sichergestellt, dass die erste Etage absolut waagrecht war.

3 » BAU DES HAUPTTEILS

Im weiteren Bauverlauf beförderte man das Material mit »Kletterkränen«, die an jedem der vier Pfeiler in Führungsschienen auf und ab fuhren. Auf dieselben Schienen setzte man später die Aufzüge, die den Besucher in luftige Höhen bringen.

Bau des Eiffelturms, 1888 ⌃

DER PANAMA-KANAL

Auf der 80 Kilometer langen Seeweg-Abkürzung zwischen Atlantik und Pazifik werden täglich bis zu 40 Megaschiffe in Schleusen um 25 Meter angehoben.

L angsam schiebt sich der gewaltige Stahlrumpf vorwärts – nur wenige Zentimeter Abstand hat er zu den grauen Betonwänden. Erstaunlich, wie kontrolliert das gigantische Schiff durch die Schleuse gleitet. Auf der Brücke sieht man den Kapitän das Manöver dirigieren, unterstützt von Besatzungsmitgliedern mit Funkgeräten. Die Zahnradlokomotiven auf der Schleusenmauer

⌃ Schiffe bei den Miraflores-Schleusen

arbeiten mit voller Kraft, um das mit Tauen ange-
hängte Schiff auf Kurs zu halten. Als sich die riesigen Schleusentore schließen, strömt das Wasser
in das Becken dahinter.

Im Besucherzentrum Miraflores dokumentiert ein
Kurzfilm die faszinierende Geschichte Kanalbau.
In einem Simulator kann man nacherleben, wie
sich die Durchfahrt mit dem Schiff anfühlt.

◄   A N R E I S E   ►

Die einfachste und beste Möglichkeit zur Besichtigung des Kanals bieten die Miraflores-Schleusen am Nordostrand
von Panama-Stadt. Vom Besucherzentrum aus kann man den Schleusenbetrieb gut beobachten. Wer kein Mietauto
hat, nimmt ein Taxi von der Stadtmitte. Die beste Zeit ist der frühe Nachmittag.

◄   W E I T E R E   L O H N E N D E   Z I E L E   ►

Der Nationalpark Coiba umfasst 38 Inseln, darunter Panamas größte Insel Coiba, und bietet eine ungeheure
Artenvielfalt: Krokodile und Meeresschildkröten, Delfine und viele Walarten. Lohnend ist auch eine Wanderung auf
Panamas einzigen Vulkan, den Volcán Barú. An einem klaren Tag kann man vom 3 478 Meter hohen Gipfel die
Küsten des Pazifik und des Karibischen Meers sehen. Der umliegende Park beheimatet Pumas, Tapire und mehr
als 250 Vogelarten, darunter den seltenen grellbunten Quetzal.

PANAMAKANAL

ZAHLEN UND FAKTEN

✪ Die einmalige Kanaldurchfahrt kostet heute für große Schiffe bis zu 250 000 US-Dollar. Als der Amerikaner Richard Halliburton 1928 den Kanal durchschwamm, musste er lediglich 36 Cent an Gebühren zahlen.

✪ 200 Millionen Tonnen Güter – etwa fünf Prozent der weltweiten Seefracht – passieren jährlich den Panamakanal, mit Einnahmen in Höhe von zwei Milliarden US-Dollar.

✪ Zwischen 1904 und 1913 waren beim Bau des Panama-kanals 56 307 Arbeiter be-schäftigt.

✪ Die sengende Hitze und eine Reihe schlimmer Unfälle trugen dem Gaillard-Durchstich den Spitznamen »Höllenschlucht« ein.

Vier Wochen brauchten große Frachtschiffe früher für die gefahrvolle Fahrt rund um Kap Hoorn. Mit dem Panamakanal geht es um ein Vielfaches schneller: gerade einmal zehn Stunden dauert die Durchfahrt.

Obwohl die Landenge von Panama, die Nord- und Südamerika miteinander verbindet, relativ schmal ist, erschien sie den ersten Landvermessern im 19. Jahrhundert nicht als ideale Stelle für einen Kanal. Ein 25 Meter hoher Landrücken und ein dichter Dschungel mussten überwunden werden.

Als Erste unternahmen Ende des 19. Jahrhunderts die Franzosen den Versuch, einen Kanal anzulegen. Die Ingenieure gaben der Route durch Panama den Vorzug vor Nicaragua, weil es hier eine Eisenbahn gab, mit der sich Baumaterialien transportieren ließen. Geplant war ein Kanal auf Meereshöhe ohne Schleusen.

Doch obwohl mit dem erfahrenen Ferdinand de Lesseps der Erbauer des Suezkanals die Leitung innehatte, verzögerten sich die Arbeiten durch Planungsfehler, unzureichende Technik und Krankheiten. Als man zur Rettung des Projekts Gustave Eiffel hinzuzog, war es bereits zu spät – etwa 22 000 Arbeiter waren bis dahin an Malaria gestorben.

Die Vereinigten Staaten übernahmen das gescheiterte Projekt von den Franzosen und dachten nun auch an den Bau von Schleusen. Als Erstes bannte man jedoch die Seuchengefahr; Häuser wurden desinfiziert und stehende Gewässer beseitigt – mit Erfolg, der Kanalbau konnte weitergehen.

Aushub des Kanals

Die Baustelle wurde in drei Abschnitte unterteilt: von Bahía Limón bis Gatún, von Gatún bis Pedro Miguel und von Pedro Miguel bis zur Bucht von Panama.

Durch Aufstauen des Río Chagres entstand der Gatúnsee.

Die Fahrrinnen wurden mithilfe von Schaufeln, Bohrern und Dynamit ausgehoben. Insgesamt wurden dabei 180 Millionen Kubikmeter Erde bewegt. Mit dem Aushubmaterial legte man an der Pazifikküste die Stadt Balboa und den US-Militärstützpunkt Fort Amador an und baute einen Damm zur Insel Naos, der als Wellenbrecher fungiert.

Nach über 30-jähriger Bauzeit konnte der Panamakanal schließlich 1914 eröffnet werden.

Gaillard-Durchstich (Culebra Cut)

Containerschiff auf dem Kanal ⌃

DER PANAMAKANAL

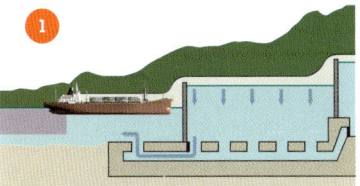

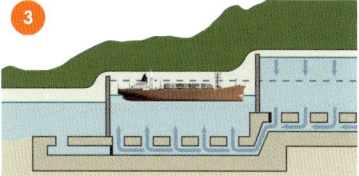

1 » Ein Schiff fährt vom Meer aus in die offene Schleuse ein.

2 » Das Schleusentor wird hinter dem Schiff geschlossen. Mithilfe von Schiebern wird Wasser von

einem See oder von einer höheren Schleuse in die Schleusenkammer eingeleitet.

3 » Über weitere Schleusen wird das Schiff angehoben.

4 » Zum Schluss wird das Schiff durch Ablassen des Wassers in tiefer gelegene Schleusen oder direkt ins Meer zurück und wieder auf Höhe des Meeresspiegels gebracht.

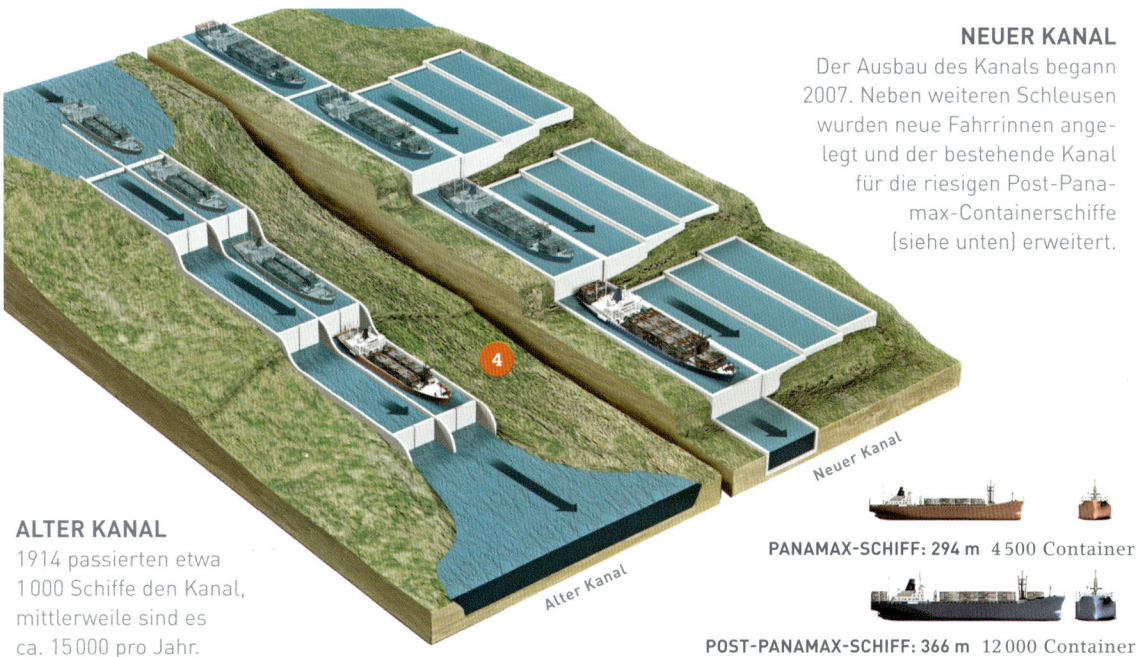

NEUER KANAL
Der Ausbau des Kanals begann 2007. Neben weiteren Schleusen wurden neue Fahrrinnen angelegt und der bestehende Kanal für die riesigen Post-Panamax-Containerschiffe (siehe unten) erweitert.

Neuer Kanal

ALTER KANAL
1914 passierten etwa 1000 Schiffe den Kanal, mittlerweile sind es ca. 15000 pro Jahr.

Alter Kanal

PANAMAX-SCHIFF: 294 m 4500 Container

POST-PANAMAX-SCHIFF: 366 m 12000 Container

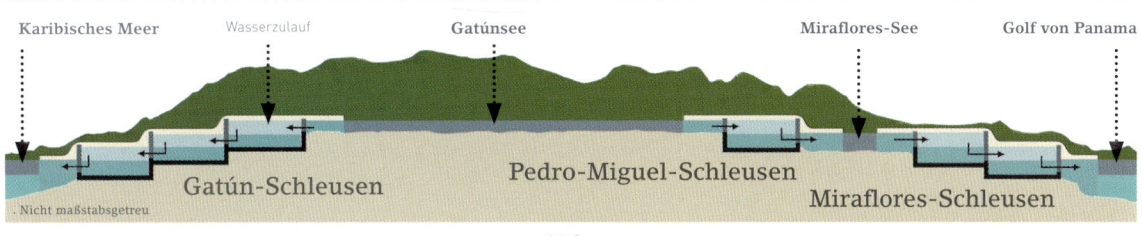

Karibisches Meer | Wasserzulauf | Gatúnsee | Miraflores-See | Golf von Panama

Gatún-Schleusen | Pedro-Miguel-Schleusen | Miraflores-Schleusen

. Nicht maßstabsgetreu

— 80 km —

QUERSCHNITT » Das Wasser für den Schleusenbetrieb kommt aus dem Gatúnsee (25,5 Meter über dem Meer).

DIE GROSSE MOSCHEE VON DJENNÉ

Das größte Lehmziegelgebäude der Welt gehört zum Welterbe der UNESCO und wird alljährlich im Rahmen eines lebhaften Festes neu herausgeputzt.

Auf dem belebten Marktplatz angekommen, bleibt man gebannt von dem Anblick unwillkürlich stehen. Vor dem Betrachter erhebt sich die Große Moschee. Ihre imposante Erscheinung drängt die laute Geschäftigkeit der Stände und Marktleute ganz in den Hintergrund. Der großartige Bau hat jene würdevolle Aura, die nur die heiligsten Stätten der Welt verströmen.

Man betritt über eine Treppe die riesige Plattform, auf der sich die Moschee befindet. Risse durchziehen die trockene Lehmfassade. Holzstreben stehen aus den Mauern heraus. Hoch oben hängen Trichterlautsprecher, aus denen jeden Augenblick der Gebetsruf des Muezzins erschallen kann. Straußeneier auf den Spitzen der Minarette stehen als Symbole für Fruchtbarkeit und Reinheit.

ANREISE

Djenné erreicht man am besten mit einem *bâché* (Pick-up) vom zwei Autostunden entfernten Mopti. Bei ausreichendem Wasserstand des Bani (normalerweise von Juli bis Dezember) kann man in Mopti auch eine *pinasse*, ein motorisiertes Holzboot, nehmen. Man kommt in Djenné gut ohne Fremdenführer zurecht, aber in Begleitung eines solchen hat man deutlich mehr von dem Besuch. Nichtmuslimische Besucher haben offiziell keinen Zutritt zur Großen Moschee, und daran sollte man sich aus Respekt auch unbedingt halten.

WEITERE LOHNENDE ZIELE

Ein Erlebnis ist in Djenné der Grand Marché. Immer montags verwandelt sich der Platz vor der Moschee in einen lärmenden Markt. Mit einem Guide kann man das wunderschöne Haus des Häuptlings besichtigen, der heute noch bei kleineren Streitfällen als Richter fungiert. Drei Kilometer von Djenné entfernt liegen die Ruinen von Jenné-Jeno, einer antiken Siedlung, die in die Zeit um 300 v. Chr. zurückreicht. Ebenfalls lohnend ist ein Besuch bei den Dogon im zentralen Hochplateau von Mali, die besonders für ihre Holzskulpturen und Maskentänze bekannt sind.

VOR DEM VERFALL BEWAHRT

In ihrer heutigen Form wurde die Moschee 1909 nach dem Vorbild einer älteren *Grande Mosquée* fertiggestellt, die dort einst stand. Mit finanzieller Unterstützung der französischen Kolonialmacht rettete die Maurergilde von Djenné die Moschee vor dem Zerfall, nachdem sie 1834 von Sekou Amadou geschlossen worden war.

Amadou eroberte Djenné Anfang des 19. Jahrhunderts. Als strenggläubiger Muslim missbilligte er die prunkvolle Anlage des Gebäudes ebenso wie das lasterhafte Treiben der Biertrinker auf dem nahe gelegenen Marktplatz. Also ließ er an anderer Stelle einen bescheideneren Bau errichten und die Große Moschee schließen.

Die erste Moschee war 1280 errichtet worden, nachdem Koi Konboro – der 26. König von Djenné – zum Islam übergetreten war. Der Legende nach war er so von seinem Glauben beseelt, dass er seinen Palast abreißen ließ und an seiner Stelle die Moschee baute. Als Material dienten luftgetrocknete Lehmziegel, und schmückende Holzstreben, *toron*, die aus den Mauern ragen und auch als Gerüst dienen.

Fête de Crepissage

Die heftigen Regengüsse während der feuchten Jahreszeit greifen die Lehmfassade der Großen Moschee stark an. Jedes Jahr zum Ende der Regenzeit packt die ganze Stadt mit an und bessert die Risse aus. Den äußeren Rahmen hierfür bildet ein großes Fest, die Fête de Crepissage.

Zuerst wird in einem Wettrennen ermittelt, wer die ehrenvolle Aufgabe hat, den Lehmputz zu liefern. In den folgenden Tagen wird der Lehm aus Gruben herangeschafft. Auf Leitern und den eingebauten »Gerüstbalken«, *toron*, stehend tragen die Männer den Putz auf. Die Frauen bringen den durstigen Arbeitern in den Lehmgruben Wasser.

ZAHLEN UND FAKTEN

✪ Die Gebetswand *qibla* der Großen Moschee ist nach Mekka hin ausgerichtet.

✪ 2009 stürzte der obere Teil eines der Türme ein, nachdem zuvor innerhalb von 24 Stunden 75 Millimeter Regen gefallen waren.

✪ Modeaufnahmen auf dem Dach der Moschee sorgten im Jahr 1996 für große Empörung unter den Einheimischen. Seither haben Nichtmuslime offiziell keinen Zutritt mehr.

✪ Noch vor 50 Jahren gehörte Djenné zu den reichsten Städten Afrikas. Heute beträgt die Bevölkerung gerade einmal 33 000 Menschen.

MONUMENTALE BAUVORHABEN Die Entstehung einiger

622 n.Chr.
PROPHETENMOSCHEE
Medina, Saudi-Arabien

UMAYYADEN-MOSCHEE
Damaskus, Syrien
705

972
AL-AZHAR-MOSCHEE
Kairo, Ägypten

HEYTGAH-MOSCHEE
Kaschgar, China
1442

großer Moscheen

GROSSE MOSCHEE
Djenné, Mali
1907

SCHEICH-ZAYID-MOSCHEE
Abu Dhabi, VAE
2007

1673
BADSHAHI-MOSCHEE
Lahore, Pakistan

1987
AL-FATEH-MOSCHEE
Manama, Bahrain

Alljährlich wird die Moschee neu verputzt. ⌃

DAS MARACANÃ-STADION

Das Stadion gilt den Brasilianern als heiliger Boden. Mit der Renovierung für die WM 2014 wird das Maracanã, in dem auch die Olympischen Spiele 2016 ausgetragen werden, eine der modernsten Arenen der Welt sein.

E in Fußballspiel live mitzuerleben ist immer etwas Besonderes – und nirgends geht es dabei so farbenfroh und laut zu wie im Maracanã-Stadion. Beim Einlaufen der Spieler hallt ein

ohrenbetäubender Lärm durch das renovierte Stadion; einige Plätze weiter wummert eine gigantische Sambatrommel. Auf einem Teil der Tribüne ist über den Köpfen der Zuschauer eine riesige Fahne

⌃ Fans feuern ihre Mannschaft an.

LONELY PLANET IMAGES » GETTY IMAGES

ausgerollt, während zwischen den Sitzreihen getanzt wird. Die Stimmung brodelt. Mit dem Anstoß beginnt die eigentliche Mega-Party. Das Match auf dem Rasen wird von heftigen Pfiffen und Rufen begleitet. Manch einer wäre gern ein Fußballstar, feiert aber dann doch lieber auf der Tribüne mit.

ANREISE

Der Flughafen Rio de Janeiro-Galeão wird von den meisten großen Airlines angeflogen. Die Taxifahrt kann man im Voraus bezahlen; hierfür kauft man an einem Stand im Ankunftsbereich oder am Schalter vorm Zoll einen entsprechenden Coupon. Mit den öffentlichen Bussen (Linie 324 oder 326) gelangt man ins Stadtzentrum. Real Auto Ônibus bietet ebenfalls Verbindungen zum zentralen Busbahnhof, in die Stadtmitte und zu den Stränden im Süden der Stadt an. Vom Zentrum aus fährt man mit der Metro bis zur Haltestelle Maracanã. Es gibt zwar auch Busverbindungen zum Stadion, aber die Metro ist im Allgemeinen schneller und weniger voll.

WEITERE LOHNENDE ZIELE

Mit dem Zug geht es durch den Regenwald zu der 40 Meter hohen Statue Cristo Redentor. Eine grandiose Aussicht über Rio hat man vom Zuckerhut (Pão de Açúcar), auf den eine Seilbahn führt. Legendär sind die Strände von Ipanema und Copacabana. Nachtschwärmer kommen in Lapa auf ihre Kosten, dem ehemaligen Rotlichtbezirk, der heute eine Renaissance als Samba-Hochburg erlebt.

Das Maracanã-Stadion aus der Luft ⌃

WELTKLASSE

Als Austragungsort des WM-Finales 1950 hat das Maracanã-Stadion ein bedeutendes Erbe. Nach der Renovierung ist das einstmals größte Stadion Südamerikas bereit für die Fußball-Weltmeisterschaft 2014 und die Olympischen Spiele zwei Jahre später.

Als Brasilien den Zuschlag für die WM 1950 erhalten hatte, erteilte die Regierung den Auftrag für einen Stadionneubau. Die Grundsteinlegung fand am 2. August 1948 statt; bis zum Beginn des Turniers im Juni 1950 blieben weniger als zwei Jahre. Dennoch schaffte es das Bauteam, rechtzeitig fertig zu werden.

Über die Jahre wurde das Stadion mehrmals renoviert; zuletzt wurde es für etwa 435 Millionen US-Dollar aufwendig umgebaut. Ursprünglich war geplant, das alte Dach zu erhalten, aber nach unerwarteten Problemen entschieden sich die Ingenieure für einen Neubau. Nun sind sämtliche Plätze auf den fünf Tribünenrängen überdacht; zusätzlich produzieren rund 1500 Solarmodule umweltfreundlichen Strom.

Die alten Sitzränge wurden durch neue Tribünen ersetzt, mit denen die maximal 78 838 Zuschauer näher am Spielgeschehen sind. Aus Sicherheitsgründen wurden vier zusätzliche Zugangsrampen gebaut.

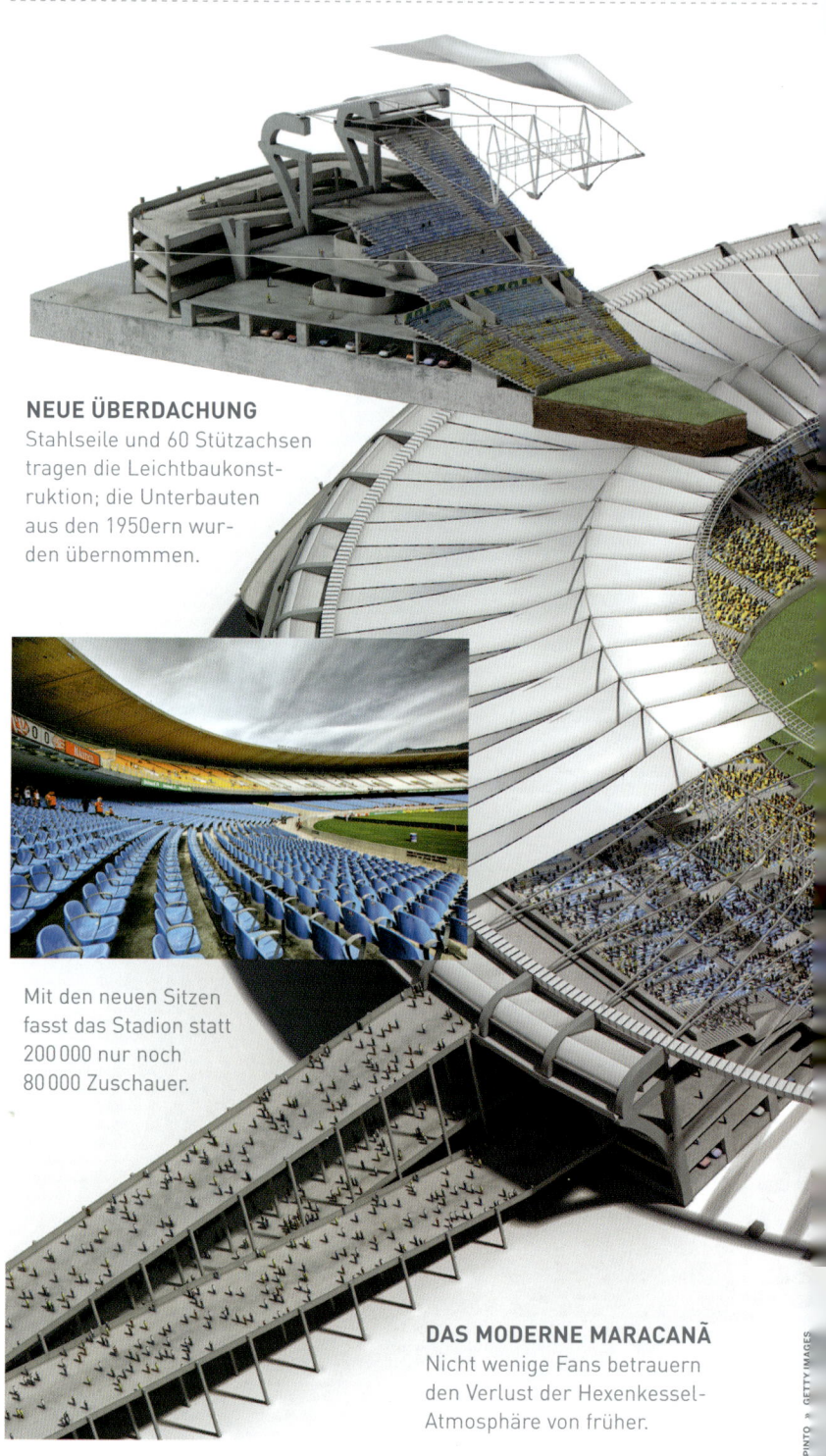

NEUE ÜBERDACHUNG
Stahlseile und 60 Stützachsen tragen die Leichtbaukonstruktion; die Unterbauten aus den 1950ern wurden übernommen.

Mit den neuen Sitzen fasst das Stadion statt 200 000 nur noch 80 000 Zuschauer.

DAS MODERNE MARACANÃ
Nicht wenige Fans betrauern den Verlust der Hexenkessel-Atmosphäre von früher.

PHY BARBOSA PINTO » GETTY IMAGES

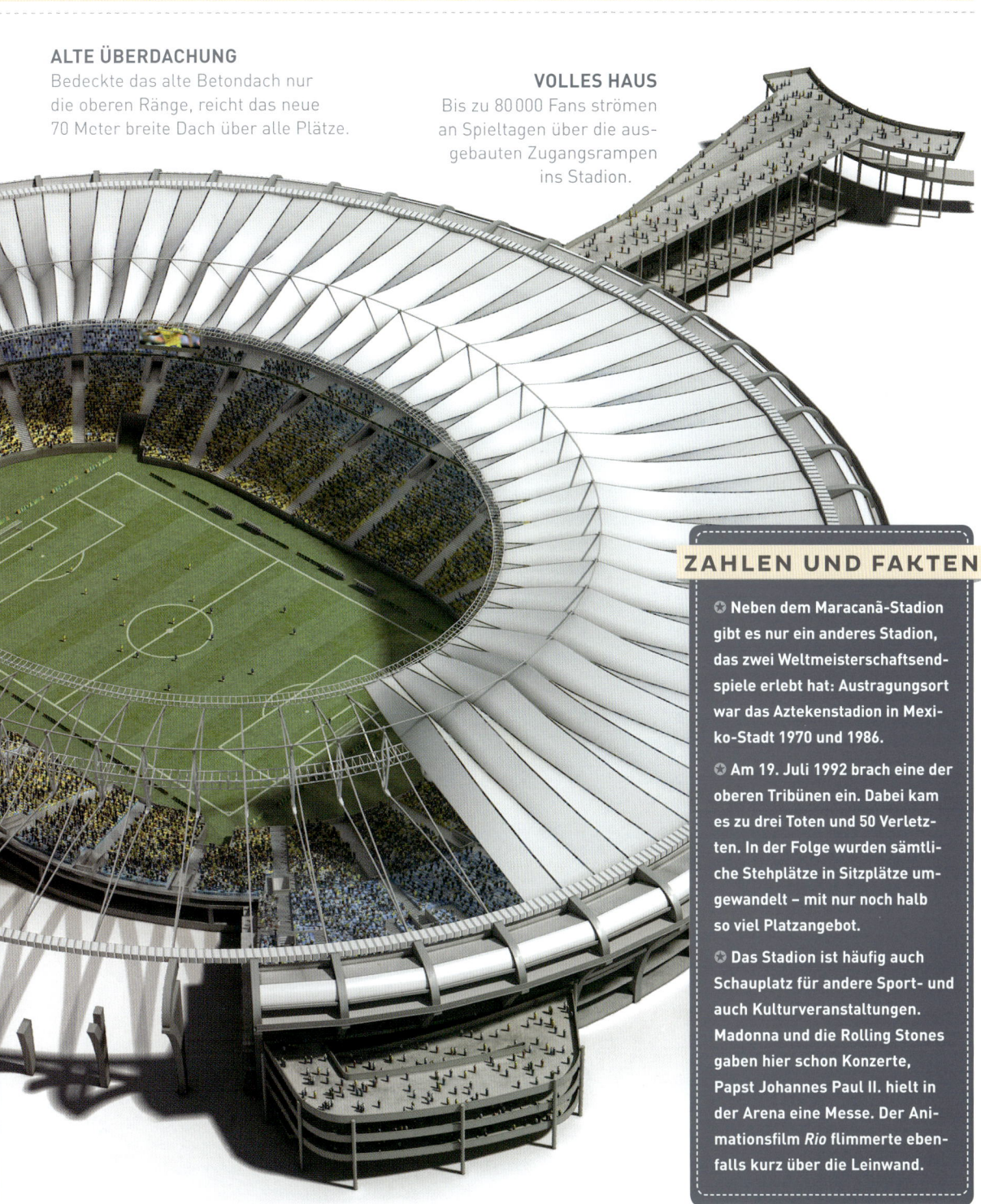

ALTE ÜBERDACHUNG
Bedeckte das alte Betondach nur die oberen Ränge, reicht das neue 70 Meter breite Dach über alle Plätze.

VOLLES HAUS
Bis zu 80 000 Fans strömen an Spieltagen über die ausgebauten Zugangsrampen ins Stadion.

ZAHLEN UND FAKTEN

✪ Neben dem Maracanã-Stadion gibt es nur ein anderes Stadion, das zwei Weltmeisterschaftsendspiele erlebt hat: Austragungsort war das Aztekenstadion in Mexiko-Stadt 1970 und 1986.

✪ Am 19. Juli 1992 brach eine der oberen Tribünen ein. Dabei kam es zu drei Toten und 50 Verletzten. In der Folge wurden sämtliche Stehplätze in Sitzplätze umgewandelt – mit nur noch halb so viel Platzangebot.

✪ Das Stadion ist häufig auch Schauplatz für andere Sport- und auch Kulturveranstaltungen. Madonna und die Rolling Stones gaben hier schon Konzerte, Papst Johannes Paul II. hielt in der Arena eine Messe. Der Animationsfilm *Rio* flimmerte ebenfalls kurz über die Leinwand.

THE PALM, JUMEIRAH

Aus sieben Millionen Tonnen Stein und 94 Millionen Kubikmetern Sand besteht der künstliche Archipel in der Form einer Palme, der noch vom Weltraum aus zu sehen ist.

G leich nach dem Überqueren der Brücke vom Festland zur Palmeninsel Jumeirah bekommt man einen Eindruck von den riesigen Dimensionen.

Kaum zu glauben, dass man sich auf einer künstlichen Insel befindet. Wie eine x-beliebige Stadtautobahn in einer Küstenstadt wirkt es – drei

⌃ Die künstliche Insel The Palm, Jumeirah

Fahrstreifen, ein Starbucks und zu beiden Seiten nüchterne neue Apartment-Hochhäuser, die die Sicht aufs Meer verstellen. Gelegentlich ist hinter den Häusern kurz ein Yachthafen zu sehen.

Dann folgen Villen, die sich auf den Palmwedeln aneinanderreihen. Hin und wieder gleitet eine Limousine vorbei. Hoch über der Straße verläuft die Monorail – Endstation »Hotel Atlantis«!

ANREISE

Die Palmeninsel Jumeirah befindet sich vor der Küste bei Jumeirah im Emirat Dubai. Die meisten großen Airlines fliegen Dubai International Airport, das meist genutzte Luftfahrtdrehkreuz im Nahen Osten, direkt an. In der Stadt kommt man am besten mit dem Taxi herum. Viele Hotels bieten auch Transferverbindungen zum Flughafen an.

WEITERE LOHNENDE ZIELE

Der Burj Khalifa ist das höchste Gebäude der Welt und ein epochales Meisterwerk der Baukunst. Faszinierend ist auch das Hotel Burj al-Arab, das mit seiner segelförmigen Silhouette zum klassischen Symbol der Boomjahre in Dubai geworden ist. Im Dubai Museum erfährt der Besucher, wie und warum es dazu kam, dass sich diese ehemalige Wüstensiedlung in so kurzer Zeit zu einer der fortschrittlichsten und modernsten Städte des Nahen Ostens entwickeln konnte.

EINE STADT IM MEER

Nachdem klar war, dass ab 2016 mit einem Rückgang der Einnahmen aus dem Ölgeschäft zu rechnen ist, musste sich der Kronprinz von Dubai nach einer neuen Geldquelle für seine Wüstenstadt umsehen. Er erkannte, welche Anziehungskraft eine ganzjährig mit Sonne gesegnete Luxus-Urlaubsoase haben würde.

Zuerst plante er die Anlage einer Insel, die fünfeinhalb Kilometer in den Golf reichen und Luxushäuser, Hotels, Shoppingmalls und Restaurants umfassen sollte: eine Stadt im Meer für 120 000 Menschen.

2001 fiel der Startschuss. Ein elfeinhalb Kilometer langer Wellenbrecherring sollte die fünf Kilometer breite Insel in der Form einer Palmenkrone mit 16 Palmwedeln schützen. Über einen Meerestunnel ist der äußere Ring mit dem 1,6 Kilometer langen Stamm verbunden, wo eine 300 Meter lange Brücke aufs Festland führt.

War der Bau einer derart ehrgeizigen Mega-Anlage im Meer schon anspruchsvoll genug, verlangte der Kronprinz zudem, dass die Insel ausschließlich aus Sand und Stein erbaut wird. Es sollten noch unzählige andere Herausforderungen warten.

Herausforderungen

Landgewinnung: Vor dem Bau von Palm Jumeirah hatte noch niemand versucht, ein derart großes Landstück auf einmal aus dem Meer zu gewinnen. Deshalb holte man sich zur Umsetzung des Landgewinnungsprojekts erfahrene holländische Ingenieure.

Erosion: Wasser hat eine starke Erosionskraft. Da der Sand für den Wellenbrecherring nach dem Aufschütten sofort von den Wellen weggespült wurde, war äußerste Eile geboten.

Sandstürme: Der Golf ist nur etwa 30 Meter tief, weswegen vor Dubai keine gefährlichen Monsterwellen entstehen können. Durch die Meerenge von Hormus, die den Golf vor dem raueren Arabischen Meer abschirmt, wird die Küste Dubais vor den schlimmsten Stürmen bewahrt. Allerdings können saisonale Wüstensandstürme (Schamal) durchaus zwei Meter hohe Wellen auslösen. Der Wellenbrecher musste somit mindestens drei Meter hoch sein.

Erdbeben: Dubai liegt in einer seismisch aktiven Zone. Wird bei einem starken Erdbeben der Sanduntergrund erschüttert, sinken die Sandpartikel ab und zwischen ihnen steigt Wasser auf. Diese sogenannte Bodenverflüssigung führt dazu, dass die Last statt in die Erde in das Wasser abgeleitet wird. Dabei würde die ganze Insel versinken. Der Sand musste also so stark verdichtet werden, dass er steinhart war.

Umweltschäden: Im Vorfeld des Projekts gab es Befürchtungen, dass die Meeresflora und -fauna durch die Anlage empfindlich geschädigt werden könnte. Heute hingegen lockt das künstliche Riff sogar neue Arten an.

Einflüsse auf Meeresströmungen: Während der Entstehung von Palm Jumeirah stellte man fest, dass die Palmeninsel die natürliche Strömung an der Küste Dubais durcheinanderbrachte. Um die natürliche Wasserzirkulation im Wechsel von Flut und Ebbe aufrechtzuerhalten, unterbrach man den Wellenbrecherring an zwei Stellen.

DER TRAUM VON DUBAI

Vor der Küste von Dubai entsteht momentan noch ein weiterer künstlicher Archipel: Die 300 Eilande der Inselgruppe »The World« ergeben aus der Luft betrachtet die Erdkontinente. Die Inseln haben jeweils eine Fläche von zwei bis acht Hektar und kosten viele Millionen Dollar – ohne Bebauung!

Bei zwei weiteren Palmeninseln vor der Küste von Dubai wurde mit dem Bau begonnen, die Projekte liegen aber seit der weltweiten Finanzkrise 2008 auf Eis. Sollten sie jemals fertiggestellt werden, wird Palm Jebel Ali zweimal so groß sein wie Palm Jumeirah und 29 Luxushotels haben.

THE PALM, JUMEIRAH Eine Palmeninsel entsteht

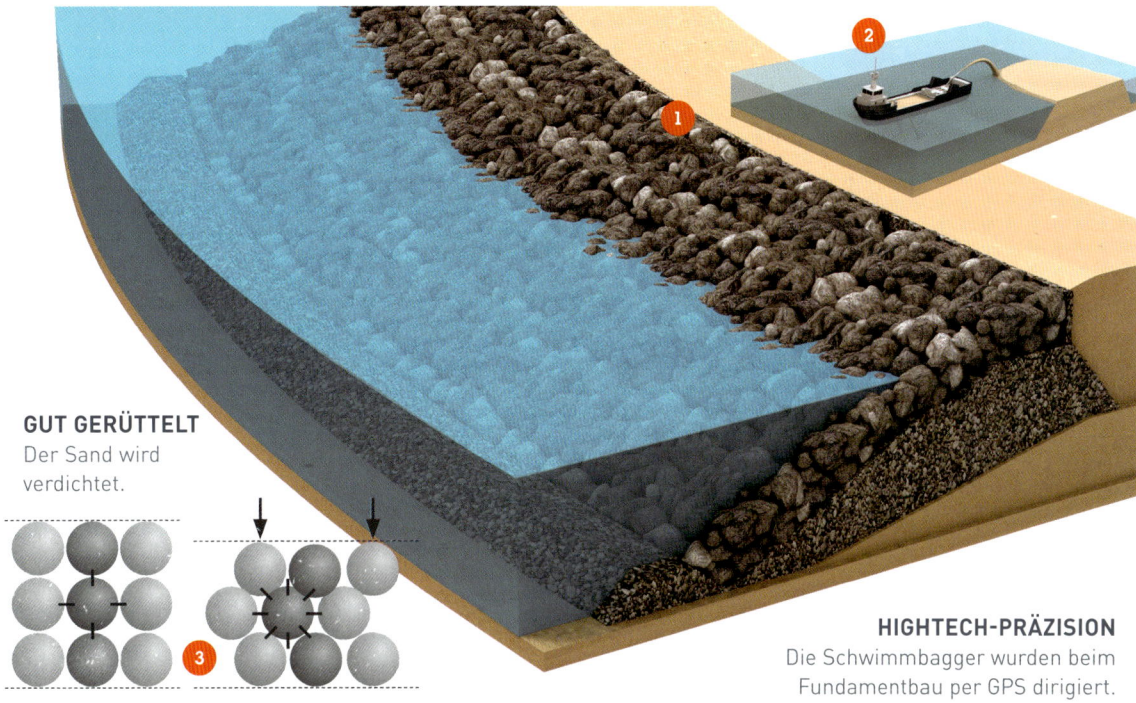

GUT GERÜTTELT
Der Sand wird
verdichtet.

HIGHTECH-PRÄZISION
Die Schwimmbagger wurden beim
Fundamentbau per GPS dirigiert.

1 » BAU DES WELLENBRECHERRINGS

Im August 2001 begann man mithilfe von 30 Erdbau-
maschinen, 15 Schleppern, zehn Schwimmkränen, neun
Lastkähnen und vier Schwimmbaggern, den drei Meter
hohen, elfeinhalb Kilometer langen Wellenbrecherring
anzulegen. Die Schwimmbagger schoben dafür zuerst
Sand vom Meeresboden zu einem einfachen Damm
zusammen und befestigten ihn mit Tonnen von Schotter,
bevor mit den Kränen Felsblöcke passgenau darauf
platziert wurden.

2 » ERSTELLEN DER FUNDAMENTE

Obschon reichlich vorhanden, wäre der Wüstensand
als Bausubstanz für die Palmeninsel zu fein gewesen.
Mit Schwimmbaggern wurden deshalb 94 Millionen
Kubikmeter grober Sand vom Meeresboden des Golfs
gefördert und in einem riesigen Bogen durch die Luft
an den Bauplatz gespritzt. Innerhalb von vier Minuten
konnte man dabei so viel Sand aufschütten, wie in ein
50-Meter-Schwimmbecken passen würde. Mithilfe von
GPS-Technik konnte der Sand so genau an die vorgese-

hene Stelle gespritzt werden, dass letztendlich eine
perfekte Palmenform entstanden war.

3 » VERSTÄRKEN DER FUNDAMENTE

Um einer Bodenverflüssigung im Falle eines Erdbebens
vorzubeugen, wurde der sandige Untergrund bis zu
einer Tiefe von zwölf Metern mit einem speziellen Verfahren verdichtet. Es wurden über 200 000 Löcher
gebohrt, in die man unter hohem Druck Wasser und
Luft einpresste. Beim anschließenden Rüttelvorgang
wurden die Sandpartikel in eine dichtere Lagerung
gebracht.

» BAU DER GEBÄUDE

Im März 2004 wurden die Einrichtungen für Gas, Strom,
Trink-, Brauch- und Abwasser installiert. Als die ersten
Luxusvillen auf Palm Jumeirah zum Kauf angeboten wurden, waren nach drei Tagen bereits alle Objekte weg. Von
Naomi Campbell bis David Beckham – jeder wollte eines
der kostbaren Stückchen an der Küste Dubais besitzen.
2006 bezogen die ersten Bewohner ihre neuen Heime.

DER TRANSRAPID SHANGHAI

Der führerlose Zug schwebt wie auf einem Luftpolster und ist mit bis zu 501 Stundenkilometern so schnell wie ein Flugzeug.

B einahe geräuschlos, nur mit einem leisen Zischen, fährt der Zug im Bahnhof am Flughafen von Shanghai ein. Er wirkt gar nicht so viel anders, außer dass er ohne Räder dahingleitet, ähnlich einem futuristisch-altmodischen Fahrzeug aus Science-Fiction-Comics. Gespannt steigt man ein und nimmt Platz am Fenster. Bei der Ausfahrt aus dem Bahnhof kann man gar nicht fassen, wie leise sich der Zug bewegt. Kein Motorenbrummen, kein Schienenrattern, keine quietschenden Bremsen. Der Zug beschleunigt so gleichmäßig, dass es einem beinahe so vorkommt, als würde man eine Videoanimation sehen. Bäume und Gebäude zischen vorbei, während die Bahn die Vororte durchfährt. Es fühlt sich so an wie kurz vorm Abheben.

◄ ANREISE ►

Die meisten großen Airlines fliegen Shanghai an. Der pfeilschnelle Transrapid (Shanghai Maglev Train) legt die Strecke vom Flughafen Shanghai Pudong zur Endhaltestelle Pudong in gerade einmal siebeneinhalb Minuten zurück. Ab da geht es weiter mit Metro oder Taxi.

◄ WEITERE LOHNENDE ZIELE ►

Ein guter Einstieg ist ein Bummel auf Shanghais berühmtester Straßenmeile: Der Bund verläuft entlang des Flusses Huangpu und ist gesäumt von europäischen Lagerhäusern, Banken und teuren Hotels aus den 1920er- und 1930er-Jahren. Aus der Vogelperspektive kann man die Stadt vom 468 Meter hohen Oriental Pearl Tower überblicken. Im Untergeschoss befindet sich das Historische Museum Shanghai, wo die wechselvolle Geschichte der Stadt aufgerollt wird.

Der Transrapid Shanghai stellt mit maximal 501 Stundenkilometern eine technische Meisterleistung dar. Kein anderer Personenzug schafft diese Geschwindigkeit – im Vergleich zu dem japanischen Shinkansen ist er 60 Prozent schneller.

Das Konzept einer Magnetschwebebahn wurde in den 1930er-Jahren von dem deutschen Erfinder Hermann Kemper erdacht. Damals gab es aber noch keine technischen Möglichkeiten, um ein solches elektromagnetisches System zu steuern. 1980 begann man im norddeutschen Emsland mit dem Bau einer 800 Millionen Euro teuren, 31,5 Kilometer langen Versuchsanlage. Der hohe Energieaufwand, Vorbehalte gegenüber der neuen Technik und ein Unfall mit zahlreichen Toten verzögerten jedoch ihre kommerzielle Nutzung.

Der Aufstieg des Roten Drachen

China war angesichts seiner riesigen Bevölkerung und seines wenig ausgebauten Eisenbahnnetzes bereit, in das Transrapid-System zu investieren. Im Rahmen eines 1,2 Milliarden US-Dollar teuren Projekts sollte eine 30 Kilometer lange Verbindungsstrecke zwischen Zentrum und Flughafen entstehen.

Das Projekt hatte es jedoch in sich. Bei Bodenerschütterungen in dem erdbebengefährdeten Gebiet kann es zu einer Bodenverflüssigung kommen: Sandpartikel sinken ab, während zwischen ihnen Wasser aufsteigt. Bauten versinken im Boden.

Die Strecke der Magnetschwebebahn verlief in einer Schwemmebene; die Stützpfeiler brauchten also ein sehr festes Fundament. Man setzte sie auf zwei Meter dicke, zehn Meter breite Stahlbeton-Pfahlkopfplatten, die von insgesamt 24 000 Pfählen getragen werden. Manche reichen 70 Meter tief in den Boden.

Auch musste sichergestellt werden, dass die in Deutschland hergestellten Züge perfekt auf den Fahrweg abgestimmt waren. Dadurch, dass man bestimmte Teile des Fahrwegs aus relativ dehnbarem Stahl fertigte, waren kleinere Anpassungen möglich.

Nach nur 18-monatiger Bauzeit wurde die Magnetschwebebahn am 31. Dezember 2002 im Rahmen eines offiziellen Staatsbesuchs eingeweiht. Der Transrapid verkehrt heute täglich dreimal pro Stunde. Eine Stunde Autofahrt entspricht siebeneinhalb Minuten im Hochgeschwindigkeitszug.

ZAHLEN UND FAKTEN

✪ Magnetschwebebahnen können schneller fahren als ein Formel-1-Wagen und nehmen es sogar mit einem Flugzeug auf. Ein Transrapid-Zug kann in etwas mehr als zwei Minuten auf 300 Stundenkilometer beschleunigen.

✪ Bei einer Magnetschnellbahn werden bis zu 70 Tonnen in einen Schwebezustand gebracht – dafür sind immense Kräfte notwendig.

✪ Ungefähr ein Viertel des weltweiten Verbrauchs an fossilen Brennstoffen entfällt auf den Verkehr. Magnetschwebebahnen werden als umweltfreundliche Alternative zu Kurzstreckenflügen gesehen.

Magnetschwebebahn bei der Abfahrt am Flughafen ⌃

DER TRANSRAPID SHANGHAI Im Schwebezustand

NOTSTROMVERSORGUNG
Bei einem Stromausfall springt
eine Batterie ein.

MAG(NET)ISCH!
Mithilfe von Magneten wird
der Transrapid in der
Schwebe gehalten.

UNSICHTBARE KRAFT
Die roten Magneten lassen
den Zug abheben, die blauen
halten ihn in der Spur.

Die führerlose Magnetschwebebahn fährt wie auf einem Luftpolster. Der Schwebeeffekt beruht auf einer elektromagnetischen Wechselwirkung zwischen Magneten an der Unterseite der Bahnwagen und Magneten mit entgegengesetzter Polarität in der Fahrtrasse.

Die Führung erfolgt mit einer elektronischen Abstandskontrolle. Bordcomputer steuern die Stromzufuhr zu den Magneten, sodass die Wagen in einem konstanten Abstand von zehn Millimetern bleiben und keinen Kontakt zum Fahrweg haben. Für die Stromversorgung der Computer und der Beleuchtung sorgen riesige Batterien an Bord. Sie dienen auch als Notaggregate und halten bei einem Stromausfall den Zug bis zum Abbremsen im Schwebezustand, ohne aufzuprallen.

Zum Antreiben des Zugs wird ein elektrischer Strom durch die Magnetspulen an den Fahrwegwänden geleitet und fortwährend die Polarität der Spulen verändert. Dabei entsteht vor dem Zug ein magnetisches Feld, das den Zug vorwärts zieht, während dahinter ein weiteres magnetisches Feld für einen zusätzlichen Schub sorgt. Im Kontrollzentrum überwachen Techniker sämtliche Abläufe.

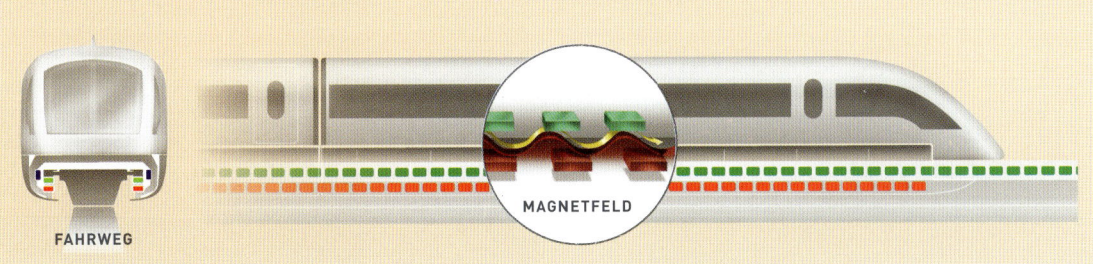

FAHRWEG

MAGNETFELD

DER VIADUKT VON MILLAU

Die höchste Brücke der Welt überspannt eines der tiefsten Flusstäler Europas. Mit zweieinhalb Kilometern Länge ist sie ein Meisterstück der Ingenieurskunst und zieht Autofahrer in ihren Bann.

H inter der Mautstation verengt sich die Autobahn auf zwei Fahrstreifen. Vor der Auffahrt auf die Brücke blickt man noch einmal kurz auf das Bauwerk – sieben Masten ragen in den wolkenverhangenen Himmel, wie Schiffe im Nebelmeer.

Von hier aus scheint sich die Straße endlos fortzusetzen. Unwillkürlich fällt der Blick hinab in das tiefe Tarn-Tal. Gebannt von der Höhe und der Schönheit des Bauwerks hat man für einen Moment den Tachometer vergessen und bremst jetzt sanft ab. Wenn man dann die Sonnenbrille aufsetzt und sich einen coolen Film-Soundtrack dazudenkt, ist es beinahe so wie hoch oben über den Weiten der wilden Flusslandschaft.

ANREISE

Das Viadukt von Millau in Südfrankreich muss man »erfahren«! Die Trasse hat von Süden nach Norden ein Gefälle von drei Prozent und führt leicht um die Kurve, damit die Fahrer nicht unaufmerksam werden, während sich gleichzeitig ein fantastischer Blick auf das Bauwerk ergibt. Von Montpellier fährt man in nördlicher Richtung auf der A75.

WEITERE LOHNENDE ZIELE

Von all den sehenswerten Orten in Südfrankreich die Highlights auszuwählen ist nicht einfach. Zu empfehlen ist eine Kanufahrt auf dem Gardon bei Nîmes, wo man das römische Aquädukt Pont du Gard vom Fluss – oder bei einer Ballonfahrt aus der Luft – bestaunen kann. Weiter östlich in der Region Provence bummelt man durch provençalische Märkte oder malerische Hügeldörfer wie Gordes bei Avignon. Die mittelalterliche Festungsstadt Carcassonne in der Region Languedoc-Roussillon ist am reizvollsten in der Abenddämmerung.

DAS MEISTERWERK VON MILLAU

Mit der alten Brücke in dem Städtchen Millau mussten Urlauber, die auf ihrer Fahrt Richtung Mittelmeer das Tarn-Tal durchquerten, auf dem 29 Kilometer langen Streckenabschnitt stundenlange Staus erdulden. Heute lässt sich das Tal in gerade einmal 90 Sekunden überqueren.

Der Bau einer derart hohen und langen Brücke brachte allerdings zahlreiche Herausforderungen mit sich. Für alles mussten die Ingenieure eine Lösung finden: etwa, wie man die Sturmwinde bändigt, die das Tarn-Tal in einen Windkanal verwandeln; oder was zu tun ist, wenn sich infolge schwankender Tagestemperaturen die Metallbauteile dehnen und wieder zusammenziehen.

ZAHLEN UND FAKTEN

✿ Das Viadukt von Millau ist das höchste Bauwerk Frankreichs – der höchste Brückenmast überragt mit 343 Metern noch den Eiffelturm.

✿ Geplant wurde die Brücke von dem Architekten Norman Foster und dem Ingenieur Michel Virlogeux.

✿ Die Brücke ist für eine Last von 35 000 Tonnen ausgelegt. Auf dieses Gewicht käme man, wenn man die vier Fahrstreifen komplett mit Lkw vollstellen würde – und zwar in zehn Schichten übereinander.

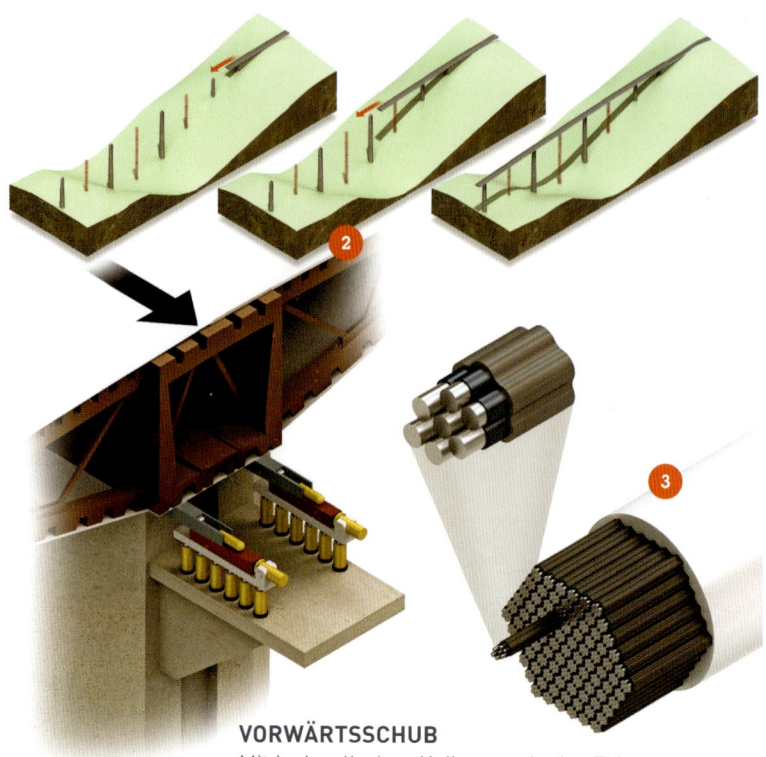

VORWÄRTSSCHUB

Mit hydraulischen Keilen wurde das Fahrbahndeck auf die Pfeiler geschoben.

Bis zu 245 Meter hohe Pfeiler tragen die Brücke. ⌃

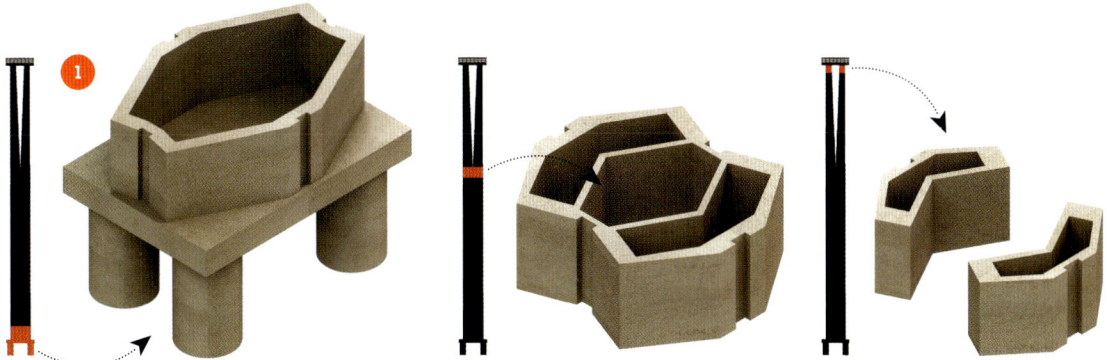

1 » KONSTRUKTION DER BETON-PFEILER

Der höchste Pfeiler (Pylon) ragt 245 Meter in die Luft und ist damit so hoch wie ein 70-stöckiger Wolkenkratzer. Und als ob der Bau der sieben Pfeilertürme nicht schon Herausforderung genug gewesen wäre, sollte die Trasse aus Sicherheitsgründen auch noch eine leichte Biegung machen, damit die Fahrer ihre Aufmerksamkeit gezwungenermaßen die ganze Zeit über auf die Straße richten müssen. Um beim Bau auf wenige Millimeter genau zu bleiben, wurden an den Pfeilern, auf dem Fahrbahndeck und am Talboden GPS-Empfänger angebracht.

Die Pfeiler wurden aus Beton gefertigt, einem wenig biegsamen Material. Nachdem sich der stählerne Fahrbahnträger bei sommerlichen 40 Grad Celsius bis zu 1,2 Meter ausdehnen kann, baute man die Pfeiler so, dass sie sich weiter oben gabeln, mit einer zehnmal stärkeren Dehnkraft.

2 » SCHNEIDEN DES STAHLS

Das Projekt hatte einen engen Zeitrahmen. Beim Stahlschneiden griff man deswegen anstelle des herkömmlichen autogenen Brennschneidens auf Plasmaschneider zurück, die dreimal schneller schneiden. Außerdem entstehen dabei sauberere Schnittflächen, sodass sich der Nachbearbeitungsaufwand verringert. Den Metallbau-Spezialisten von Eiffage gelang es so, in nur zwei Jahren 2078 Stahlteile mit einem Gesamtgewicht von 17 000 Tonnen zu schneiden.

3 » EINSETZEN DES FAHRBAHNDECKS

Da die Brückenpfeiler zu hoch waren, um das Fahrbahndeck Abschnitt für Abschnitt mit Kränen in seine Position zu heben, mussten die Ingenieure das Deck komplett von den beiden Seiten oberhalb des Tals auf die Pfeiler schieben. Dabei hätte ein einziger unkontrollierter Stoß die Pfeiler zum Einstürzen bringen können.

Die Ingenieure nutzten deshalb eine riesige hydraulische Hebevorrichtung, bei der das Deck mit zwei gigantischen Keilen ohne Druck auf die Pfeiler angehoben wurde. War das Deck an seinem Platz, wurde einer der Keile entfernt und das Deck auf die Pfeiler abgesenkt. Das Deck wurde dabei in Intervallen von vier Minuten um jeweils 600 Millimeter weiterbewegt. Insgesamt dauerte es bis zum Brückenschluss drei Tage.

Dehnfugen an den Brückenenden sorgen für Spielraum, wenn sich die Fahrbahn in heißen Sommermonaten bis zu 1,2 Meter dehnt.

» BEFESTIGUNG DER MASTEN UND STAHLSEILE

Um den Fahrbahnträger während des Vorschubs zu stabilisieren, stützten ihn die Ingenieure mit einem Netz von Stahlseilen. Sobald das Fahrbahndeck an seinem Platz war, wurden die 90 Meter hohen Masten aufgerichtet und die Seile gespannt.

Die einzelnen Seilhüllen enthalten jeweils ein Bündel von 91 Seilen, die ihrerseits aus sieben verdrillten Strängen bestehen. So lassen sich einzelne Seile bei Korrosionsschäden leicht austauschen.

DIE DREI-SCHLUCHTEN-TALSPERRE

180 Meter hoch und zwei Kilometer breit ist die gigantische Betonwand, die den Jangtse abriegelt. Das Wasserkraftwerk versorgt 60 Millionen Menschen in China mit ausreichend Strom.

Der Blick von der »Plattform 185« ist äußerst beeindruckend. In 185 Metern Höhe, dem Niveau der Dammoberkante, bekommt man ein Gefühl von den monumentalen Dimensionen des Bauwerks. Die graue Betonmauer des Damms zieht sich bis weit in die Ferne. Unten an der Basis stürzen kaskadenartige Wasserfontänen Hunderte Meter das Flussbett hinab. Riesige Schiffe werden in mehrstufigen Schleusen langsam bis zur Oberkante des Damms angehoben.

Mit ihrem industriellen Charakter steht die Anlage in deutlichem Kontrast zum üppigen Grün der Parkanlagen mit all den Skulpturen und Felsen, die einst als Baumaterial dienten. Nach dem obligatorischen Besuch im Souvenirladen begibt man sich zurück auf das Ausflugsboot, das auf dem Fluss dahinfährt, hindurch unter der Hängebrücke und vorbei an einheimischen Fischern, deren Leben sich durch den Bau der riesigen Talsperre komplett verändert hat.

◄ ANREISE ►

Von Wuhan, der Hauptstadt der Provinz Hubei, verkehren Busse und Züge nach Yichang unterhalb der Drei-Schluchten-Talsperre. Wuhan verfügt über einen internationalen Flughafen sowie mehrere Fernbusbahnhöfe und liegt an der Hauptverbindungsstrecke der Eisenbahn zwischen Peking und Guangzhou. Von Yichang fahren Busse zu den Aussichtspunkten an der Talsperre.

◄ WEITERE LOHNENDE ZIELE ►

Die Stadt der Geister war vor der Flutung der Drei Schluchten eine Andachtsstätte. Nach dem Vorbild der ursprünglichen Stadt, die heute flussaufwärts bei Fengdu 70 Meter tief unter dem Wasser liegt, wurde der Ort beinahe komplett wieder aufgebaut. Im Museum für den Chinesischen Stör in Yichang gibt es nicht nur seltene Störarten zu sehen, sondern auch China-Alligatoren und Riesensalamander. Der Huangling-Tempel in der Xiling-Schlucht ist das größte und älteste Bauwerk im Drei-Schluchten-Gebiet.

DER MEGA-DAMM

Etwa alle zehn Jahre kommt es am Jangtse zu verheerenden Überschwemmungen. Mit der Drei-Schluchten-Talsperre wollte man das Hochwasser in den Griff bekommen und elektrische Energie für den wachsenden Bedarf der chinesischen Bevölkerung gewinnen. Kein leichtes Unterfangen!

Bevor man das monumentale Projekt in Angriff nehmen konnte, mussten mehr als eine Million Menschen aus dem Tal oberhalb umgesiedelt werden; dort sollte ein Stausee von 607 Quadratkilometern Fläche entstehen. In der Staumauer wurden 28 Millionen Kubikmeter Beton verbaut – genug, um eine erdumspannende Betonröhre herzustellen. Zur Unterbringung der 32 Riesengeneratoren wurden drei gewaltige Maschinenhäuser errichtet. Jeder der Generatoren produziert so viel Strom wie ein kleines Atomkraftwerk.

Die Herausforderungen

Hochwasser: In niederschlagsreichen Zeiten übt das steigende

⌃ Wasser wird über Schleusentore abgelassen.

Wasser im Stausee einen ungeheuer hohen Druck auf den Betondamm aus. Die Betreiber der Talsperre lassen deshalb über eine Reihe von Schleusentoren überschüssiges Wasser ab. Damit die reißenden Wassermassen dabei nicht direkt auf das Fundament der Talsperre donnern, wird über Betonrinnen das Wasser 100 Meter flussabwärts geleitet.

Sedimente: Der Damm hält die vom Flusswasser mitgeführten Sedimente auf. Würden sich die Sedimente immer weiter ansammeln, hätte der Stausee nicht mehr dieselbe Kapazität. Auch

könnten die Turbinen beschädigt werden. Daneben entzieht der Damm der Landschaft weiter flussabwärts ihren natürlichen Dünger, nämlich den Flussschlamm. Nach dem Vor-

ÜBRIGENS ...

✷ Die Hallen, in denen die Generatoren stehen, sind so riesig, dass die Arbeiter Fahrräder benutzen, um sich darin fortzubewegen.

✷ Der Bau des Damms kostete offiziell 75 Milliarden US-Dollar.

1   2   3

bild des Assuan-Staudamms konstruierte man Schleusentore, durch die beim Öffnen riesige Wassermengen mit den darin enthaltenen Sedimenten flussabwärts fließen können.

Schiffsverkehr: Der Jangtse ist eine viel befahrene Wasserstraße; bis zu 170 Schiffe passieren die Talsperre pro Tag. Über eine Reihe von Schleusen werden Frachtschiffe auf die Höhe des Stausees angehoben, was bis zu vier Stunden dauert. In Zukunft werden dank eines hydraulischen Hubsystems große Passagierschiffe die Talsperre in rund 30 Minuten überwinden können.

DER JANGTSE WIRD ABGERIEGELT

1 » Zwei Drittel der Flussbreite des Jangtse wurden durch provisorische Kofferdämme abgeriegelt.

2 » Nachdem das Flussbett innerhalb der Kofferdämme trocken war, bauten die Ingenieure einen Teil des Hauptdamms.

3 » Dann wurde der noch offene Abschnitt mit Erdreich aufgefüllt.

4 » Nachdem der Fluss auf diese Weise auf seiner gesamten Breite abgeriegelt war, konnte schließlich auch der letzte Abschnitt vollendet werden.

5 » Mithilfe von 190 Tonnen Dynamit, das verteilt in diversen Löchern im Erdreich angebracht wurde, wurden die provisorischen Dämme gesprengt.

DER LARGE HADRON COLLIDER

In einem 27 Kilometer langen Ringtunnel 100 Meter unter der Erde lässt man Teilchen annähernd mit Lichtgeschwindigkeit aufeinanderprallen, um die Folgen des Urknalls zu erforschen.

Natürlich ist die Vorstellung naiv, die Besucher würden auch in die ATLAS-Kaverne tief unter der Erde eingelassen, wo all die Teilchenkollisionen stattfinden. Denn mit dem Startschuss für den LHC im Jahr 2009 wurde die Kaverne für Besucher gesperrt – das ist auch gut so, wenn man bedenkt, wie stark manche der supraleitenden Magneten sind und dass dort unten frostige –270 Grad Celsius herrschen.

Einen gewissen Eindruck von der Kaverne bekommt man immerhin in einem 3-D-Film im Besucherzentrum. Anschließend wandert man durch die Ausstellung, wo es allerlei über den wissenschaftlichen Hintergrund des ATLAS-Experiments zu erfahren gibt. Die Besucher können sich an interaktiven Spielen versuchen, bei denen ein Higgs-Boson eingefangen werden muss, oder den Forschern bei der Arbeit zuschauen.

ANREISE

Genf wird von den meisten großen Fluggesellschaften angeflogen. Mit der Buslinie Y gelangt man direkt zum CERN. Die gleichnamige Haltestelle liegt gegenüber dem großen Globe-Gebäude. Alternativ kann man den Bus 23, 28 oder 57 nehmen und ab Blandonnet die Tram18 nehmen, die vom Bahnhof her kommt. Die Führung beinhaltet das ATLAS-Besucherzentrum, von wo aus man den Kontrollraum sehen kann. Der Rundgang ist kostenlos.

WEITERE LOHNENDE ZIELE

Entspannung findet man im nahe gelegenen Annecy, einer malerischen französischen Stadt mit zahlreichen Kanälen, Brücken, mittelalterlichen Häusern und einem Schloss, schön gelegen an einem See vor einer großartigen Alpenkulisse. Von Chamonix führt eine Seilbahn auf die Aiguille du Midi. Die zerklüftete Felsspitze liegt auf einer Höhe von 3842 Metern in direkter Nachbarschaft zu Europas höchstem Berg, dem Mont Blanc. Mit dem Zug erreicht man das Mer de Glace (»Eismeer«), Frankreichs größten Gletscher.

BIG BANG

Bei dem größten wissenschaftlichen Experiment aller Zeiten werden in einem 27 Kilometer langen unterirdischen Ringtunnel Teilchen mit 99,9999999 Prozent der Lichtgeschwindigkeit zur Kollision gebracht – ähnlich einem Big Bang.

Der Large Hadron Collider (LHC) ist einer von mehreren Teilchenbeschleunigern auf der Welt – und zwar der größte. Erbaut wurde er um den bestehenden Tunnel des Large Electron-Positron Collider (LEP) am CERN, dem Europäischen Kernforschungszentrum, das 1954 bei Genf eingerichtet wurde, um den Aufbau der Materie zu untersuchen.

ZAHLEN UND FAKTEN

○ Der Large Hadron Collider (LHC) ist siebenmal leistungsfähiger als sein kleinerer Vorgänger, der LEP Collider.

○ Jede Sekunde wird im LHC die Datenmenge einer CD erzeugt; auf ein Jahr gesehen ergibt das eine Datenmenge von 15 Millionen Gigabyte. Diese Daten werden von einem weltweiten Netz von Computern verarbeitet und von rund 5 000 Wissenschaftlern an 500 Universitäten in aller Welt ausgewertet.

○ Der CMS-Magnet ist die stärkste Magnetspule aller Zeiten. Mit 12 000 Ampere entsteht ein magnetisches Feld, das 100 000 Mal stärker als das der Erde ist.

Zweck des LHC ist die Erforschung der Vorgänge unmittelbar nach dem Urknall sowie die Suche nach subatomaren Teilchen wie dem Higgs-Boson, deren Entdeckung wichtige physikalische Theorien stützen würde. Um den Beschleunigerring des LHC sind vier Detektoren angeordnet, die die Kollision zweier Teilchen erfassen, was pro Sekunde etwa 800-mal eintritt. In einer Sekunde erstellt der ATLAS-Detektor 40 Millionen Aufnahmen.

Im Beschleunigerring werden die Teilchen von über 1 200 supraleitenden Magneten geführt, die den Teilchenstrahl ablenken, sowie von 400 Magneten zur Fokussierung. Weitere 5 000 Magnete halten die Strahlen auf Kurs. Der größte Magnet hat einen Umfang von elf Metern und wiegt 240 Tonnen. Damit 10 000 Ampere geleitet werden können, wird auf minus 270 Grad Celsius heruntergekühlt.

Trotz der immensen Baukosten von drei Milliarden Euro hat sich der LHC bereits rentiert und sogar als großer Erfolg erwiesen – das schwer fassbare subatomare Teilchen Higgs-Boson konnte gefunden werden.

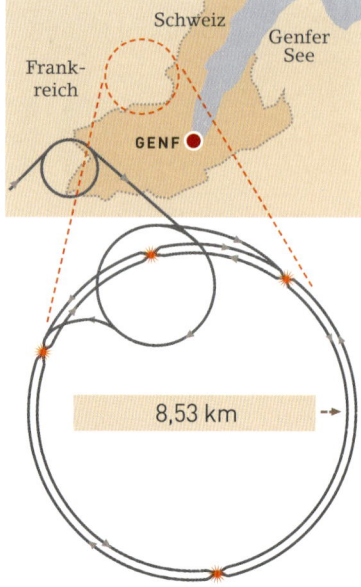

BESCHLEUNIGERRINGE
Die kreisrunden Tunnel liegen 100 bis 175 Meter tief unter der Erde.

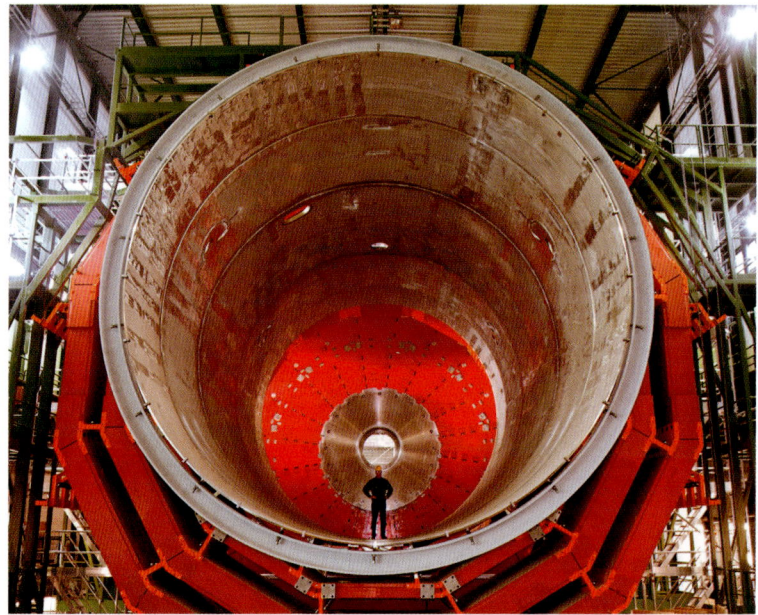

Der CMS-Detektor im Bau ⌃

DER LARGE HADRON COLLIDER Den Atomen auf der Spur

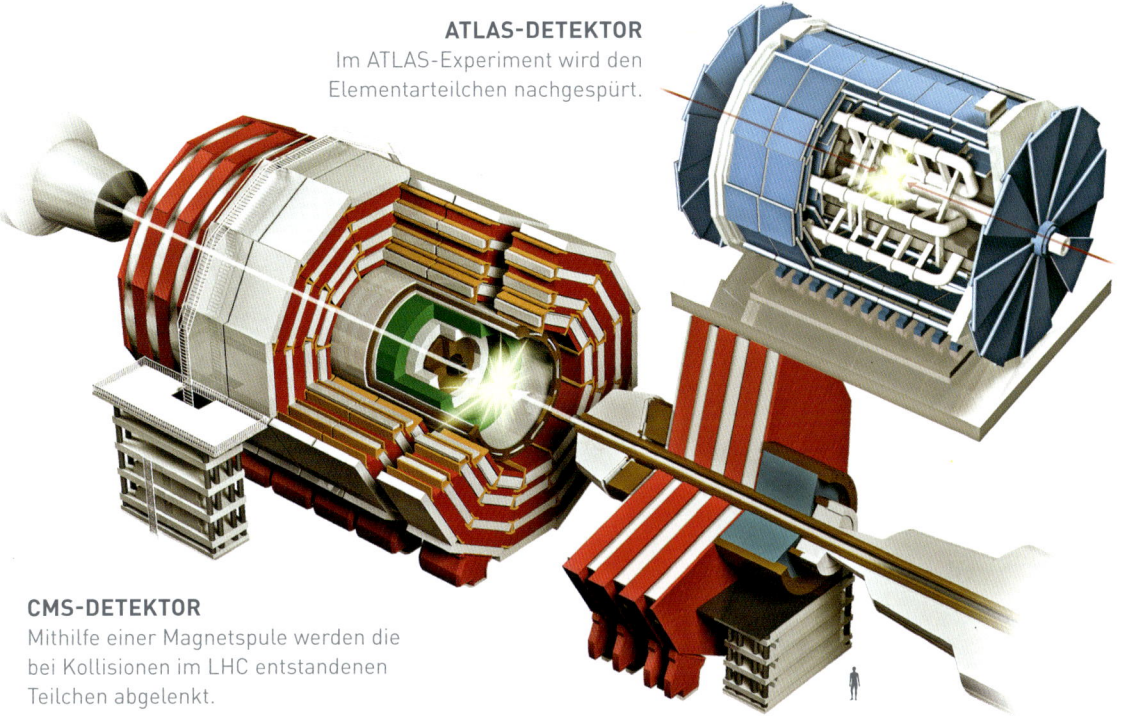

ATLAS-DETEKTOR
Im ATLAS-Experiment wird den Elementarteilchen nachgespürt.

CMS-DETEKTOR
Mithilfe einer Magnetspule werden die bei Kollisionen im LHC entstandenen Teilchen abgelenkt.

Im französisch-schweizerischen Grenzgebiet bei Genf gab es bereits einen Tunnel mit dem LEP Collider. Die unterirdische Anlage wurde dann um mehrere Schächte und vier riesige Kavernen erweitert, ausgestattet mit vier Detektoren, darunter dem CMS (Compact Muon Solenoid)-Detektor.

BAUGRUNDVEREISUNG

Um die Arbeiter an der Baustelle des CMS vor Wassereinbrüchen aus zwei unterirdischen Wasserläufen zu schützen, nutzten die Ingenieure das Verfahren der Baugrundvereisung: In einem Schacht wurden Rohre in den Erdboden gerammt, in die man Sole von minus 25 Grad Celsius pumpte. Nach mehreren Wochen bildete sich eine drei Meter dicke Eiswand.

AUSHUB UND BAU DER KAVERNEN

Riesige Bagger mit Hydraulikhämmern fraßen sich durch den Fels und gruben breite Schächte und eine

riesige Kaverne, die groß genug ist, um das Hauptschiff von Westminster Abbey aufzunehmen. Das ausgehobene Material – ungefähr 200 000 Kubikmeter Stein – wurde für den Landschaftsbau weiterverwendet. Nach Anbringung einer Abdichtungsfolie wurden Stahlbetonmauern und eine 10 000 Tonnen schwere Betondecke eingezogen.

EINBAU DER KOMPONENTEN

Die unterschiedlichen Komponenten für den Teilchenbeschleuniger und die Detektoren wurden an verschiedenen Orten der Welt gefertigt. Beim Zusammenbau musste alles perfekt passen; der Fehlerspielraum betrug weniger als einen Millimeter. Die 15 großen bis zu 2 000 Tonnen schweren Detektorteile mussten einzeln in den 20 Metern breiten Schacht hinabgelassen werden. Erst in der Kaverne hat man sie zusammengesetzt. Zuletzt wurde alles durch 200 Kilometer Kabel und bis zu 40 Kilometer Rohre verbunden.

DER BURJ KHALIFA

1,5 Milliarden US-Dollar, 31 400 Tonnen Stahl und rund 28 000 Glaselemente haben in der Arabischen Wüste ein Bauwerk wie aus einem Science-Fiction-Film entstehen lassen. Der Burj Khalifa überragt den bisherigen Rekordhalter um 300 Meter und ist mit unglaublichen 828 Metern das höchste Gebäude der Welt.

Wer meint, der Eiffelturm sei hoch, dem bleibt beim Burj Khalifa vollends die Spucke weg – ist er doch um das Zweieinhalbfache höher als das Pariser Wahrzeichen. Der Betrachter auf der Straße muss den Kopf tief in den Nacken legen, um die Turmspitze zu erspähen.

Richtig erfassen lässt sich dieses Meisterwerk der Ingenieurskunst erst bei einem Besuch der Aussichtsplattform »At The Top« in der 124. Etage. Mit dem 65 Meter langen Travelator gelangt man vom unteren Erdgeschoss der Dubai Mall zum Doppeldecker-Lift, der die Passagiere mit einer Geschwindigkeit von zehn Metern pro Sekunde in 452 Meter Höhe befördert. Dort bietet sich dem Besucher ein atemberaubender Panoramablick.

Bei einem Rundgang auf dem Besucherdeck kann man die Aussicht nach allen Seiten genießen. Wer nicht unter Höhenangst leidet, sollte sich nach draußen auf die höchste Freiluft-Aussichtsplattform der Welt begeben. Ab dort ragen 38 weitere Etagen in den Himmel und lassen den Betrachter über dieses Bauwunder staunen.

ANREISE

Dubai International Airport ist das meist genutzte Luftfahrtdrehkreuz im Nahen Osten. In der Stadt kommt man am besten mit dem Taxi herum. Viele Hotels bieten auch einen Shuttle-Service an. Der Burj Khalifa liegt im Stadtviertel Downtown Dubai. Eintrittskarten für die Aussichtsplattform »At The Top« erhält man an der Ticketkasse im unteren Geschoss der Dubai Mall.

WEITERE LOHNENDE ZIELE

Wer über die Stadtgrenzen hinausfährt, taucht langsam in die Wüstenlandschaft ein und damit in eine völlig andere Welt. Weitere Attraktionen: Eine Heißluftballonfahrt am frühen Morgen, ein Ausflug mit dem Geländefahrzeug in die Dünen oder rasante Abfahrten von Sandhügeln beim Sandboarding.

EIN MEGA-TURM ENTSTEHT

Jeder Wolkenkratzer ist anfällig gegen starken Wind und Erdbeben – umso mehr, wenn er 828 Meter in den Himmel ragt. Deshalb hat man den Burj Khalifa mit einem verstärkten Kern konstruiert, bei dem drei Flügel im Winkel von jeweils 120 Grad zueinander stehen und an einer Mittelsäule verankert sind. Der sechsseitige Kern besteht aus Beton und verhält sich ähnlich wie eine Achse, die einer Verwindung des Gebäudes entgegenwirkt. Die drei Flügel stützen sich gegenseitig; werden zwei Flügel vom Wind angeweht, fängt der dritte die Kraft ab. Durch die Stufen in der Fassade wird die Windströmung gebrochen.

Extreme Wetterbedingungen und Naturkatastrophen waren jedoch nicht die einzigen Herausforderungen für die Konstrukteure. Sie mussten sich auch Gedanken machen, wie man Tausende Bewohner und Besucher in dem Super-Wolkenkratzer schnell in die jeweiligen Etagen bringt. Insgesamt gibt es 57 Aufzüge, darunter Express-Lifts zur sogenannten »Sky Lobby«, wo die Bewohner in individuelle Aufzüge umsteigen, und Doppeldecker-Lifts, in denen Besucher mit einer Geschwindigkeit von zehn Metern pro Sekunde zur Aussichtsplattform hinaufsausen.

⌃ Dubai aus der Vogelperspektive

BURJ KHALIFA

ZAHLEN UND FAKTEN

✪ Der Burj Khalifa ist mit 828 Metern das höchste frei stehende Bauwerk der Welt. Mit 162 Stockwerken hält es auch in der Kategorie »Anzahl der Stockwerke« den Rekord. Das Gebäude ist fast neunmal höher als der Big Ben in London.

✪ 57 Aufzüge befördern die Fahrgäste schnell nach oben. Der Lastenaufzug schafft satte 5 500 Kilogramm.

✪ 330 Kubikmeter Beton wurden insgesamt verbaut. Teilweise wurde der Beton dabei in die Rekordhöhe von 606 Metern hochgepumpt.

✪ Den Turm und die Nebengebäude hat man aufwendigst mit rund 26 000 von Hand geschliffenen Glaselementen verkleidet.

✪ 31 400 Tonnen Betonstahl bilden gewissermaßen das Skelett des Gebäudes. Unvorstellbar: Hintereinander ausgelegt würden die Stahlstäbe ein Viertel der Erde umspannen!

✪ 22 Millionen Arbeitsstunden flossen in den Bau des Burj Khalifa ein. Während der intensivsten Bauphase waren täglich 12 000 Arbeiter und Lieferanten auf der Baustelle.

Zeit, Geld und Mythen

Ein derart komplexer Super-Wolkenkratzer kostet natürlich sein Geld: 1,5 Milliarden US-Dollar verschlang der Bau angeblich. Ursprünglich sollte der Turm Burj Dubai heißen, aber als das Projekt mit der Rezession finanziell ins Trudeln geriet und der Präsident mit einer Geldspritze aushelfen musste, benannte man den Bau zu seinen Ehren in Burj Khalifa um.

Nach über sechsjähriger Bauzeit wurde der Megaturm schließlich im Januar 2010 eröffnet. Viele Aspekte des Baus waren in Dunkel gehüllt; bald schon gingen deshalb die wildesten Gerüchte um, die sich zu modernen Mythen auswuchsen. Es stimmt nicht, dass in einem Radius von zehn Kilometern um das Gebäude der Blitz nicht mehr einschlagen kann, dass der Turm noch im Iran vom Boden aus zu sehen ist, oder dass der Chef-Kranführer während der Bauzeit in der Krankabine lebte und danach offiziell eingebürgert wurde.

Den Berichten nach war es den Kranführern jedoch untersagt, mit den Medien zu sprechen – wohl aus Furcht, sie könnten Details über die geplante Höhe des Turms ausplaudern. Logischerweise hätten sich dafür all jene interessiert, die ebenfalls einen neuen Höhenrekord anstrebten, kursierten doch Gerüchte über einen geplanten eineinhalb Kilometer hohen Turmbau. Fürs Erste hält der Burj Khalifa allerdings weiter den Weltrekord.

TURMSPITZE
Mit Hydraulikmaschinen wurde die Turmspitze durch das Gebäude nach oben gehoben.

④

BURJ KHALIFA Höchster Bau der Welt

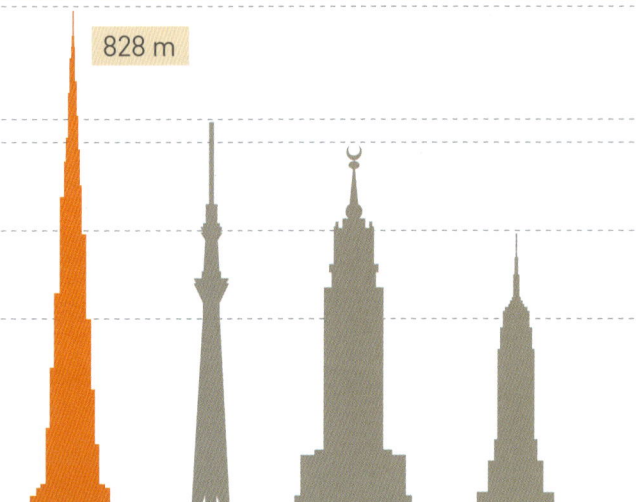

828 m

Vergleichsskala

| **BURJ KHALIFA** Dubai 828 m | **TOKYO SKY TREE** Tokio 634 m | **ABRAJ AL BAIT** Mekka 601 m | **EMPIRE STATE BUILDING** New York 443 m | **THE SHARD** London 309,6 m |

①

BURJ KHALIFA Einen Super-Wolkenkratzer bauen

GLASELEMENTE
Durch Spezialbeschichtungen auf beiden Seiten wird UV- und Infrarotlicht reflektiert.

1 » SETZEN DER FUNDAMENTE

Ein 828 Meter hoher Super-Wolkenkratzer benötigt ein besonders tiefes Fundament. Mit ausgereiftester Bohrtechnik hob man über 50 Meter tiefe Löcher für 192 Stahlbetonpfähle aus. Die Pfähle tragen eine riesige Betonstahlmatte mit einer Stärke von 3,7 Metern. Insgesamt wurden 45 000 Kubikmeter Beton in das Fundament gegossen – das Volumen von 18 Sportschwimmbecken.

2 » BAU DER KERNWÄNDE Die Kernwände

wurden bis zum November 2007 fertiggestellt. Dabei verwendete man 31 400 Tonnen Betonstahl und einen speziellen Betonmix, der erst nach drei Stunden hart wird, sodass genügend Zeit blieb, um den flüssigen Beton mit Hochdruckpumpen zunächst bis auf 601 Meter und später bis auf 606 Meter hochzuschießen. Den bisherigen Höhenrekord von 470 Metern vom Taipei 101 in Taiwan hatte man damit deutlich übertroffen. Dem Beton wurde Eis beigemischt, und gegossen wurde während der Nachtstunden.

3 » VERKLEIDUNG DES SUPER-WOLKENKRATZERS Die Gesamtfläche der Fassade

entspricht der Größe von 17 Fußballfeldern. Bei Tests mit einem Flugzeugmotor wurden starke Winde simuliert, um sicherzustellen, dass die Verkleidung entsprechenden Belastungen standhalten würde.

Rund 26 000 handgeschliffene Glaselemente und Aluminiumteile mit dem Gewicht von fünf Airbus-A380-Flugzeugen wurden von drei Hochkränen bis zur 156. Etage befördert und eingebaut. Die Kräne hinaufzubekommen war relativ einfach – sie wanderten bei Fertigstellung neuer Ebenen einfach mit. Der Abtransport

des obersten Krans war da komplizierter. Der Kran baute die oberen Mastteile selbst ab, anschließend wurden mit einem kleineren Bergungskran die übrigen Teile demontiert und zu einem weiteren Kran auf der 99. Etage hinabgelassen.

Die Fassaden werden mit einer auf Schienen laufenden Anlage gereinigt, die für einen Durchgang vier Monate braucht.

4 » ANBRINGEN DER TURMSPITZE

Gekrönt wird das Gebäude von einer 200 Meter hohen Turmspitze, die aus 4 000 Tonnen Stahl besteht. Sie wurde im Gebäude zusammengesetzt und dann in ihre Position gehoben. Im oberen Bereich sind Telekommunikations- und Sendeanlagen untergebracht.

» INSTALLATION DER VERSORGUNGS-TECHNIK Ein derart riesiges Gebäude erfordert eine

enorme Infrastruktur. Etwa alle 30 Etagen gibt es ein Stockwerk, das komplett mit technischen Anlagen belegt ist und Transformatoren, Wassertanks, Pumpen und Lüftungsgeräte beherbergt.

Zu Spitzenzeiten liegt der Energieverbrauch des Gebäudes bei 36 Megawatt – das entspricht der Stromaufnahme von 360 000 100-Watt-Glühbirnen. Jeden Tag fließen 946 000 Liter Wasser durch die Leitungsrohre, während zur Kühlung der Innenräume das Äquivalent von 10 000 Tonnen Eis benötigt wird. Um Energie zu sparen, ist die Klimaanlagentechnik überwiegend in den oberen Etagen untergebracht, wo die Lufttemperatur niedriger ist. In dem schwülheißen Klima fallen dabei riesige Mengen Kondensationswasser an – genug, um damit die Gartenanlagen zu bewässern.

Große Moschee von Djenné, Mali

ALEX DISSANAYAKE » GETTY IMAGES

-REGISTER-

REGISTER

REGISTER

REGISTER

ÜBER DIE AUTORIN

Jheni Osman, Journalistin und Fernsehmoderatorin, schreibt unter anderem für *New Scientist and Geographical* und moderiert bei *Headsqueeze*, dem BBC-Wissenschaftskanal auf YouTube. Als Autorin hat sie bereits diverse Bücher veröffentlicht, darunter *100 Ideas that Changed the World* und als Herausgeberin das preisgekrönte BBC-Wissenschafts- und Technologiemagazin *Focus*.

Jheni wuchs auf den Britischen Jungferninseln auf und lebte eine Zeit lang in Istanbul. Sie hat mit dem Rucksack die Welt bereist und arbeitete bei verschiedenen Naturschutzprojekten mit.

Zu ihren beeindruckendsten Erlebnissen zählt sie einen Tauchgang mit einem Walhai in der mexikanischen Baja California und die Besteigung des höchsten Bergs Europas, des Montblanc.

BILDQUELLEN

Bruce Bauer

Sam Brinkworth

Prof. Timothy Darvill

Alex Guth

Nat Hutton

Reiner Köhler

Max Lamy

Prof. Alan Levander

Prof. Ivo Lucchitta

Prof. Liz Morris

Jon Osman

Tania Rabesandratana

Dr. Gareth Rees

Jenny Stanton

Jo Walton

Prof. Brian Wernicke

Prof. James Wood

IMPRESSUM

FREDERKING & THALER

RECHTE DER DEUTSCHSPRACHIGEN AUSGABE:
© 2014, Frederking & Thaler Verlag in der
Bruckmann Verlag GmbH, München

TITEL DER ORIGINALAUSGABE: »Great Wonders. How
they were made and why they are amazing.«
Erschienen bei Lonely Planet Publications
Pty Ltd., Australien

TEXTE DER ORIGINALAUSGABE: Jheni Osman
ÜBERSETZUNG: Klaus Benz, München
LEKTORAT: Karin Weidlich, München
KORREKTORAT: Anke Höhne, München
LAYOUT: Leon Mackie, Adrian Blackburn
SATZ UND HERSTELLUNG: Roman Bold & Black, Köln
UMSCHLAGGESTALTUNG: coverdesign uhlig,
Augsburg

PRODUKTMANAGEMENT: Stephanie Iber
GESAMTHERSTELLUNG: GeraNova Bruckmann
Verlagshaus GmbH

UMSCHLAG:

Vorderseite: Die Inka-Stadt Machu Picchu in
Peru (mauritius images, Mittenwald/Delimont, D.)
Rückseite: Das Kolosseum in Rom (Bildagentur
Huber, Garmisch-Partenkirchen/Borchi, M.)

Die Deutsche Nationalbibliothek verzeichnet
diese Publikation in der Deutschen Nationalbi-
bliografie; detaillierte bibliografische Daten sind
im Internet unter http://dnb.ddb.de abrufbar.

Alle Rechte vorbehalten.
ISBN 978-3-95416-108-9

MIX
Papier aus verantwor-
tungsvollen Quellen
FSC® C021741

Das Papier in diesem Buch wurde nach den
Forest Stewardship Council®-Richtlinien
zertifiziert. FSC® fördert die umweltfreundliche,
sozialverträgliche und wirtschaftlich tragfähige
Bewirtschaftung des weltweiten Waldbestandes.